전략전술의 한국사

국가전략에서 도하전까지

전략전술의 한국사

국가전략에서 도하전까지

이상훈 지음

푸른역사

일러두기

이 책에 실린 글들 중 일부는 개별 학회의 학술지에 이미 발표된 논문을 수정·보완하여 재구성한 것이다. 각 글의 출처는 다음과 같다.

1장 〈벽골제, 저수지인가 방조제인가—벽골제의 성격 논쟁〉은 《東アジア海をめぐる交流の歷史的展開》(東京: 東方書店, 2010)의 〈四世紀における韓半島の氣候変動と碧骨堤〉.

2장 〈보급의 성공은 전쟁을 승리로 이끈다—김유신의 군량 수송작전〉은 《국방연구》 55(2012)의 〈662년 김유신의 군량 수송작전〉.

3장 〈작전지휘권을 통해 고려군의 위상 변화를 살피다—여몽연합군의 삼별초 진압〉은 《군사논단》 73(2013)의 〈여몽연합군의 삼별초 진압과 고려군의 위상〉.

4장 〈왜 고려군은 왜구와 내륙에서 전투를 벌였을까—고려군의 왜구 토벌작전〉은 《군사연구》 134(2012)의 〈고려말 왜구토벌의 전략과 전술〉.

5장 〈빠른 속도의 전격전, 회군을 성공으로 이끌다—이성계의 위화도회군〉은 《국학연구》 20(2012)의 〈이성계의 위화도 회군과 개경 전투〉.

6장 〈신립은 탄금대전투에서 왜 배수진을 고집했는가—신립의 탄금대전투〉는 《군사》 87(2013)의 〈신립의 작전지역 선정과 탄금대 전투〉.

7장 〈조명연합군, 울산왜성 함락에 실패하다—조명연합군의 울산왜성 포위작전〉은 미발표 논문 〈정유재란시기 조명연합군의 울산왜성 포위작전〉.

8장 〈이괄, 관군의 기만술에 당하다—이괄의 난과 안현전투〉는 《한국군사학논집》 69-1(2013)의 〈인조대 이괄의 난과 안현 전투〉.

9장 〈염하수로 도하, 조선에 병인양요 승리를 선사하다—조선군의 염하수로 도하작전〉은 《한국군사》 34(2013)의 〈병인양요시기 조선군의 염하수로 도하작전〉.

책을 펴내며

* * *

소위로 임관하여 임진강의 GOP에서 소초장으로 근무할 때의 일이다.[*] 소초의 관할 구역 내에 임진각이 있었다. 임진각에서는 매년 명절 때마다 실향민들의 합동 제사나 몇몇 단체의 통일 관련 행사가 열린다. 군인의 입장에서 이 시기는 경계근무를 나가거나 작업에 투입될 때 수많은 민간인들을 한꺼번에 구경할 수 있는 좋은 기회였다.

그 날은 무척이나 추운 겨울이었다. 동부전선의 강원도 오지는 엄청난 눈과 높은 산 때문에 군인들이 애를 먹는다. 반면 서부전선의 임진강 일대는 그렇게 많은 눈이 오지도 않고 산도 높지 않다. 그러나 도시 지역과 달리 강바람이 매섭게 불어온다. 당시 파주시 탄현면 강안초소의 온도계는 영하 20도까지 내려갔던 것으로 기억한다. 온도계가 견디다 못해 터

---

[*] GOP는 General Outpost의 약자인데, 쉽게 휴전선 철책이라고 생각하면 된다. 소초는 일반 보병 소대보다 증강된 약 50명 내외의 군인이 숙식하며 경계근무를 서는 곳이다.

저버릴 정도였다. 한 병사는 근무 투입을 위해 차량으로 이동하던 중 떨어졌는데 다친 곳이 없었다. 속옷, 내복, 체육복, 전투복, 방상내피(깔깔이), 야전상의, 스키점퍼 등을 이중삼중으로 겹쳐 입어 거의 눈사람 같았던 덕분이었다. 그만큼 방한복을 겹겹이 껴입고 근무에 나섰다. 그런데도 으슬으슬 떨려오는 몸을 주체할 수 없었다. 머리가 쭈뼛쭈뼛 서고 마스크에 금세 성에가 낄 정도였다. 나야 소초장이라 통신병과 초소나 철책을 순찰하는 것이 주요 임무여서 그나마 좀 나은 형편이었지만 난방도 되지 않는 초소에서 밤새도록 근무를 서야만 했던 병사들은 그야말로 죽을 맛이었으리라.

소초 경계근무에 투입되면 밤낮이 뒤바뀌어 짧게는 몇 달, 길게는 1년 정도 경계근무를 서야 한다. 물론 이 기간에는 면회나 외박도 제한된다. 그만큼 경계근무는 힘들었다. 하지만 그 와중에도 기다려지는 것이 하나 있었다. 바로 초소를 밀어내기 식으로 근무하다가 대기초소*에 들어가는 시간이다.

순찰을 한 차례 돈 후 대기초소에 들렀다. 라디에이터 덕분에 너무나 따뜻하고 안락했다. 그런데 실내 온도계를 본 후 어안이 벙벙해졌다. 영하 9도. 바깥 온도가 영하 20도 이하로 떨어지니 영하 9도가 포근하게 느껴진 것이다. 그때는 그냥 허허 웃어버리고 말았지만, 지금 생각해보면 당시 병사들의 고충은 짐작조차 가지 않는다.

---

* 대기초소는 여러 초소들 사이에 컨테이너 박스로 만들어둔 간이쉼터로, 경계근무를 서다가 교대시간에 잠시 들러 몸을 녹이는 곳이다. 라디에이터와 간단한 취사도구를 구비해 두어 라면 같은 간식거리도 먹을 수 있다.

* * *

영하 20도 밑으로 떨어지는 산 속에서 경계근무를 서는 것이 어떤 일인지 아는 이가 몇이나 될까. 영하 9도에서 포근함과 안락함을 느끼는 이가 얼마나 될까. 이렇듯 직접 경험해보지 못하면 잘 이해할 수 없는 것들이 많이 있다. 과거의 전쟁이나 전투라는 것도 그렇다. 사서에서는 몇 년도에 몇 명이 전투를 했고 몇 명이 사망했으며 전리품을 얼마나 획득했는지 숫자를 나열한다. 그러나 기록된 숫자만으로 전쟁이나 전투를 완전히 이해하는 것은 불가능하다.

최근 인기리에 방영중인 〈정도전〉이라는 TV드라마에서 이성계가 황산에서 왜구를 물리치는 장면을 재미있게 본 적이 있다. 이성계는 대규모 왜구를 물리친 황산전투를 통해 전국적인 명성을 얻게 되었다. 그런데 이 황산전투와 관련하여 꼭 알아야 할 전투가 있다. 황산전투 직전에 발생한 사근내역전투다. 이성계가 참여하지 않은 이 전투에서 고려군은 왜구에게 패하고 말았다. 패배 탓일까? 사근내역전투는 별다른 주목을 받지 못했다. 반면 이성계가 승리한 황산전투는 확대·재생산되었다. 이에 따라 두 전투는 별개의 것처럼 인식되어왔다. 사서에는 그렇게만 기록되어 있다.

그러나 사근내역전투는 황산전투를 치루기 위한 전초전으로서 동일선상에서 이해되어야 한다. 사근내역전투는 고려군이 왜구들을 전체적으로 압박하면서 발생한 전투다. 이성계가 황산에서 벌인 전투는 이 사근내역전투의 결정판이다. 내 생각은 그렇다. 이런 점에서 이성계의 황산전투에 대한 이해는 사근내역전투에 대한 고찰이 전제되어야 한다.

사근내역전투만이 아니다. 한국사에서 잊히거나 잘 알려지지 않은 전투는, 그리고 그 전투에 녹아 있는 전략전술은 우리가 생각하는 것보다 훨씬 풍부하다. 이 책에서는 단순히 역사 기록의 나열이 아니라, 당시 상황은 어떠했고 실제 전투는 어떻게 이루어졌으며 왜 그렇게 되었는가를 심도 있게 파헤치고자 한다. 지금까지 우리가 당연히 그렇다고 알고 있는, 하지만 군사학적으로 접근했을 때 명쾌하지 않거나 의문이 드는 전투들이 주요 대상이다.

주지하다시피 우리나라는 세계 유일의 분단국가이자 휴전국가다. 그럼에도 서구에 비해 군사학이나 전쟁사에 대한 연구는 그리 활발한 편이 아니다. 아니, 오히려 상당히 외면받아왔다. 일본 식민지배와 한국전쟁 그리고 장기간의 군사정권을 거치면서 전쟁과 전쟁사에 대한 연구는 적극적으로 연구해야 할 분야가 아니라 기피해야 할 대상이 되었다. 물론 각 군 사관학교, 국방대학교, 군 관련 연구소 등을 중심으로 전쟁사에 대한 관심이 꾸준하긴 하다. 그러나 전문 군사용어 사용과 접근의 제한으로 인해 일반 독자들에게 연구 성과가 소개되는 데에는 한계가 있었다.

물론 고무적인 일도 있다. 얼마 전 총 16권으로 구성된 《한국군사사》의 편찬이 그것이다. 《한국군사사》는 육군군사연구소의 주관 하에 역사학·군사학계의 수십 명이 참여한 방대한 작업의 결과물이다. 고대부터 일제 강점기까지의 역사를 군사적 관점에서 체계화하여 군사사 분야 최초의 종합 역사서로 평가되고 있다.

이뿐만이 아니다. 대학별로 군사학과의 설치가 눈에 띄게 늘어나고 있으며, 일부 대학에서는 군사학 박사학위도 수여하고 있다. 군인이나 학자뿐만 아니라 일반인들의 군사사나 전쟁사에 대한 관심도 높아지고 있다. 특히 역사 관련 인터넷 카페나 밀리터리 마니아들의 수준은 상당하다. 그러나 한계도 여전하다. 전략전술과 관련해서 외국 저자가 쓴 번역

서가 독자들의 선택을 받고 있는 실정인 것이다.

　한국은 동양의 작은 나라로서 끊임없는 외침을 받아왔으며 문약하다는 이미지가 강하다. 그래서인지 한국의 역사 전반에서 전략전술을 살펴보는 시도는 그다지 이루어지지 않고 있다. 이 책이 끊임없는 외침과 내란을 극복해온 우리 선조들의 전략전술을 조금이나마 이해할 수 있는 계기가 되었으면 한다.

　　　　　　　　　　　　* * *

박사학위를 취득하기까지는 주로 고대의 전쟁을 연구해왔다. 그런데 이 책은 고려를 넘어 조선시대의 전쟁과 전투까지 다루고 있다. 역사적 안목과 식견이 부족한 상태에서 후대의 역사를 잘못 이해하고 있는 것은 아닌가 싶어 주저하기도 했다. 다만 전쟁과 전투는 시대와 장소를 불문하여 일관되게 관통하는 무언가가 있다는 확신으로 이 책을 구상하게 되었다.

　사실 처음부터 책으로 엮을 생각은 아니었다. 한국의 역사 가운데 고대사, 그 가운데서도 나당전쟁이라는 아주 협소한 분야만 연구해왔기 때문에 시야가 너무 한정되어 있었다. 한국사 전반에 대한 지식 부족을 절감했다. 그래서 다른 시대의 전쟁이나 전투를 섭렵하면서 그 분야에 대한 이해를 간접적으로 높이고자 했다.

　이 과정에서 필자의 이해도를 확인하기 위해 작성한 글들을 군사 관련 학술지에 투고하여 심사를 받았다. 논문 심사 과정에서 심사위원들의 날카로운 지적과 조언을 받을 수 있어 참으로 다행이었다. 덕분에 새로운 사실과 관점에 대해 조금이나마 이해하게 되었고, 여러 면에서 깨우친 바가 적지 않았다.

김제의 벽골제는 저수지라고 알려져 있는데 왜 평지에 3킬로미터가 넘게 둑을 쌓았을까? 김유신은 어떻게 고구려 영토를 관통하면서 대량의 군량을 무사히 수송할 수 있었을까? 여몽연합군의 주력은 몽골군인데 왜 제주도 삼별초 진압 때는 고려군이 주도적으로 나섰을까? 고려 말 왜구와의 대규모 전투인 황산전투는 왜 해안이 아닌 내륙 지리산 일대에서 벌어진 것일까? 이성계는 위화도에서 회군할 때 왜 진군 당시보다 몇 배나 빠른 속도로 남하했을까? 신립은 왜 조령을 포기하고 모두가 반대하는 탄금대를 결전 장소로 선정했을까? 대규모의 조명연합군은 왜 울산왜성에 고립된 가토 기요마사를 잡지 못했을까? 한양 도성을 순식간에 장악한 이괄의 반란은 왜 그리 허무하게 진압되고 말았을까? 병인양요 시기 조선군은 어떠한 방법을 통해 염하수로를 건너 강화도로 상륙할 수 있었을까?

이 책은 바로 이러한 의문들에 대한 필자 나름의 생각이다. 그러나 개인의 연구물이 아니라 여러 연구자들의 소중한 연구들을 상당부분 인용하고, 세심한 논문 심사자들의 도움을 받아 이루어진 결과물임을 미리 밝혀둔다. 좀 더 깊이 있는 내용을 알고 싶은 독자들은 책에 수록된 참고문헌들을 읽어주시길 당부 드린다.

책으로 정리하면서 논문에 사용된 한자와 주석을 가급적 줄여서 가독성을 높이고자 했다. 그러다 보니 본의 아니게 선행 연구를 제대로 반영하지 못한 부분도, 인용이 누락되거나 맥락이 매끄럽지 못하게 전개되는 부분도 있을 것이다. 선학들의 연구 성과를 제대로 섭렵하지 못하거나 잘못 이해한 점도 있을 것이다. 너그러운 양해를 바란다.

＊ ＊ ＊

이 책이 완성되기까지 일일이 열거할 수 없을 정도로 많은 분들의 은혜
를 입었다. 무엇보다 은사이신 이문기 선생님의 관심과 배려로 지금까지
연구를 지속하고 있다. 군사제도사는 물론이거니와 학문 이외의 다방면
에서 많은 가르침과 도움을 받고 있다. 지금 이 순간에도 지난겨울 베이
징의 한 호텔에서 맥주를 마시면서 "학문은 엄격해야 한다"라고 하신 말
씀이 귓전을 맴돈다.

　필자가 다양한 경험을 할 수 있도록 여러 기회를 주선해주시면서 틀에
갇히지 않고 자유롭게 연구할 수 있게 배려해주신 경북대학교 아시아연
구소장 임대희 선생님께 깊이 감사드린다. 고려와 조선시대 이해에 유익
한 자료를 제공해주시고 조언과 격려를 아끼지 않으시는 장동익 선생님
과 우인수 선생님께 무어라 감사드려야 할지 모르겠다. 평소 서양과 동
양에 대한 시야를 넓혀주시고 끊임없는 관심과 애정으로 지도해주시는
김진웅 선생님, 김중락 선생님, 홍성구 선생님께 감사의 말씀을 전한다.

　박사학위논문을 심사해주시고 격려해주신 노중국 선생님과 이영호 선
생님의 고마움도 빼놓을 수 없다. 전쟁사에 대한 토론을 마다않고 여러
가지 지적과 아이디어를 제공해준 이상혁 선생과 고대사세미나팀에게
지금도 많은 신세를 지고 있다. 아울러 필자를 격려해주시고 아껴주시는
교내외의 여러 선생님들과 부족한 수업을 열심히 들어준 학생들에게도
늘 감사하다.

　프로젝트 참가나 연구원 제의를 해준 가쿠슈인대학學習院大學의 츠루
마 가즈유키鶴間和幸 선생님, 가네가에 히로유키鐘江宏之 선생님, 무라마
츠 코이치村松弘一 선생님을 비롯한 가쿠슈인대학 관계자분들의 배려에

감사드린다. 카시와쿠라 신야柏倉伸哉, 고토 히데카즈後藤秀和, 시모다 마코토下田誠 등 일본인 동료 및 친구들의 호의도 고마울 따름이다.

전쟁사 논문을 게재해준 국방대학교 국가안전보장문제연구소, 국방부 군사편찬연구소, 육군 군사연구소, 육군사관학교 화랑대연구소, 한국국학진흥원, 한국군사문제연구원, 한국군사학회 등의 관계자와 무명의 심사자께 이 자리를 빌려 감사드린다. 그리고 이메일로 격려를 해주신 서라벌군사연구소장 이종학 선생님과 경상대학교의 박균열 선생님, 국방대학교의 노영구 선생님께도 안부를 전한다. 또한 학생들 교육에서 지도와 지원을 아끼지 않으시는 경일대학교의 이원균 선생님과 윤성일 선생님께 감사드린다.

인문학 출판 상황이 어려운데도 불구하고 이 책이 세상에 나올 수 있었던 것은 전적으로 푸른역사 덕분이다. 부족한 원고를 관심 있게 봐주시고 흔쾌히 출판을 허락해주신 푸른역사의 박혜숙 대표님 그리고 원고 교정과 여러 조언을 해주신 정호영 선생님을 비롯한 관계자분들의 노고에 고개 숙여 감사드린다. 국내 굴지의 역사 전문 출판사로서 앞으로도 지속적인 발전을 하리라 믿어 의심치 않는다.

마지막으로 어떠한 상황에서도 가장 큰 힘이 되는 가족과 친지 그리고 오산손회의 관심과 배려에 항상 감사하고 있다. 게으름과 바쁜 일정을 핑계로 자주 인사드리지 못하는 죄송함을 여기에서 대신할까 한다. 이 책이 필자를 한결같이 믿고 묵묵히 지켜봐주시는 부모님과 아내에게 하나의 작은 위안이 되었으면 한다.

2014년 3월 산격동에서

이상훈

전략전술,
한국사를 읽는 새로운 방법

전략전술은 크게는 국가전략에서 작게는 소부대의 전술까지 다양한 측면에서 살펴볼 수 있다. 이 책에서는 그 가운데 9가지의 전략전술에 대한 사례를 중점적으로 다룬다. 1장은 국가전략, 2장은 보급전, 3장은 작전권, 4장은 포위전, 5장은 속도전, 6장은 방어전, 7장은 공성전, 8장은 기만전, 9장은 도하전이다. 한국사 속에 등장했던 다양한 전략전술을 주제에 따라 시대순으로 서술함으로써 독자들의 관련 이해를 높이고자 했다.

국가전략 _ 백제 그리고 벽골제

진시황은 춘추전국시대의 혼란을 종식시키고 중국을 최초로 통일하여 황제가 되었다. 황제 즉위 후 진시황은 호화로운 아방궁은 물론이고 자신이 묻힐 능까지 건설했다. 수십만 명을 동원하여 만리장성을 축조하기도 했다. 만리장성은 국가전략 차원에서 진나라를 북방 유목민족의 침입으로부터 방어하기 위해 쌓은 것이었다. 그러나 무리한 토목공사는 국가의 존립 자체에 영향을 주고 말았다. 진승·오광의 난을 초래했고, 결국 한나라에 멸망당하고 말았다.

　백제의 경우 4세기에 3킬로미터가 넘는 대규모 제방을 김제평야 일대에 건설한 적이 있다. 바로 벽골제다. 과연 백제가 이른 시기에 국가 존립에 영향을 줄 수 있는 위험을 감수하면서까지 거대한 제방을 쌓은 목적은 무엇이었을까? 저수지를 만들기 위한 것이었을까 아니면 방조防潮의 목적이었을까? 그리고 그것은 국가전략 면에서 어떠한 위치를 차지하고 있을까? 1장의 주요 내용이다.

보급전_김유신의 대규모 군량 수송

임진왜란 당시 일본군의 기본 전략은 수륙병진이었다. 즉 육로로 주력군이 북상하고, 해로로 수군이 해상보급로를 확보하며 북상하려는 계획이었다. 그러나 일본 수군은 이순신에 막혀 보급을 제대로 할 수 없었다. 오히려 큰 타격을 입고 전력마저 약화되고 말았다. 또한 각지에서 의병이 봉기하여 일본 육군의 보급로마저 제 기능을 발휘하기 어려웠다. 보급로를 확보하지 못한 일본군은 전쟁을 지속하기 어려웠으며, 결국 전선을 축소하고 남쪽으로 물러나야 했다.

이렇듯 보급은 전쟁에서 필수불가결한 요소다. 삼국통일전쟁이 한창이던 7세기에 평양을 포위한 당군이 식량난에 빠진 일이 있다. 이를 구원하기 위해 신라 김유신의 군량 수송부대가 파견되었다. 고구려 영토를 통과하여 당군에게 군량을 수송한 후 다시 귀환해야 하는 어려운 임무가 김유신에게 주어진 것이다. 그러나 김유신은 병력의 손실 없이 무사히 군량을 당군에게 전달하고 귀환했다. 어떻게 김유신은 대규모 군량 수송에 성공할 수 있었을까? 2장에서 확인할 수 있다.

작전권_삼별초 진압과 고려군의 위상 변화

일반적으로 작전권은 평시와 전시로 구분된다. 현재 평시작전권은 한국군에게 있지만 전시작전권은 미군에게 있다. 즉 한반도에 전쟁이 발발했을 때 군대의 작전을 통제할 수 있는 권리가 주한미군사령관에게 부여되어 있는 것이다. 이 전시작전권을 회수하는 논의가 2006년부터 시작되어 2010년 한·미 대통령의 합의에 따라 2015년 한국이 이양받기로 했다. 그러나 환수 시기나 환수 범위 등에 대한 논의가 아직도 마무리되지 않은 채 진행중이다.

고려 시대에도 이와 유사한 사례가 있다. 삼별초 진압과 일본 원정을 위해 고려와 몽골이 연합하여 여몽연합군을 편성했다. 전시작전권은 몽골이 가지고 있었고, 고려군은 몽골군을 보조하는 역할을 맡았다. 그런데 진도와 제주도의 삼별초 진압 과정에서 여몽연합군의 작전지휘권에 미묘한 변화가 감지된다. 여몽연합군 내에서 시기에 따라 고려군의 위상이 어떻게 변화했는지에 대한 검토가 3장의 주요 내용이다.

포위전_고려와 왜구 그리고 황산전투

몽골군은 포위전술에 능했다. 적이 강하면 피하고 약하면 공격하면서 속도전으로 서서히 포위망을 형성해 적을 제압했다. 1213년 몽골군이 금나라의 수도였던 중도(북경)를 공격할 때의 일이다. 두 차례에 걸친 금나라 원정이 실패로 돌아가자, 몽골군은 3차 원정에서 일부 부대를 중도 앞쪽에 배치한 뒤 주력부대로 우회 공격했다. 부대를 세 갈래로 나누어 우군은 산서, 좌군은 요서, 중군은 하북과 산동 지역을 휩쓸었다. 금나라의 수도를 제외한 나머지 지역을 압박하면서 포위망을 형성했다. 점차 포위망을 좁히면서 모든 부대가 중도 교외에 집결했다. 결국 금나라는 몽골군에 굴복하고 화의를 요청할 수밖에 없었다.

1380년 고려에 대대적으로 침입한 왜구들은 해안 지역이 아닌 지리산 일대 황산에서 고려군과 결정적인 전투를 벌였다. 그동안 황산전투는 왜구들이 남부 지방을 횡행하면서 약탈하다가 내륙으로까지 진출했고, 그에 따라 황산에서 전투가 벌어진 것으로 여겨져왔다. 그러나 당시 고려군은 북방 이민족과의 전투를 통해 유목전술을 잘 이해하고 있었다. 만약 고려군이 왜구들을 지리산 일대로 몰아간 후 황산전투를 치렀다면 이는 그동안의 인식과는 전혀 다른 이야기가 된다. 이에 대한 논의가 4장의 주요 내용이다.

속도전 _ 이성계의 위화도회군

2차 세계대전 당시 프랑스는 남쪽으로는 독일과의 경계에 마지노선을 구축하여 독일의 침입에 대비했고, 북쪽에도 영국과 연합하여 병력을 배치해 두었다. 독일은 중립국인 벨기에의 아르덴 숲을 관통하여 침입해 왔다. 어느 정도 예견된 경로였다. 그러나 결과는 참패였다. 독일의 대규모 전차부대들이 그렇게 빠른 속도로 아르덴 숲을 통과하리라고는 예상하지 못했던 것이다. 독일의 전격전으로 인해 프랑스는 파리가 함락되고 결국 항복하고 말았다.

고려 말 요동을 공격하기 위한 원정군이 편성되었다. 이성계와 조민수 휘하의 5만 병력이었다. 그런데 이들은 위화도에 주둔하다가 말머리를 돌려 개경으로 향했다. 개경을 장악한 이성계는 오래지 않아 왕위에 오르고 조선을 건국했다. 저 유명한 위화도회군이다. 위화도회군은 자연스럽게 이루어진 것처럼 보이지만, 실제로는 치밀한 계획 하에 엄청나게 빠른 속도로 이루어진 전격전이었다. 이성계의 회군 속도와 개경전투에 대한 논의가 5장의 주요 내용이다.

방어전_탄금대전투 그리고 배수의 진

초나라의 항우와 한나라의 유방이 중국 천하 패권을 놓고 다툴 때의 일이다. 유방 편에 섰던 조나라가 유방이 항우에게 대패하자 항우 편으로 돌아섰다. 이에 유방은 한신에게 조나라 공격을 명했고, 한신은 2만의 병력으로 조나라의 20만 대군과 맞서게 되었다. 한신은 배수의 진을 쳐 조나라의 대군을 유인했고, 대군이 성을 비우고 출진한 사이 따로 배치해 두었던 2천 병사들로 하여금 조나라의 성을 함락해 버리도록 했다. 배수의 진을 친 한신의 병력이 끝까지 저항하는 상황에서 자신의 성마저 빼앗긴 조나라 대군은 순식간에 무너지고 말았다. 이것이 배수의 진으로 유명한 정형전투다.

조선시대에도 배수의 진으로 유명한 전투가 있었다. 탄금대전투다. 임진왜란 당시 신립은 험준한 조령을 포기하고 남한강을 배후에 둔 탄금대에 배수의 진을 치고 일본군을 상대했다. 그러나 정형전투와 달리 조선군은 거의 전멸에 가까운 패배를 당했고, 신립도 사망하고 말았다. 이 전투의 패배로 인해 한양은 손쉽게 일본군의 손에 떨어지고 말았다. 위험한 전술임에 틀림없는 배수의 진을 신립은 왜 그렇게 고집했을까? 6장에서 알 수 있다.

공성전_조명연합군의 울산왜성 포위작전

1453년 비잔틴제국의 수도인 콘스탄티노플은 3중성으로 구성되어 있었다. 3중으로 이루어져 철옹성이라 불릴 만큼 방어력이 뛰어났다. 오스만제국이 대군을 동원해 수차례 공격을 시도했으나 성공하지 못할 정도였다. 이에 오스만제국의 술탄 메메드 2세는 쇠사슬로 봉쇄된 금각만으로 전함을 이동시키기로 결심했다. 육지에 길을 내고 밑에 통나무를 깔아 전함을 인력으로 운반했다. 금각만으로 들어선 오스만투르크의 전함에서 대형 대포가 발사되었고, 방어 병력이 부족했던 콘스탄티노플은 결국 57일 만에 굴복하고 말았다.

정유재란 당시 5만 병력의 조명연합군이 울산왜성을 포위한 적이 있다. 울산왜성에는 일본군의 대표적인 장수 가토 기요마사가 주둔하고 있었다. 울산왜성은 지형을 이용하여 견고하게 쌓아 올렸으며, 3중으로 성벽을 축조하여 방어력을 향상시킨 성곽이었다. 조명연합군은 수차례 공격을 시도하고 대포도 쏘아보았지만 별다른 소득을 얻지 못했다. 결국 일본군의 구원군들이 도착하고 조명연합군의 식량 문제가 불거지자, 포위를 풀고 철수하고 말았다. 조명연합군의 울산왜성 포위는 왜 성공하지 못했는가에 대한 논의가 7장의 주요 내용이다.

기만전 _ 이괄의 난과 안현전투

청나라 말기 중국 광동성에서 홍수전을 중심으로 농민봉기가 일어났다. 이들은 중국 남부 대부분을 장악했고, 남경을 점령하여 수도로 삼았다. 만주족을 몰아내고 한족을 부흥시킨다는 기치를 내걸어 민중들의 적극적인 지지를 받았다. 그러나 지도부는 점차 스스로 권위를 내세우기 시작했다. 내부 분열로 인해 권력 다툼 또한 심화되었다. 결국 증국번 등의 의용군과 서양 세력의 도움을 받은 상승군에 의해 진압되고 말았다. 당시 청 왕조의 권위는 상당히 떨어진 상태였다. 태평천국을 주도했던 이들이 내부 분열 없이 새로운 국가를 표방하고 적극적인 개혁을 진행했다면, 중국의 역사는 또 다른 방향으로 흘러갔을 것이다.

조선의 경우 서북방 변경을 담당하던 이괄이 반란을 일으켜 한양을 점령한 사건이 있었다. 바로 이괄의 난이다. 도성을 장악한 이괄은 새로운 왕을 옹립하기도 했다. 그러나 이괄은 오래지 않아 안현전투에서 관군에게 패했고, 달아나다가 부하의 손에 살해되고 말았다. 이괄은 왜 관군과의 전투에서 패배했을까? 구체적인 이유가 8장에서 소개된다.

도하전_양헌수 부대의 염하수로 도하작전

인천상륙작전은 한국전쟁 당시 전쟁의 흐름을 완전히 바꾼 획기적인 사건이라 평가된다. 낙동강방어선에서 방어에 주력하던 UN군은 인천상륙작전 이후 공세로 전환하여 북진하기 시작했다. 적의 후방에 제2전선을 형성함으로써 적의 보급로 및 퇴로를 차단할 수 있었고, 그에 힘입어 전방으로 배치된 적의 공격전선마저 붕괴시켰던 것이다. 사실 인천상륙작전은 서해안의 높은 조수 간만의 차와 빠른 조류 때문에 성공확률이 상당히 낮았다. 그런데도 성공했고 한국전쟁의 전개 양상을 180도 바꿨다. 어떻게 성공할 수 있었을까? 여러 가지 이유를 들 수 있지만 가장 중요한 것은 지휘관의 결단이었다. 맥아더 장군의 판단과 결단이 작전을 성공으로 이끌었던 것이다.

  병인양요 시기 강화도에서 프랑스군과 싸워 승리했던 조선군들의 활약도 이와 유사하다. 적의 후방에 침투하여 제2전선을 형성한 양헌수 부대가 바로 그들이다. 물론 인천상륙작전과는 비교할 수 없을 만큼 작은 규모이지만, 양헌수 부대 또한 물살이 빠르고 조수 간만의 차가 커서 몽골군도 쉽게 건너지 못했던 염하수로를 야간에 도하했다. 도하작전의 성공은 병인양요의 승리로 이어졌다. 조선군은 어떻게 도하작전을 성공적으로 수행할 수 있었을까? 9장에서 그들의 활약을 확인할 수 있다.

제1장

벽골제, 저수지인가 방조제인가
벽골제의 성격 논쟁

2013년 1월 11일자 《중앙일보》에 〈김제 벽골제 미스터리⋯⋯삼국시대 저수지 맞나〉라는 흥미로운 기사가 실렸다(배영대 2013). 대표적인 경제 사학자인 이영훈 서울대 교수와 허수열 충남대 교수의 벽골제碧骨堤에 대한 논쟁이 그것이다. 3킬로미터가 넘는 고대의 대규모 저수지로 잘 알려져 있는 벽골제 관련 논쟁은 식민지근대화 논쟁과도 연결되는 매우 중요한 주제다.

식민지근대화 입장에서는 벽골제의 방조제로서의 기능에 주목한다. 즉 1910년대 이전에는 벽골제 바깥의 평야지대는 염분이 있어 사용하기 어려웠기 때문에, 일제시기에 이르러서야 비로소 주요한 곡창지대 역할을 했다고 보고 있다. 반면 일제시기 이전부터 관개를 통해 사용할 수 있었다고 보는 입장에서는 벽골제의 저수지로서의 기능을 강조하고, 고대부터 농업 생산이 가능했다고 주장한다.

식민지근대화론의 대표주자인 이영훈은 《시대정신》 2007년 여름호를 통해서는 조정래의 소설 《아리랑》에서의 김제 일대 묘사가 잘못되었다고 비판하고, 가을호를 통해서는 벽골제가 저수지가 아니라 방조제라고 주장했다. 이에 대해 허수열은 2011년 발간된 자신의 저서《일제초기 조선의 농업》에서 벽골제는 방조제가 아니라 저수지라며 이영훈의 견해를 반박했다. 벽골제의 성격을 둘러싼 이 논쟁은 이후에도 계속 이어져 2012년 12월 이영훈은《경제사학》53호에서 다시 허수열을 비판했고, 2013년 6월 허수열은《경제사학》54호에서 이를 재반박했다.

벽골제를 방조제로 보는 대표적 학자 고야마다 고이치小山田宏一 선생과 만난 적이 있다. 당시 대학원생이던 필자는 고야마다가 주도하는 한국과 중국의 수리시설水利施設* 조사에 동행했다. 일본의 가쿠슈인대학學習院大學이 중심이 되어 한국의 경북대학교와 중국의 푸단대학復旦大學이 공동으로 진행한 프로젝트의 연구보조원 자격이었다.

프로젝트 참가를 통해 한국의 상주 공검지, 영천 청제, 안동 저전리 저수지, 김제 벽골제 등과 중국 강남의 전당강, 황포강, 태호, 서호 등을 조사할 기회를 얻었다. 나당전쟁을 연구하고 있던 필자에게 수리시설이나 환경사는 생소한 것이었고 이해하기 힘든 분야였다. 그러나 조사가 진행될수록 고대의 지형이나 환경에 대한 관심이 점차 높아졌다. 특히 2006년 계명대학교에서 주관한 국제학술대회〈한·중·일의 고대 수리시설 비교 연구〉에서 발표를 들으며 벽골제의 성격에 대해 의문이 들기 시작했다. '일반적으로 저수지는 효율을 높이기 위해 산과 산 사이를 막아 저수량을 확보한다. 그런데 벽골제는 평지에 만들어진 3킬로미터가 넘는 둑이다. 그렇다면 벽골제는 대체 무슨 목적에서 만들어진 것일까?'

이러한 의문을 풀기 위해 선학들의 연구 성과를 찾아보기 시작했다. 그러나 저수지를 주장하는 견해와 방조제를 주장하는 견해 모두 나름의

---

* 제방이나 저수지와 같은 농업용수를 확보하기 위한 시설.

근거를 가지고 있었다. 결국 틈틈이 고고학이나 지리학 관련 자료를 모으면서 하나의 글로 정리해보고자 마음먹었다. 그 결과물이 2007년 11월 중국 푸단대학에서 열린 국제학술대회 〈동아시아해 문명 형성의 역사와 환경東亞海文明形成的歷史与環境〉에서 발표한 〈4세기 한반도의 기후변동과 벽골제四世紀韓半島的氣候變動與碧骨堤〉다. 이 글은 2010년 12월 《동아시아해를 둘러싼 교류의 역사적 전개東アジア海をめぐる交流的歷史的展開》(東京: 東方書店)라는 책에 수록되었다.

그러나 한국학계에는 거의 알려지지 않았고, 그 사이 벽골제와 관련하여 적지 않은 연구가 진행되었다. 필자의 연구가 초보적 수준이며 대부분 기존의 연구를 답습하여 진부할 수도 있다. 다만 현재의 논쟁을 이해하는 데 조금이나마 기여한다면 다행일 것이다. 이 글은 기존의 원고를 바탕으로 새로운 연구 성과를 반영하여 작성되었음을 미리 밝혀둔다.

벽골제는 백제가 국가전략國家戰略의 일환으로 쌓은 것이다. 따라서 본격적인 논의에 앞서 국가전략이 무엇인지 살펴보는 것이 필요하다. 국가전략은 국가목표를 구현하기 위해 전시와 평시를 막론하고 군사력과 함께 국가의 정치, 경제, 심리적 힘 등 국력의 제 수단을 개발하고 운용하는 것이다(이태규 2012). 국가전략은 비록 현대의 개념이지만, 고대의 국가 또한 국가의 명운을 걸고 당시에 수행할 수 있는 최대한의 노력을 기울여 전쟁을 대비하고 준비했다. 삼국이 정립해가는 과정에서 백제는 대내적으로는 확보한 지역에 대한 장악력을 강화하고 대외적으로는 외부의 침입에 맞설 국력을 신장시킬 필요가 있었다. 군사력 강화가 요청되었던 것이다. 경제력 향상은 이를 위한 밑거름이었기 때문에 국가적인 관심사였다.

무리한 대규모 토목공사는 국가 멸망의 주요 원인 중 하나로 자주 지적되어왔다. 하지만 적절한 토목공사는 국가의 중앙집권 강화와 경제력 신장에 큰 도움을 준다. 네덜란드가 대표적인 예다. 네덜란드의 경우 간척사업을 통해 국토를 넓히고 농경지와 관개용수를 확보하여 유럽의 대표적인 농목국가로 성장했다.

네덜란드보다 훨씬 앞서 대규모 제방을 건설하고 관개용수를 확보하여 농경지를 확장한 것이 바로 백제다. 4세기에 3킬로미터가 넘는 제방을 쌓기 위해서는 대규모 노동력 동원과 통제가 필요하다. 게다가 완공 후 생산되는 산물은 국가경제와 밀접한 관련을 가진다. 이런 점에서 거대한 벽골제의 건설을 국가전략의 일환으로 이해한다면 이 책의 전체 맥락에서 크게 벗어나지 않을 것이다.

벽골제 미스터리

벽골제는 전라북도 김제시에서 남서쪽으로 약 9킬로미터, 서해안으로부터는 약 6킬로미터 내륙에 있다. 수문이 5개 설치되어 있고 길이가 약 3킬로미터에 달하는, 한국 최고·최대의 제방 중 하나로 널리 알려진 벽골제는 백제 초기의 수리시설 축조와 수전水田 개발과 관련하여 아주 중요한 사례로 손꼽히고 있다. 또한 성토공사盛土工事를 하는 데만 연인원 32만 명 이상이 동원되었다고 추정하는 견해(이장우 1998, 405)도 있을 정도로 고대 수리시설의 축조 양상과 국가 권력과의 관계를 보여주는 중요한 유적이다(성정용 2010, 341).

이러한 벽골제에 대해서는 여러 가지 논의가 있는데 크게 세 가지로 나누어볼 수 있다. 첫째, 벽골제의 초축初築 시기에 대한 논의다.《삼국사

＊출처: 벽골제농경문화박물관.

기》에는 벽골제가 처음 지어진 시기가 330년으로 되어 있다. 벽골제의 초축 연대를 좀 더 정확하게 측정하기 위해 시료試料를 3차에 걸쳐 측정한 결과도 모두 4세기였다. 1차 시료는 A. D. 350년, 2차 시료는 A. D. 374년, 3차 시료는 A. D. 330년으로 나타났다고 한다(윤무병 1976, 77). 이는 문헌에서 전하는 시축 연대와 거의 일치한다.

　둘째, 벽골제의 축조 주체에 대한 논의다. 《삼국사기》에는 벽골제를 축조한 주체가 신라로 되어 있다. 이를 바탕으로 벽골제가 김제 소재가 아닐지도 모른다는 가능성이 제시되기도 했다(전덕재 2000, 115). 그러나 이는 기록상의 오류로 보인다. 벽골제 축조 주체는 백제로 보는 것이 일반적인 통설이다.

셋째, 벽골제의 성격에 대한 논의다. 일반적으로 지금까지는 대규모 관개灌漑, 즉 필요한 물을 논밭에 대기 위한 제방으로 인식되어왔다. 그러나 최근 제방이 아니라 방조제적 성격을 띠고 있었다는 견해가 제기되었다(森浩一 1993; 小山田宏一 2005). 벽골제는 바닷물의 침입을 막는 방조제로서 건설되었으며, 현재의 벽골제는 해안선이 후퇴한 결과 평야 가운데에 고립된 것이라는 주장이다.

벽골제는 토목공학적으로 볼 때 상단과 하단의 폭이 좁아 점토심粘土深 시공이 불가능하기 때문에 누수를 막을 방법이 없다. 압성토押盛土 시공을 하지 않은 것으로 보여 부동침하不同沈下로 인해 제방 기능 유지가 곤란하다. 그리고 제방의 하단 폭이 너무 좁아 토압土押을 분산시키기 곤란하기 때문에 제방으로서의 기능을 제대로 수행하기 어렵다. 5개의 수문도 저수용량에 비해 지나치게 작기 때문에 홍수 시 수위나 수량 조절이 불가능하다(김환기 2008, 77). 즉 벽골제는 기초가 연약하여 저수지 구조물로서는 제대로 기능할 수 없다는 얘기다.

그렇다면 벽골제는 방조제인가? 이를 확인하기 위해서는 벽골제 초축 당시 해안선의 이동과 해수면의 변동, 제방 주변의 해수 퇴적층의 존재와 연대 등을 살피는 것이 가장 적절한 방법이다(성정용 2007, 39). 그러나 이 방법은 현실적으로 적용하기가 쉽지 않아 제대로 연구가 진행되지 않고 있다. 만약 벽골제가 방조제였다면, 당시 해수면은 지금보다 1~2미터 높아 해안선이 지금보다 수킬로미터 안쪽에 위치하고, 벽골제 근처까지 바닷물이 드나들었다고 봐야 한다. 이런 점에서 당시 해수면의 변동 사항에 대한 설명이 뒤따르지 않으면 벽골제를 방조제로 보는 주장은 설득력이 떨어진다(노중국 2010, 33).

종합해 봤을 때 벽골제의 성격을 규명하기 위해서는 벽골제가 초축되었던 당시의 환경 분석이 선행되어야 한다. 이에 따라 먼저 4세기의 기후와 해수면의 변동 검토를 통해 당시 환경이 벽골제의 축조와 어떠한 상관관계가 있었는지를 살펴보고자 한다.

4세기 기후, 한랭 건조화되다

중국학자 주커전竺可楨은 여러 문헌에 나타나는 자연현상과 현대 중국의 유사현상을 비교하여, 위진남북조(기원전 221~589년) 시기는 기온이 현대보다 1~2도 낮은 한랭기라고 주장했다(竺可楨 1972). 이에 앞서 주오팡竺藕舫은 문헌에 336년부터 443년까지 108년간 단 한 번의 홍수 기록도 없는 데 비해 가뭄은 무려 41차례나 기록된 점에 주목, 당시 장기적인 건조현상이 나타났다고 강조했다. 그는 한재旱災(가뭄)와 수재水災(홍수)의 비교 그리고 태양흑점의 변화 등을 토대로, 4세기 진대晉代와 12세기 남송대南宋代가 특히 한랭했다고 분석했다(竺藕舫 1925).

이러한 견해는 대만학자 류자오민劉昭民에 의해 더욱 확대되었다. 그는 중국 정사正史에 나타난 한재·수재 기록을 분석하여 중국의 기후 변화를 구분했다. 특히 그는 336년부터 420년까지 80여 년간 단 한 번의 홍수 기록도 없는 반면 한재 기록은 30여 차례나 되는 점을 강조하면서 이 시기를 중국 역사상 한재가 가장 심각했던 시기라고 주장했다(劉昭民 2005, 122). 류자오민이 중국의 기후 변화를 시기별로 온난기와 한랭기로 구분한 내용은 〈표 1-1〉과 같다.

<표 1-1> 중국의 기후 변화

구분	1차	2차	3차	4차	5차
온난기	B. C. 3000~ B. C. 1000	B. C. 770~ B. C. 30	A. D. 600~ A. D. 985	A. D. 1192~ A. D. 1277	A. D. 1880~ 현재
한랭기	B. C. 1000~ B. C. 770	B. C. 29~ A. D. 600	A. D. 985~ A. D. 1192	A. D. 1368~ A. D. 1880	.

* 출처: 劉昭民(2005, 122).

류자오민의 연구에 따르면, 벽골제가 축조된 4세기는 2차 한랭기에 해당한다. 중국의 기후와 관련된 여러 연구들을 검토한 허수열도 4세기 중국의 기후는 전체적으로 한랭 건조했다고 말한다(허수열 2011, 167). 요컨대 벽골제가 건설된 4세기의 중국은 가뭄이 심각한 시기였다.

한국의 기온 분포는 중국의 산둥山東·허베이河北 지방과 대체로 일치한다. 산둥과 허베이 지방은 지리적으로 한반도와 가까우며, 같은 온대 기후로서 편서풍의 영향권 아래에 있다. 따라서 중국에서 이처럼 가뭄이 빈발하고 추웠다면 한국도 이와 비슷한 상황을 겪었을 가능성이 높다. 이와 관련하여 《삼국사기》의 〈신라본기〉, 〈고구려본기〉, 〈백제본기〉 기록을 살펴보자.

302년(기림니사금 5) 봄과 여름에 가물었다.

313년(흘해니사금 4) 가을 7월에 가물었고, 누리(우박)의 재해가 있었다. 백성이 굶주렸으므로 사자를 보내 그들을 진휼했다.

317년(흘해니사금 8) 봄과 여름에 가물었다. 왕이 몸소 죄수의 정상을 살펴 많은 사람을 풀어주었다.

337년(흘해니사금 28) 3월에 우박이 내렸다. 여름 4월에 서리가 내렸다.

350년(흘해니사금 41) 여름 4월에 큰 비가 열흘 동안이나 내려 평지에 물이 서너 자나 되었고, 관청과 민가가 물에 잠기고 떠내려갔으며, 산 13곳이 무너졌다.

366년(내물니사금 11) 여름 4월에 홍수가 나서 산 13곳이 무너졌다.

372년(내물니사금 17) 봄과 여름에 크게 가물었다. 흉년이 들어 백성들이 굶주려 떠돌아다니는 자가 많았으므로, 사자를 보내 창고를 열어 그들을 진휼했다.

381년(내물니사금 26) 봄과 여름에 가물었다. 흉년이 들어 백성들이 굶주렸다.

397년(내물니사금 48) 가을 7월에 북쪽 변방 하슬라에 가뭄이 들고 누리의 재해가 있어 흉년이 들었으며 백성들이 굶주렸다.

—《삼국사기》〈신라본기〉

335년(고국원왕 5) 가을 7월에 서리가 내려 곡식을 해쳤다.

378년(소수림왕 8) 가뭄이 들었다. 백성들이 굶주려서 서로 잡아먹었다.

388년(고국양왕 5) 여름 4월에 크게 가물었다. 가을 8월에 누리의 재해가 있었다.

389년(고국양왕 6) 봄에 기근이 있어서 사람들이 서로 잡아먹었으므로, 왕은 창고를 열어 먹을 것을 주었다.

—《삼국사기》〈고구려본기〉

316년(비류왕 13) 봄에 가물었다.

321년(비류왕 18) 가을 7월에 금성이 낮에 나타났다. 나라 남쪽에 누리가 곡식을 해쳤다.

331년(비류왕 28) 봄과 여름에 크게 가물어서, 풀과 나무가 마르고 강물이 말랐다. 7월에 이르러서야 비가 왔다. 이 해에 기근이 들어 사람들이 서로 잡아먹었다.

382년(근구수왕 8) 봄에 비가 오지 않았는데, 6월까지 계속되었다.

—《삼국사기》〈백제본기〉

《삼국사기》〈신라본기〉를 참조하여 4세기의 기후 상황을 살펴보면 전체적으로 가뭄에 대한 기록이 많다. 특히 벽골제를 축조하던 시기인 330년 이전까지 지속적으로 가뭄에 대한 피해가 기록되어 있다. 이는 〈고구려본기〉와 〈백제본기〉도 크게 다르지 않다. 4세기 동안 가뭄과 기근에 대한 기록만 있을 뿐 홍수나 큰 비에 대한 기록은 하나도 없다. 공통적으로 벽골제가 축조되던 시기를 전후하여 가뭄, 기근, 서리 등 한랭 건조했던 상황에 대한 기록이 많이 나타나고 있는 것이다. 이렇게 본다면 벽골제가 축조되던 4세기 전반기는 한랭 건조하여 가뭄과 서리 피해가 심했고, 강수량이 적어 관개용수가 부족했던 시기라고 말할 수 있다.

기온이 한랭 건조했다면 극지방의 빙하가 확장되고 바닷물은 줄어들어 해수면은 낮아지게 된다. 기온이 내려가고 해수면이 낮아지면 벽골제가 방조제일 가능성은 더욱 희박해질 수밖에 없다. 그런데 기온과 해수면의 관계는 그렇게 간단하지가 않다. 당시 동아시아에서의 기온 하강은 전 지구적 현상이 아니었다. 유럽의 경우 화분花粉 연구와 빙하의 이동 등을 통해서 볼 때, 서기 400년까지 여름 기후가 점점 덥고 건조해졌다고 한다(H. H. 램 2004, 195). 즉 한국이 한랭 건조해진 것과 달리 유럽은 온난 건조해진 것이다.

한편 고대 유럽의 해수면 변동과 해안선의 변화를 살펴보면, 로마 시대를 거치면서 전 지구적으로 약 1미터에 달하는 해수면 상승이 일어났다. 이에 따라 250~275년 사이 플랑드르Flandre와 네덜란드의 해안 위로 해진海進이 일어나 해안평야에서 인구가 감소했고, 400년 무렵에는 영국 북해 연안부터 영국 동부의 습지까지 상당한 해진이 발생했다. 4~5세기에는 유럽 전체적으로 해수면이 상승했고 해진이 잇달았다(H. H. 램 2004, 192~194). 당시 유럽은 기온이 상승하면서 해수면이 높아졌던 것이다.

그러나 기온 변화와 해수면 변동이 전 지구적으로 동일하게 발생하는 것은 아니다. 1950년대에 급격한 기온 하강 현상이 발생했지만 그에 상응해서 빙하가 확장되지는 않았다. 1940~59년 사이 북극 지역이 한랭화되던 시기에 인도양과 태평양 지역은 한랭화되었지만, 유럽과 지중해 그리고 중동 지역은 오히려 온난해졌다(크리스티안 디트리히 쇤비제 1998, 75~78).

최근 지구 온난화 문제로 북극의 빙하가 급속히 감소하고 있다고 우려가 많다. 그런데 2014년에는 오히려 북극의 빙하가 50퍼센트 늘어났다고 한다. 물론 일시적 현상일 수도 있다. 그렇지만 기후는 지역에 따른 국지성을 내포하고 있다. 일정 지역이 한랭 건조해졌다고 해서 전 지구적으로 한랭 건조화가 한꺼번에 진행되지는 않는다.

또한 이와 관련하여 재미있는 견해가 있다. 온난한 시기에 빙하가 녹으면 녹은 물이 흐르면서 주변의 기온을 떨어뜨리기 때문에 해수면이 상승하면 오히려 추워진다는 것이다(실베스트르 위에 2002, 90~93). 기온 상승으로 인해 빙하가 많이 녹을 경우, 해수에 대한 담수의 비율이 높아져 밀도(염도)가 낮아진다. 이에 해류가 약해지고, 기존의 한류·난류의 흐름에 변화를 주게 되는 것이다. 이러한 해류는 온난화에 따른 기온 변화를 그대로 반영하는 것이 아니라 수십 년간 늦춰지기도 한다.

기온의 변화와 해수면 변동은 상당히 복잡한 메커니즘으로 지역과 시차를 두고 이루어진다. 해수면 변동은 전 지구적 규모로 동시에 일어나는 것이 아니라 각 권역별로 차이를 두고 발생한다. 빙하의 확장이나 축소, 지각의 융기나 하강, 지역적인 지질 구조의 변화, 퇴적된 깊이나 조차潮差 등의 요인에 영향을 받기 때문이다(허수열 2011, 159).

요컨대 기후는 기온·해수·풍향·지형 등이 얽혀 복잡한 상황으로 전개된다. 단순히 결론내릴 수 있는 문제가 아니다. 4세기 중국과 한국이 한랭 건조했다고 해서 해수면이 바로 하강하고 해안선이 바로 확장되었다고 단정지을 수 없는 것이다.

앞서 살펴보았듯이 벽골제가 축조되던 4세기 무렵은 전 지구적으로 건조한 시기였고, 전반적으로 볼 때 해수면이 상승하던 시기였던 것으로 추정된다. 당시 한국은 한랭 건조화된 기후로 인해 가뭄과 기근이 지속되고 해수면의 변동이 잦았던 것으로 판단된다.

4세기 서해의 해수면은 현재보다 높았다?

만약 벽골제가 바닷물을 막는 방조제였다면, 당시 벽골제로 바닷물이 들어왔다는 것을 의미한다. 따라서 벽골제가 처음 축조된 1,700년 전의 평균 해수면이 어떠했는지를 파악할 필요가 있다.

한국의 해수면 변동을 고고학에 접목시킨 연구자로는 신숙정(1998)·김석훈(1998) 등이 있지만, 역사학과의 접목은 제대로 이루어지지 않았다. 필자도 2007년 4세기 한반도의 기후와 해수면의 변동에 대해 발표를 시도한 적이 있지만(이상훈 2007) 자료 수집과 분석 능력이 부족하여 제대로 검증하지 못한 상태에서 마무리되고 말았다.

다행이 최근 허수열 교수에 의해 체계적인 정리가 이루어져 많은 도움을 주고 있다(허수열 2011). 기후변동에 관한 정부 간 패널인 IPCC 제3차 평가보고서에 따르면, 지난 1.5~2만년 B. P.* 무렵에 해수면은 지금보다

---

* B. P.(Before Present)는 대체로 1950년을 기준으로 삼는다.

120미터 정도 낮았지만, 그 후 빠르게 증가하여 6,000년 B. P. 무렵에는 대체로 현재의 해수면 높이 혹은 그 부근에 도달한 것으로 파악된다(허수열 2011, 157).

한국의 해수면 변동에 관해서는 크게 두 가지 견해가 있다. 첫째, 한국 서해안의 경우 해수면은 큰 진동 없이 지속적으로 상승하여 현재에 이르렀으며, 현재보다 더 높았던 적은 없다는 견해다(박용안 1984; 장진호 1995). 해일이나 폭풍 같은 특수한 경우를 제외하고, 평상시 바닷물이 현재의 해안선 위로 올라온 적이 없다는 것이다.

둘째, 서해안의 해수면은 변동을 거듭하며 상승하여 6,000년 B. P. 전후로 현재보다 높은 적이 있었다는 견해다(윤웅구 1977; 박승필 1981; 조화룡 1987; 황상일 1998). 한편 고고학적 유적을 통해 볼 때 현재의 해수면보다 적어도 5미터 이상 높았다는 주장도 있다(윤선 1985; 이동영 1992). 요컨대 한국의 해수면 변동에 대해서는 현재의 해안선 위로 바닷물이 올라온 적이 '없다'와 '있다'로 양분되어 있다.

그렇다면 주변국 중국과 일본의 해수면 변동은 어떠했을까? 중국의 해수면 변동 연구는 한국에 비해 일찍부터 진행되었다. 한국과 비슷한 위도에 위치한 중국 산동반도의 경우 6,000년 B. P.에는 현재의 평균 해수면보다 4~5미터가 더 높았으며, 6,000년 B. P.부터 현재까지는 +5미터에서 −2미터의 범위에서 상승과 하강을 반복했다. 중국 동해안의 대체적인 해수면 변동은 6,500~5,000년 B. P.에는 +2미터에서 +4미터 사이였으며, 3,500~3,000년 B. P.에는 +1미터로 상승했다가 현재의 수준으로 점차 하강했다(Han Yousong 1987).

일본의 경우 학자에 따라 약간의 차이는 있으나 5,000~6,000년 B. P.에는 해수면이 현재보다 2~3미터가 높았으며, 이 시기가 해수면이 최고조에 달했다는 데 대체로 의견이 일치한다(김석훈 1998). 일본도 중국과 마찬가지로 대체로 해수면이 상승과 하강을 반복하는 경향을 보였던 것이다(허수열 2011, 161~162).

물론 고도측정 방법이나 표본을 수집한 장소에 따라 해수면 변동에 대한 이해는 차이가 날 수 있다(허수열 2011, 162~163). 그렇지만 중국과 일본 사이에 위치한 한국의 서해안만 독자적으로 변동했다고 보기는 어렵다. 중국과 일본의 경우 현재의 해수면보다 높았던 시기를 인정하고 있으며, 그 높이는 대략 2~3미터 정도다. 이런 점에서 지역적 차이를 감안하더라도 한국의 해수면 변동에 관해서는 현재의 해안선 위로 올라온 적이 있다는 두 번째 견해에 무게가 실릴 수밖에 없다.

실제로 한국 서해안의 경우 6,000년 B. P. 무렵의 해수면이 현재 수준 혹은 +1미터 수준에 이르렀다는 사실이 왕청태(1982)·조화룡(1986)·황상일(1994) 등의 연구에서 확인되고 있다. 그리고 서해안에서 해안저습성 토탄지土炭地*는 약 7,000년 B. P. 무렵에서 3,000년 B. P. 무렵까지 주로 형성되었는데, 이들은 대부분 현재 해수면보다 2~6미터 높은 위치에 분포하고 있다고 한다(황상일 1997). 밀리만Milliman과 피아졸리Pirazzoli도 황해는 현재의 해수면보다 높아지는 변동을 수차례 경험했다고 말한다 (J. D. Milliman 1989; P. A. Pirazzoli 1991). 이렇게 볼 때 한국의 서해는 적지 않은 해수면 변동을 경험했고, 현재보다 해수면이 높았던 시기가 존재했을 가능성이 농후하다.

두 번째 견해와 관련하여 특히 신동혁의 연구가 주목된다(신동혁 1998). 그는 벽골제와 100킬로미터 이내에 위치한 가로림만加露林灣을 연구 대

* 생물의 유체가 불완전 분해된 채로 퇴적되어 이루어진 땅.

상으로 삼고 있어 벽골제 축조 당시의 상황을 이해하는 데 아주 중요한 단서를 제공한다. 신동혁은 지금까지 한국 서해안의 후빙기後氷期[*] 해수면 변화에 대한 연구는 시료 수의 부족으로 정밀한 해수면 변화를 제시하지 못했다고 지적하면서 가로림 조간대潮間帶의 시추퇴적물과 고사취古砂嘴(old spit)의 41개 시료를 분석하여 〈표 1-2〉와 같은 결과를 얻었다.

〈표 1-2〉 가로림만의 해수면 변동 6단계

단계	시기(B. P.)	기간(년)	평균해수면의 변화(m)	고도변화(m)	해수면변화 속도(cm/년)	해수면
1	8,150~7,750	400	−10.9 ~ −1.7	9.2	2.30	상승
2	7,750~7,550	200	−1.7 ~ −4.6	2.9	1.45	하강
3	7,550~6,700	850	−4.6 ~ −0.8	3.8	0.45	상승
4	6,700~6,100	600	−0.8 ~ −2.1	1.3	0.22	하강
5	6,100~4,050	2050	−2.1 ~ +2.0	4.1	0.20	상승
6	4,050~현재	4050	+2.0 ~ 현재	2.0	0.05	하강

* 출처: 신동혁(1998, 159).

신동혁의 연구 결과에 따르면, 가로림만의 해수면은 후빙기 내내 상승과 하강을 여러 차례 반복했다. 5단계와 6단계의 경계인 약 4,000년 B. P.를 전후하여 해수면이 현재보다 2미터 정도 높았다가 점차 하강하여 현재 수준으로 낮아진 것으로 파악된다. 6단계는 4,000년 B. P.에서 현재에 이르는 시기인데, 해수면은 전반적으로 하향 추세이며 도중에 상승과 하강을 반복하다가 현재 수준으로 낮아진다. 이는 〈표 1-3〉을 통해 확인할 수 있다.

* 최종 빙기가 종료된 1만 년 전 이후의 시대.

〈표 1-3〉 가로림만의 해수면 변동 곡선

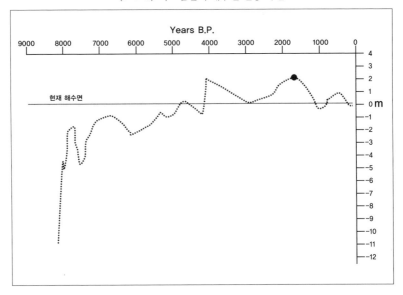

* 출처: 신동혁(1998, 160).

　변동 곡선에 따르면 1,700년 B. P. 무렵, 즉 3세기 말에서 4세기 초에
는 해수면이 2미터까지 다시 상승했음을 알 수 있다. 이는 벽골제가 초
축된 시기와 거의 일치한다. 신동혁의 연구 결과대로 해수면이 현재보다
2미터가 상승해 있던 상황이라면 벽골제가 방조제일 가능성은 한결 높
아질 수밖에 없다.

　전반적으로 분석 자료가 부족하고 해양지질학에서 편년의 폭이 좁고
고고학적 유적의 편년 자료가 드물기 때문에 당시의 해수면 변동 이해에
는 많은 어려움이 따른다(김석훈 1998, 21). 벽골제도 마찬가지다. 한국
서해안의 경우 해수면이 중국과 일본처럼 2~3미터가 상승했다고 단정
지을 수는 없다. 그러나 한국·중국·일본은 동아시아해라는 공통된 바다

로 인접해 있기 때문에 중국·일본의 해수면 변동과 한국의 해수면 변동은 결코 무관하지 않다. 요컨대 4세기는 현재의 평균 해수면보다 높거나 해일海溢과 해침海浸이 잦았을 가능성이 아주 높았다.

해수의 침입을 벽골제로 막다

해수면이 상승하면 저지대의 침수, 해안의 침식, 생태계 및 지배환경요인의 변화 등을 일으키기 때문에 막대한 인명과 재산의 피해를 초래할 수 있다(이경연 1999, 20).

한국 서해안의 경우 간석지가 넓게 발달하고, 조수潮水 간만의 차가 세계적으로 큰 곳이다. 이러한 조수 간만의 차이, 즉 밀물과 썰물의 차이가 연중 최대로 커지는 시기는 음력 7월 15일 무렵의 백중사리다. 백중사리 때에는 지구, 달, 태양이 일직선상에 위치하는데, 지구와 달이 가장 근접하여 서로에게 영향을 미친다.

현재 백중사리일 때 만경강과 동진강 하구의 최대조차는 약 7.6미터며 평균조차는 약 6.2미터다. 두 하천은 자연 상태에서 해발고도 3.1미터에서 3.8미터까지 바다의 밀물이 거슬러 올라오는 감조하천感潮河川이다(장호 2008, 48~49). 그리고 만경강은 하구로부터 28킬로미터가 감조구간에 해당된다(서승원 1991, 265).

벽골제는 만경강과 동진강 사이의 평야지대에 위치하고 있는데, 원평천과 두월천을 막아 담수를 확보했다. 원평천과 두월천은 경사도가 1/400~1/650 정도이므로(유필석 1998, 100) 두 강의 상당부분이 감조구간에 해당한다. 즉 김제평야와 벽골제 일대의 여러 강들은 바닷물로부터

〈그림 1-2〉 벽골제의 위치

* 출처: 구글어스 위성지도.

그리 자유롭지 못한 상태다.

벽골제 자체를 한 번 살펴보자. 벽골제는 서해안으로부터 5~6킬로미터 정도 동쪽으로 내륙에 위치하고 있다. 벽골제가 축조된 김제평야 일대는 지형 경사도가 0~1° 정도인 평탄지에 해당하므로(이금삼 2000), 해수면이 1미터 상승했을 시 해안선은 수킬로미터가 내륙으로 후퇴된다고 봐야 한다(손창배 1999). 해수면이 상승했을 경우 벽골제의 서측 평지 대부분이 피해를 입었을 것이다.

벽골제 내측의 낮은 곳의 표고는 약 3.85미터, 벽골제 부근의 표고는 약 4.7미터다. 이러한 지형 높이는 새만금 해안의 대조 시 만조위滿潮位인 3.5미터보다 0.3~1.2미터 정도 높을 뿐이다. 벽골제 부근의 표고가 만조위인 3.5미터보다는 높지만 파도가 1미터 정도만 밀려와도 쉽게 바닷물에 침수되기 때문에 토양이 염분 피해를 입었을 가능성이 높다(박상현 2003, 67~70).

원래 벽골제가 위치한 김제평야는 바다였거나 조수의 영향을 받는 간석지였으며(홍금수 2008), 벽골제보다 내륙 쪽까지 바다의 영향을 받았다(곽종철 2010). 벽골제보다 내륙인 김제역 동쪽의 두월천 연안 등의 사금광에서 갯벌퇴적층과 게 구멍이 발견되고(권혁재 2005) 조개 무덤이 확인되는 것은 이를 뒷받침하고 있다(김환기 2008). 실제로 김제평야에서 지표 60센티미터 아래에 해수의 영향을 받은 지층이 확인되고 있으며(권혁재 1975; 조화룡 1986), 벽골제 내의 지표 1미터 아래에서는 개흙이 발견되고 있다(박상현 2003). 이런 근거들로 인해 지리학계의 동향은 대체로 벽골제를 방조제로 보는 방향으로 수렴하는 듯하다(이영훈 2012, 163).

벽골제 인근 지역은 하해혼성평탄지河海混成平坦地에 속하며(박수진 2009), 마지막 빙하기 이후 지금까지 적어도 두 번은 구정선舊汀線[*]이 현재의 해안선보다 높았던 적이 있었던 것으로 추정된다(허수열 2011, 176). 그렇다면 당시 벽골제는 바닷물을 막기 위해 축조되었을 가능성이 충분하다.

벽골제의 높이는 4.3미터다. 만약 벽골제를 4.3미터 높이의 방조제라고 본다면 기상이변에 의한 특별한 경우의 여유분 1.3미터 정도로 고려하더라도 벽골제 제방의 바닥에서 최소한 3미터 높이의 조위에 대응했다고 봐야 한다. 그렇지 않다면 벽골제는 쓸데없이 높게 축조되었다고 할 수밖에 없다(허수열 2011, 180). 기상이변을 고려하더라도 제방 높이가

---

[*] 현재의 해안선이 형성되기 이전 과거 기후변화나 지각변동이 일어나기 이전에 형성되었던 해안선.

비효율적으로 너무 높기 때문이다.

　그런데 여기에서 유의할 점이 하나 있다. 벽골제가 두 차례에 걸쳐 축토된 것으로 파악된다는 점이다. 1차 축토 시에는 약 2.5미터 높이로 축조되었고, 2차 축토 시에 약 1.7미터가 더해졌다. 1차 2.5미터의 축토는 4세기 초축 당시의 제방으로 여겨지며, 2차 축토는 신라 원성왕대에 증축된 것으로 추정되고 있다(노중국 2010, 39). 요컨대 벽골제는 해발 약 4미터의 지반에 약 2.5미터 높이로 축조되었으므로 초축 당시 벽골제의 높이는 6.5미터다. 새만금 해안의 만조위가 3.5미터이므로 6.5미터의 벽골제 높이와는 3미터의 차이가 난다. 이는 앞서 살펴보았듯이 4세기 해수면이 1~2미터 상승했을 경우에 대한 대비책으로 적정한 높이다. 만조위 시 해수면의 상승으로 최대 5.5미터까지 바닷물이 밀려들어올 때를 대비해 1미터의 여유분을 감안하여 6.5미터의 높이로 제방을 쌓았던 것이다.

　이와 관련하여 벽골제는 관개 제언堤堰일 뿐만 아니라, 대규모 저수지로서 홍수 조절의 역할을 수행하고, 만조위 시에는 바닷물의 유입을 차단하여 제 내의 농경지 침수도 방비할 수 있는 다목적 기능을 가진 시설이었다는 견해가 참고가 된다(성정용 2010, 343~344). 간석지는 만조 시에는 침수되나 간조 시에는 대기 중에 노출되는 특색이 있으며, 미립물질들이 퇴적됨에 점점 위로 성장하게 된다(권혁재 1974, 1~2). 잦은 해침과 만경강·동진강·금강 등의 퇴적물로 인해 현재의 벽골제 바깥 지역, 즉 벽골제와 서해안 사이는 상당한 퇴적작용이 이루어졌을 가능성이 높다. 이러한 간석지를 농경지화하는 데 절대적으로 필요한 것이 제염을 위한 담수의 공급, 즉 소금기를 제거하기 위한 민물의 공급이다. 담수원이 부족할 경우 빗물에 의존할 수밖에 없기 때문에 제염은 상당히 어려우며 제염에 긴 시간이 소요된다(권혁재 1974, 3).

　그런데 여기에서 4세기는 한랭 건조하여 빗물이 풍부하지 못했던 점을 유의할 필요가 있다. 4세기는 해수면 변동과 잦은 해일 등으로 인해 벽골제 바깥 지역 상당부분이 염수피해를 입었던 것으로 보이며, 이를 막기 위해 벽골제를 축조했을 가능성이 높다. 간석지 개발은 우선 방조제를 건설하여 바닷물의 유입을 차단하고 담수원을 확보한 후 관개수로를 건설하여 제염을 해야 한다(남궁봉 1997, 68~69). 벽골제도 이와 유사한 맥락에서 축조된 것은 아닐까?

　4세기 한반도는 한랭 건조했으며, 서해의 해수면은 현재보다 높았을 가능성이 높다. 그에 따라 당시 한국의 서해안은 잦은 해일과 해침을 겪었다. 특히 벽골제가 축조된 곳은 경사도가 완만하여 염수피해가 심각했을 것이다. 이에 벽골제를 축조하여 해수의 침입을 막고 담수를 확보하여 김제평야 일대에 관개했던 것으로 추정된다.

백제, 벽골제 축조로 김제 지역 통제를 강화하다

벽골제에 대해 '처음부터 저수지로 축조되어 끝까지 저수지였다' 혹은 '처음부터 방조제로 축조되어 끝까지 방조제였다'고 단정짓기는 어렵다. 과거 해수면의 변동이나 지형의 변화에 따라 벽골제의 성격은 변화했을 가능성이 높다. 즉 해수면이 상승하던 초축 당시 벽골제는 방조제 성격이 강조되다가, 해수면이 하강하면서 점차 저수지적 성격으로 변모했다고 보는 편이 합리적이다.

　고대의 벽골제를 방조제라고 단정할 수는 없지만, 가능성은 충분하다.

한국의 경우 고대의 방조제와 관련된 사례는 벽골제 외에 더 이상 발견되지 않고 있다. 따라서 방조제 축조 기술은 백제 자체의 것이라기보다는 일찍부터 해당海塘 축조가 발달했던 중국의 강남 지역이나 낙랑과의 교류 등을 통해 수용된 것으로 파악되고 있다.

필자가 연구보조원으로 참여했던 프로젝트 과정에서 본 중국 강남 전당강의 바닷물 역류는 상당한 장관이었다. 수미터의 파도가 빠른 속도로 강을 거슬러 올라와 방파제에 부딪혔다. 해당은 바로 이러한 바닷물의 역류를 막는 고대의 시설이었다. 엄청난 규모의 해당을 보며 4세기에 3킬로미터에 달하는 토목공사를 감행한 백제의 모습이 떠올랐다. 사실 벽골제의 성격이 저수지인가 방조제인가보다는 4세기 당시에 백제가 이러한 대규모 토목공사를 진행했다는 사실 그 자체가 더 중요할지 모른다.

백제는 3세기 후반을 거쳐 4세기에 오면서 집권력을 크게 강화시켰다. 특히 246년 마한제국馬韓諸國이 대방군帶方郡과의 기리영崎離營 전투에서 패배하여 목지국의 영도력이 약화되자 이 기회를 이용하여 마한 연맹체의 맹주권을 장악한 후 위상을 높였다. 이후 백제국은 중앙집권화를 추진하면서 경제 기반의 확대를 도모했다. 벽골제 축조는 바로 이 과정에서 이루어진 대규모 토목사업의 하나다(노중국 2010, 30).

벽골제와 같은 대규모 시설은 물의 압력이나 누수 등에 견딜 수 있는 고도의 토목기술이 필요하다. 고대 삼국 가운데 토축土築과 관련된 토목기술이 가장 발달한 나라는 백제였다(성정용 2010, 356). 백제는 부엽공법敷葉工法*을 사용하여 풍납토성을 건설했으며, 이러한 기술을 일본으로 전파시키기도 했다. 벽골제도 부엽공법으로 축조되었던 것이 확인되고

---

* 풀이나 나뭇잎 등을 깔아 기초를 다지는 공사법.

있다.

3킬로미터에 달하는 공사에는 대규모 노동력이 투입되어야 하고, 이들을 동원할 수 있는 집권력이 구비되어야 한다. 백제가 김제 지역을 영역으로 편입한 시기는 비류왕대로 추정되고 있으며, 4세기 전반 벽골제 축조를 위한 대규모 노동력 동원도 가능했던 것으로 여겨진다(노중국 2010, 30~31). 4세기 백제는 벽골제라는 대규모 토목공사를 통해 이 지역에 대한 개발과 통제를 한층 강화해나갔던 것이다.

김 유 신 장 군 상

補給戰

김유신은 우리에게 삼국통일의 주역으로 잘 알려져 있다. 신라는 당과 연합하여 660년 백제를 멸망시키고, 668년에는 고구려마저 멸망시켰다. 이 과정에서 김유신은 중심적인 역할을 했고, 흥덕왕(혹은 경명왕) 시기에 흥무대왕興武大王으로 추봉되기도 했다.

660년 나당연합군은 백제를 멸망시켰다. 661년 음력 8월, 당은 다시 고구려 공격에 나섰다. 소사업의 부여도행군, 정명진의 누방도행군, 계필하력의 요동도행군, 소정방의 평양도행군, 임아상의 패강도행군, 방효태의 옥저도행군을 투입시켜 고구려를 멸망시키고자 했다. 계필하력의 요동도행군은 압록강으로 상륙했고, 소정방의 평양도행군, 임아상의 패강도행군, 방효태의 옥저도행군은 대동강을 거슬러 올라가 평양성*을 포위했다.

그런데 661년 겨울, 당 서북의 철륵鐵勒 제부족이 반란을 일으켰다. 이

---

* 고구려가 427년 천도한 평양성은 현재의 평양시 중심부가 아니라 동북 교외의 대성산 일대였다. 대성산 일대에서 현재의 평양시 중심부로 다시 옮긴 것은 586년의 일이며, 장안성長安城이라고도 불렀다. 여기에서 언급되는 평양성은 장안성이다.

에 고구려 공격에 나섰던 적지 않은 당의 병력이 서북으로 이동하게 되었다. 평양성을 포위한 당군의 상황도 점차 악화되고 있었다. 반란 진압을 위해 철수길에 올라야 함에도 수개월간 평양성이 쉽사리 함락되지 않은 탓에 보급 문제를 겪게 된 것이다. 결국 당은 신라에 군량을 요청하기에 이르렀고, 군량 수송의 적임자로 김유신이 임명되었다.

662년 초 김유신은 군량 수송길에 올랐다. 임진강을 건너 대동강까지 진출해야 하는 머나먼 여정이었다. 게다가 신라가 이전까지 한 번도 진군을 해본 적이 없는 지역이었다. 그럼에도 김유신은 쌀[米] 4,000석과 벼[租] 22,000여 석[*] 등 막대한 군량을 육로를 이용하여 성공적으로 수송했다. 당군은 신라의 군량 지원 덕분에 평양성의 포위를 풀고 철수할 수 있었다.

그렇다면 김유신은 어떠한 방법으로 대규모 군량을 수송했고, 무사히 적지를 빠져나와 귀환할 수 있었을까? 668년 나당연합군의 평양 공격로에 관해서는 이케우치 히로시[池內宏]의 선구적인 연구가 있으며(池內宏 1960), 660년 백제 멸망 시 신라군의 백제 공격로(정영호 2003; 김영관 2007)와 당군의 백제 공격로(김영관 2007)에 관해서는 주목할 만한 연구들이 제출되어 있다. 최근 김주성은 고대의 전투 양상을 검토하는 과정에서 김유신의 군량 수송에 주목하여 행군 속도를 밝혀내기도 했다(김주성 2011). 다만 지금까지의 연구에서는 김유신의 부대가 어떠한 경로를 이용하여 어떠한 방법으로 군량을 평양까지 수송했고, 어떻게 무사히 철수할 수 있었는지에 대해 그렇게 큰 관심을 두지 않았다(서영일 1999; 정

---

[*] 미米는 쌀을 비롯하여 조, 수수, 보리, 옥수수 등 껍질을 벗긴 곡물을, 조租는 껍질을 벗기지 않은 곡물을 이르는 말이다. 여기에서는 곡물의 종류를 크게 구분하지 않고 미米와 조租를 일반적으로 사용되는 쌀과 벼로 한정해서 서술한다.

요근 2008 참조).

　이 장에서는 김유신이 어떠한 경로와 방법을 통해 대규모 군량을 당군
에게 제대로 전달할 수 있었는지를 파악하고자 한다. 먼저 김유신의 군
량 수송부대의 규모를 확인하고, 다음으로 이들이 이용한 수송로를 검토
한 후, 구체적으로 어떤 장소에서 군량을 전달하고 철수했는지를 확인한
다. 이는 신라에서 평양에 이르는 고구려의 교통체계에 대해 일정한 시

사점을 줄 것이다. 아울러 신라군의 전투 수행 능력과 고대의 군수 지원에 대한 이해도 넓혀줄 것이다.

김유신의 군량 수송부대, 이렇게 구성되었다

660년 7월 나당연합군에 의해 백제가 멸망된 후, 661년 6월 당에서 숙위하던 김인문이 신라로 귀국하여 당 황제의 명을 전했다(《삼국사기》 6 〈신라본기〉, 문무왕 원년). 당의 소정방이 35도道의 수륙군을 거느리고 고구려를 공격하는데 신라도 군사를 동원하여 호응하라는 것이었다.

　신라 수뇌부는 백제 멸망 후의 상황에 대해 여러 측면에서 논의해보고 당의 고구려 공격을 적극적으로 지원하는 방향으로 결론을 내렸던 것 같다. 신라는 7월 대장 김유신 이하 24명의 장군이 포함된 고구려 원정군을 편성했다. 장군 1명당 평균 1,500명의 병력을 거느렸으므로[*] 동원된 총병력만 약 47,000명이나 되는 대규모 원정군이었다(이상훈 2012, 302).

　그런데 9월 백제부흥군이 옹산성甕山城[**]을 점령하는 사건이 발생했다. 백제부흥군의 활약으로 인해 신라군은 후방 보급로를 차단당할 수 있는 위기에 처해졌다. 이에 신라의 대규모 원정군은 평양으로의 진군을 멈추고 옹산성으로 말머리를 돌렸다. 결국 신라군은 옹산성을 공격하여 점령했다. 하지만 옹산성전투로 신라군의 진군은 지체될 수밖에 없었다. 이

---

[*] 신라 장군의 경우 하급장군이 1,000명, 중급장군이 1,500명, 상급장군이 2,000명가량을 거느렸던 것으로 추정된다(이상훈 2012, 297~299).
[**] 옹산성은 현재 대전 대덕의 계족산성으로 비정된다(강헌규 1996, 172~174).

는 평양을 포위하고 있던 당의 작전에 차질을 불러왔다. 식량난에 빠지게 된 것이다.

10월 당의 함자도총관 유덕민이 신라로 와서 당 황제의 칙지를 전하며 평양으로 군량을 수송하라고 했다(《삼국사기》 6 〈신라본기〉, 문무왕 원년). 이에 문무왕은 평양으로의 대규모 원정군 파견을 중지하고, 그 대신 662년 정월 김유신에게 명을 내려 군량 수송을 담당하도록 했다. 김유신의 군량 수송 상황을 구체적으로 전하는 기록은 다음과 같다.

> 2년(662) 정월 …… 왕이 유신과 인문·양도 등 9명의 장군과 더불어 수레 2,000여 대에 쌀 4,000석과 벼 22,000여 석을 싣고 평양으로 가게 했다. 18일에 풍수촌風樹村에서 숙영하게 되었다. 얼음은 미끄럽고 길은 험하여 수레가 갈 수 없으므로 모두 우마牛馬에 실었다. 23일에는 칠중하七重河를 건너 산양蒜壤이라는 곳에 이르렀다. 귀당제감 성천과 군사 술천 등은 이현梨峴에서 고구려 병사를 만나 그들을 격살했다. 2월 1일에 유신 등이 장새獐塞에 이르렀고, 평양까지의 거리가 36,000보였다. 우선 보기감 열기 등 15명을 당의 군영으로 가게 했다. 이 날 눈바람이 불고 몹시 추워 인마人馬의 동사가 많았다. 6일에는 양오楊隩에 이르러 유신이 아찬 양도와 대감 인선 등을 시켜 군량을 전달하고, 소정방에게는 은 5,700푼, 세포 30필, 두발 30냥, 우황 19냥 등을 증여했다. 정방은 군량을 받자마자 [역役을] 파하고 돌아가게 되었다.
> −《삼국사기》 6 〈신라본기〉, 문무왕 2년

위의 사료를 통해 평양으로 군량을 수송하는 임무에서 지휘관은 김유신이며, 부장副將으로 인문과 양도 등 9명의 장수가 참여했음을 알 수 있다. 《삼국사기》에 따르면, 인문과 양도 외에 진복도 부장으로 참여했다고 한다(《삼국사기》 42 〈김유신전〉(중)). 몇 명의 군사가 동원되었는지에 대해서는 구체적인 기록이 없지만* 당시 장군 9명이 참여했으므로 신라군의 총병력은 적게 잡더라도 15,000명 내외였을 것이다. 단 이 편제는 전투를 목적으로 하는 행군 편성이 아니었기 때문에 치중대輜重隊**가 상당 부분을 차지했을 것으로 추정된다.

김유신의 군량 수송 부대 병력이 15,000명 정도였다는 사실을 뒷받침하는 또 다른 근거가 있다. 임진강전투 기록이다. 김유신의 부대가 평양으로 군량 수송을 무사히 마친 후, 철수하는 도중에 임진강에서 대규모 전투가 발생했다. 이 임진강전투에서 신라군은 고구려의 장수 1명을 사로잡고(《삼국사기》 42 〈김유신전〉(중)), 10,000여 명의 목을 베었으며, 포로로 5,000여 명을 사로잡아 귀환했다고 한다(《삼국사기》 44 〈김인문전〉). 물론 신라의 군공을 높이기 위해 일부 과장되었을 가능성을 배제할 수는 없다. 그런데 《삼국사기》의 〈신라본기〉와 〈김유신전〉에 똑같이 10,000여 명의 고구려군을 베었다고 기록되어 있다. 《삼국사기》의 〈신라본기〉가 〈김유신전〉을 참조해 서술했을 수도 있지만, 두 기록이 일치된 점과 당시 정황을 고려해 볼 때 크게 과장되었다고 하기는 어려울 것 같다. 고구려군을 압도했다는 이러한 기록을 통해 유추해 보자면, 신라군은 고구려군에 상응하는 15,000명 이상의 병력을 보유했을 가능성이 크다.

그렇다면 김유신의 부대가 수송한 군량은 어느 정도였을까? 김유신의 부대는 2,000여 대의 수레에 쌀 4,000석과 벼 22,000여 석을 싣고 출발

---

*《삼국유사》 1 〈태종 춘추공〉에 당시 군량 수송에 동원된 신라의 병력이 수만 명이라고 기록되어 있기는 하다. 그러나 구체적인 수치는 아니다.
** 치중대는 군대의 군수를 담당하는 전투 지원부대로서 주로 보급이나 후송 등을 담당한다.

했다.* 쌀 4,000석과 벼 22,250석을 합치면 26,250석이다. 쌀 1석은 150 승升 내외이며(김상보 1994; 윤선태 2011 참조), 쌀을 기준으로 봤을 때 병사 1인당 하루에 약 2승을 소비한다고 한다(孫繼民 1995, 320). 쌀 4,000석 ×150승은 600,000승이다. 그리고 벼의 평균 도정수율搗精收率**은 72퍼센트다. 벼 22,250석×0.72는 쌀 16,020석이다. 쌀 16,020석×150승은 2,403,000승이다. 따라서 쌀과 벼를 모두 합산하면, 20,020석으로 약 300만 승이 된다. 15만 명의 병사가 10일 정도, 5만 명의 병사가 한 달간 먹을 수 있는 양이었다.***

　　기본적으로 과거의 수송량을 정확히 산출한다는 것은 어려울 수밖에 없다. 당시 수송했던 곡물과 상태가 정확히 어떠했는지 단정짓기가 곤란하고, 도량형의 기준도 어느 정도 차이가 날 수 있기 때문이다. 그렇지만 이러한 변수를 제외하고 지금까지 살펴본 내용을 정리하면 〈표 2-1〉과 같다.

---

*《삼국사기》〈신라본기〉에는 벼 22,000여 석이라 되어 있고,《삼국사기》47〈열기전〉에는 구체적으로 22,250석이라 기록되어 있다. 이러한 기록들을 통해 볼 때, 당시 김유신이 수송한 군량의 수치는 상당히 신빙성이 높다고 할 수 있다.

**도정수율은 투입된 벼의 무게에 대한 도정된 백미의 백분율(퍼센트)을 의미한다(도정된 백미의 무게/투입된 벼의 무게×100).

***철수 준비와 실제 철수 과정을 모두 감안할 경우 당군이 평양에서 당 본국으로 철수하는 데에 최소 한 달은 소요되었을 것이다. 김유신이 수송한 군량은 5만 명이 한 달간 사용할 수 있는 양이었고, 소정방의 부대는 별다른 이탈자 없이 무사히 평양에서 철수할 수 있었다. 당시 당군의 규모는 알 수 없지만, 기약할 수 없는 평양성 공격보다는 철수길에 필요한 군량이었을 가능성이 높다. 이를 통해 볼 때 평양을 포위하고 있던 소정방의 당군은 약 5만 명 내외였을 것이라는 추정이 가능하다. 그리고 여기에는 김유신의 부대가 이동하면서 소비해야 할 군량과 이동 중 손실분이 포함되어 있지 않다. 이러한 점들을 감안한다면 이 수송 작전의 중요성과 어려움을 충분히 헤아릴 수 있을 것이다.

<표 2-1> 김유신의 수송 군량

구분	내용		합계
종류	쌀 4,000석+벼 22,250석		26,250석(쌀 20,020석)
	* 벼 22,250×0.72(도정비율)=쌀 16,020석		
무게	26,250석×30kg=787,500kg		787.5톤
	* 1석: 150승×200mg(1승)=30,000mg(30kg)		
분량	쌀 20,020석×150승=3,003,000승		1,501,500명(1일분)
	* 1명: 1일 2승 소비		50,050명(30일분)

　김유신 부대의 목표는 평양으로의 군량 수송이며, 목적지는 평양성을 포위하고 있는 소정방의 군영이었다. 행군 거리는 고구려와 신라의 경계 지점인 임진강 적성에서 평양성까지 약 150킬로미터로 왕복 300킬로미터가 훨씬 넘는 장거리다. 교통로로 소로를 이용했을 가능성까지 감안하면 실제로는 이보다 훨씬 더 긴 거리를 행군했을 것이다.

　김유신은 660년 백제 공격 시에 황산벌로 이동할 때 남천정→삼년산성→산계리토성→장군재→옥천→금산→탄현→황산벌 루트를 이용했는데(정영호 1972), 그 거리가 약 300킬로미터에 달한다(김주성 2011). 백제 공격 시에는 전투병을 이끌고 신라의 영역으로 한 행군이었다. 하지만 평양으로의 군량 수송은 치중병을 거느리고 적지를 종심 깊이 통과해야 하는 아주 어려운 행군이었다.

　게다가 작전 시기는 혹한기인 1월과 2월 사이였다. 혹한기를 택해서 부대이동을 했다는 것은 전쟁지도戰爭指導(Conduct of a War)*상의 고려가 배제되었음을 의미한다(허중권 2001, 242). 물론 음력 1월과 2월이므로 현재의 기온과는 어느 정도 차이가 있을 수 있지만, 봄과 가을 같이 행군하

---

* 전쟁지도는 전쟁을 수행하기 위해 국가가 실시하는 지도역량과 기술을 의미한다. 궁극적으로 승리하기 위해 적절한 통합과 합리적인 조율이 필요하며 효과적인 통제가 이루어져야 한다.

기 좋은 조건은 분명 아니었다. 이렇듯 어려운 여건 하에 진행된 임무였음에도 김유신은 소정방의 당군에게 군량을 무사히 전달하고 귀환했다. 작전 목표를 달성한 것이다.

김유신의 부대는 혹한기에 적지를 횡단하면서도 대규모 군량 수송 임무를 성공적으로 완수했다. 부대 이동 간 이탈자의 기록이 보이지 않고, 철수 시에 고구려의 군사까지 물리친 점 등을 보면 이들의 사기와 전투 역량은 뛰어났던 듯하다. 지금까지 언급한 내용들을 정리하면 〈표 2-2〉와 같다.

〈표 2-2〉 김유신 부대의 군량 수송작전

지휘관	김유신	목적지	평양
장군수	9명	행군거리	왕복 300킬로미터
병력수	15,000명	작전기간	662.1~2
휴대물품	쌀 20,000석	작전시기	혹한기
부대목표	군량 수송	목표달성여부	목표달성

김유신, 평양행 수송길에 오르다

백전노장인 김유신에게도 평양으로 군량을 수송하는 작전은 쉽지 않았던 모양이다. 일반 전투병이 단독으로 침투해 들어가는 것이 아니라, 대량의 군량을 호송하면서 적진 깊숙이 들어가 무사히 군량을 전달하고 철수해야 하는 작전이었던 탓이리라. 다음의 사료는 김유신뿐 아니라 당시 신라 조정에서 이 작전에 대해 어떠한 생각을 가지고 있었는지를 잘 보여준다.

① (소)정방이 말을 전하기를 "내가 만 리 먼 속에 명을 받들고 창해를 건너 적을 토벌하려고 배를 해안에 댄 지 벌써 달을 넘겼습니다. 대왕의 군사는 이르지 않고 군량 수송이 계속되지 않아 위태함이 심하니, 왕은 잘 도모하여 주십시오"라고 했다. 대왕이 여러 신하들에게 어찌하면 좋으냐고 물었다. 모두 말하기를 깊이 적지에 들어가 군량을 수송하는 일은 사세로 보아 할 수 없다고 하니, 대왕이 근심하여 한숨을 쉬며 탄식했다. ② …… 유신이 왕명을 받고 현고잠懸鼓岑의 수사岫寺에·이르러 재계하고 영실靈室로 들어가 방문을 닫고 혼자 앉아 분향하기를 여러 날 밤낮으로 계속한 후 나와 혼자서 기뻐하며 말하기를 "내가 이번 길에 죽지 않게 될 것이다"라고 했다. 떠날 때에 왕이 손수 글을 써서 유신에게 이르기를 "국경을 나간 후에는 상과 벌을 마음대로 함이 좋겠다"고 했다. ③ …… 정월 23일 칠중하에 이르렀는데, 사람들이 모두 두려워하여 감히 먼저 (배에) 오르지 못했다. 유신이 말하기를 "제군들이 죽는 것을 두려워한다면 어찌 여기에 왔겠는가" 하고 자신이 먼저 배를 타고 건너니, 여러 장졸들이 서로 따라 물을 건너 고구려 땅에 들어갔다.

– 《삼국사기》 42 〈김유신전〉(중)

660년 나당연합군의 백제 공격 시 김법민이 선박 100척을 이끌고 덕물도에서 소정방과 조우한 적이 있다(《삼국사기》 5 〈신라본기〉, 태종무열왕 7년 5월). 이는 당시 신라가 적지 않은 수송선을 확보하고 있었음을 알려준다. 이 수송선을 이용하여 대동강 수로를 거슬러 올라갔다면 좀 더 수월하게 군량을 수송할 수 있었을 것이다. 그런데 신라군은 굳이 위험한 육로를 택하여 군량을 수송했다. 왜 그랬을까? 해상 수송로상에 위치한 황해도 연안에 고구려 수군이 적지 않게 배치되어 있었을까? 아니면 백제지역에 있던 신라의 수송선을 사용할 수 없는 상태였을까? 그랬을지도 모른다. 그러나 이보다는 당시 수송작전이 동계작전이었음을 상기할 필요가 있다. 대동강이 완전 결빙상태는 아니더라도 대규모 수송선단을 보내기에는 적지 않은 장애가 있었던 것이다.[*]

여러 신하들은 군량을 육로로 수송해야 하는 어려움을 이유로 들며 이번 작전이 불가하다고 목소리를 높였다. 문무왕 또한 작전의 어려움을 알고 있었다. 그렇다고 당군의 요구를 거절할 수도 없었다. 바로 이때 김유신이 자진해서 나섰다. 문무왕으로서는 여간 고마운 일이 아닐 수 없었다. 문무왕이 김유신의 손을 잡고 눈물을 흘리고, 출정 시 그에게 편의종사권便宜從事權[**]을 부여하는 등(이문기 1997, 299~301) 깊은 신뢰를 표한 것은 그러한 고마움의 발로였다.

드디어 662년 정월 김유신은 장군 9명과 함께 수레 2,000여 대에 군량을 가득 싣고 평양을 향해 출발했다. 군량 수송은 풍수촌→칠중하→산양→이현→장새→양오→평양의 경로로 이루어졌다. 김유신의 군량 수송로를 구체적으로 이해하기 위해서는 이들 지역의 정확한 위치가 어떻게 되는지 알 필요가 있다. 언급된 지명 가운데 칠중하(임진강), 장새(수안), 평양은 위치가 확인된다. 하지만 풍수촌, 산양, 이현, 양오의 위치는 불분명하다. 당시 칠중하가 신라와 고구려의 대체적인 경계였는데, 김유신은 풍수촌을 지나 칠중하로 이동했다. 즉 풍수촌은 고구려가 아닌 신라의 경내다. 따라서 크게 문제가 되지 않는다. 반면 산양, 이현, 양오라는 지명은 김유신의 군량 수송 시에만 한 차례 언급될 뿐 이후에는《삼국

---

[*] 현재 대동강은 동계에 약 83일간 결빙된다. 지금의 기온과 조금 차이가 날 수도 있지만 당시에도 크게 다르지는 않았을 것이다.

[**] 편의종사권은 장수가 전장에 나가면서 부대의 이동 및 철수, 전투의 개시 및 종결, 부하의 신상필벌 등 전투와 관련된 제반사항을 장수가 임의대로 처리할 수 있는 권한을 의미한다. 다시 말해 왕의 군사통수권 일부가 장수에게 이양되는 것이다.

사기》의 어디에도 나타나지 않아 위치를 비정하는 데 어려움이 많다.*

이들 지명은 어떠한 연유로 사서 기록에 남게 되었던 것일까? 김유신의 수송부대는 고구려군과의 접촉을 피하기 위해 일부러 주요 거점이나 큰 성읍이 아닌 험하고 좁은 길로 행군했다(《삼국사기》 42 〈김유신전〉(중)). 따라서 사료에는 기존의 주요 지명이 아닌, 김유신의 부대가 이동하며 주변 환경을 보고 명명한 지명이 전해져 기록되었을 가능성이 높다.

김유신의 부대가 칠중하(임진강)를 건너 장새(수안)로 향했으므로, 산양과 이현은 경기도 적성과 황해도 수안 사이에 위치한 곳이라 유추할 수 있다. 경기 북부 및 황해도 지역의 지형은 기본적으로 언진산맥, 멸악산맥, 마식령산맥과 그 사이를 흐르는 재령강, 예성강, 임진강이 근간을 이루고 있다(서영일 1999, 221~225). 칠중하를 건너 수안으로 가는 길은 서쪽으로 이동하여 현재의 개성을 지나 예성강을 건너 북상하는 방법과 동북쪽으로 이동하여 삭녕을 지나 임진강을 건너 북상하는 방법이 있었다.

당시 한강 이북의 서울과 평양을 연결하는 교통로는 자비령로, 방원령로, 재령로 등 크게 세 갈래 길이 있었다. 자비령로(다곡도)는 서울－양주－파주－장단－개성－금천－평산－서흥－황주－평양으로, 방원령로(해곡도)는 서울－양주－연천－삭녕－토산－신계－수안－연산－대동－평양으로, 재령로는 서울－파주－개성－해주－신원－재령으로 이어진다(서영일 2004, 244). 재령로는 예성강과 임진강 하류 지역 등 강폭이 넓은 지역을 도하해야 하기 때문에 교통이 불편한 편이었다. 반면 방원령로는 재령강 유역을 거치지 않고 임진강 유역과 대동강 유역을 직접 연결하는 지름길이

---

* 흥미로운 점은 이 세 지명이 나무이름과 관련이 있다는 것이다. '산양蒜壤'은 달래나무가 많은 평지, '이현梨峴'은 배나무가 많은 고개, '양오楊隩'는 버드나무가 많은 물가 정도로 풀이할 수 있다.

라 기동력을 극대화하는 군사작전을 펼칠 때 매우 유용한 교통로였다(오강석 2007, 200). 670년 3월 설오유·고연무가 요동으로 진군할 때 이 교통로를 이용한 것으로 추정되며(이상훈 2012, 94~96), 고려 시대에는 북계동로로서 거란군이 공격해온 경로이기도 했다(안주섭 2003, 163). 668년 나당연합군의 평양 공격 시에도 방원령로(해곡도)는 자비령로(다곡도)와 함께 주요 진군로로 이용되었다.

적성–수안 간 교통로

668년 신라군은 고구려 원정을 위해 다곡도, 해곡도, 비열도로 나뉘어 평양으로 진군했다. 이케우치 히로시池內宏는 평산의 옛 지명이 대곡大谷이고 신계에 수곡성水谷城이 위치하고 있는 것을 통해 봤을 때 대곡을 경유하는 행군로는 다곡도多谷道이고, 수곡을 경유하는 행군로는 해곡도海谷道라고 추정한다. 또한 안변의 옛 지명은 비열이며, 청일전쟁 시기에 원산으로 상륙한 일본군의 분견대가 비열도比列道 길을 이용하여 평양으로 이동했다고 말한다(池內宏 1928).

   고구려는 평양성을 포위한 당군이 식량난을 겪고 있던 점, 이를 해결하기 위해 신라군이 지원에 나설 것이라는 점을 어느 정도 예상하고 있었을 것이다. 그래서 신라군을 막기 위해 임진강 이북의 주요 접근로인 개성과 삭녕을 중심으로 병력을 전진배치하고, 그 후방에는 비교적 적은 병력을 주둔시켰을 가능성이 높다. 왜 그러한가? 다곡도는 서흥의 자비령을 경유하고, 해곡도는 수안의 방원령을 경유한다(서영일 2004, 234). 그런데 이 두 고개를 넘는 것은 쉬운 일이 아니었다. 따라서 고구려는 방어에 수월하고 내륙 지역인 자비령과 방원령보다는 신라에서 고구려 경내

〈그림 2-2〉 668년 고구려 진격로

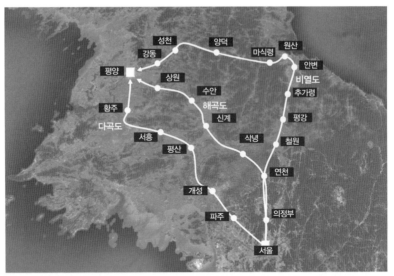

* 출처: 구글어스 위성지도; 이상훈(2011, 19).

로 들어오는 초입인 개성과 삭녕을 중심으로 부대를 배치했던 것이다.[*]

　김유신은 평양으로의 군량 수송 임무를 맡자 수사䏁寺의 영실靈室에 들어가 여러 날 밤낮으로 분향하고는 나와서 기뻐하며 "내가 이번 길에 죽지 않게 될 것이다"고 했다(②). 과연 김유신이 난제인 군량 수송을 앞두고 분향만 했을까? 아니다. 오히려 수송작전에 대한 시뮬레이션, 즉 병력 이동, 행군 경로, 수송수단, 중간 기착지 등에 대해 구상했다고 보는 편이 더 적절하다. 작전 구상 후 성공을 예감했던 것이다(김주성 2011, 47).

---

* 여기에서는 문맥상 단정적인 서술을 했지만 실제로는 글쓴이의 추정에 불과하다. 사료의 부족으로 인해 추정에 머물 수밖에 없지만 당시 정황상 개연성은 충분하다고 여겨진다. 앞으로 서술되는 내용 중에도 추정임에도 불구하고 글의 흐름을 위해 단정적으로 서술한 부분이 있음을 미리 밝혀둔다.

성공적인 작전 수행을 위해서는 작전 현장에 대한 사전 정보도 필요하다. 김유신은 이것을 평양으로 군량을 수송하라는 당 황제의 칙지를 전한 함자도총관 유덕민에게서 얻은 것으로 보인다. 김유신은 유덕민과 함께 평양으로 진군하면서(《삼국사기》 7 〈신라본기〉, 문무왕 11년, 〈답설인귀서〉) 평양 일대의 당군과 고구려군의 배치 상황과 기타 정보를 입수했을 것이다.

　대규모 군량을 수송하는 신라군의 움직임은 고구려에 쉽게 포착되기 마련이다. 그러나 신라군은 군량 수송 중 고구려군과 거의 마주치지 않았다. 산양을 지나 이현에서 한 차례 전투가 벌어지긴 했지만 그마저도 큰 규모의 전투는 아니었고 귀당제감 성천과 군사 술천 등이 참여하여 손쉽게 승리를 거두었다.[*] 어떻게 그것이 가능했을까? 김유신이 고구려군과 대규모 접촉이 예상되는 다곡도와 해곡도의 초입경로를 가급적 배제하고 새로운 경로로 이동했기 때문이라 판단된다. 구체적으로, 개성과 삭녕 사이의 마식령산맥을 넘어 현재의 황해도 장단군과 금천군을 잇는 소로를 이용하여 은밀히 행군하면서 그대로 북상하지 않았을까 싶다. 제대로 발달하지 않은 산길로 행군하는 것은 상당히 힘들고 시간이 지체되기 마련이다. 하지만 김유신은 성공적인 수송을 위해 소로를 선택할 수밖에 없었을 것이다.

　마식령산맥을 넘은 김유신 부대는 금천과 신계를 거쳐 수안에 도착했을 것이다. 신계에는 수곡성이 있는데, 현재의 신계보다 30리 남쪽인 신계군 침교리 일대로 비정된다(손영종 1990, 176). 수곡성은 신계, 서흥, 평

---

[*] 제감의 관등은 나마奈麻(11관등)에서 사지舍知(13관등)이므로 그리 큰 규모의 전투라고 보기 어렵다. 본대가 아니라 선발대가 벌인 전투로 판단된다.

〈그림 2-3〉 김유신의 적성-수안 간 추정 수송로

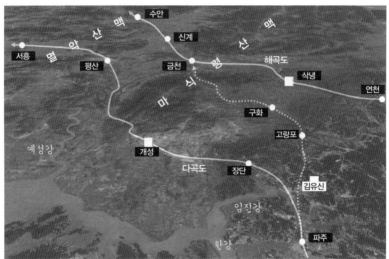

* 출처: 구글어스 위성지도.

산 방면 모두를 견제할 수 있는 교통의 요지로서 평산-금천 간의 이동을
배후에서 타격할 수 있는 곳이다(서영일 2004, 233).

칠중하에서 장새까지의 거리는 약 96킬로미터인데, 1월 23일에 칠중
하를 도하한 김유신의 부대가 장새에 도착한 것은 2월 1일이다. 약 96킬
로미터를 이동하는 데 7일 정도 걸린 셈이니 1일 평균 약 14킬로미터의
속도로 행군했음을 알 수 있다. 고대의 행군 속도가 1일 30리(12킬로미터)
내외인 점, 군량 수송을 위해 수레와 우마를 대거 운용해야 했던 점, 혹
한기에 적지의 소로를 이용해야 했던 점 등을 감안하면 비교적 빠른 속
도로 행군이 이루어졌다.

다만 신계에서 수안으로 향하는 노정에서는 신계에서 바로 예성강을
도하하지 않고, 좀 더 상류로 올라가 배를 이용하지 않은 채 예성강을 건

넘을 것이다. 왜냐하면 사서 기록에 김유신이 배를 이용하여 도하한 곳이 임진강 하나로 한정되어 있기 때문이다(③).

적성과 수안 사이에 위치한 산양과 이현을 정확히 알 수는 없다. 다만 김유신의 부대는 개성과 삭녕을 경유하지 않고 마식령산맥을 넘었던 것으로 보이므로, 추정 수송로를 감안하면 산양蒜壤(달래나무가 많은 평지)은 금천군 일대의 평탄지 중 한 곳으로, 이현梨峴(배나무가 많은 고개)은 멸악산맥 일대에 위치한 고개 중 하나로 추정된다.

수안 – 평양 간 수송로

김유신 등이 장새(수안)에 도착한 것이 2월 1일이며, 장새에서 평양까지의 거리는 36,000보였다고 한다. 36,000보는 약 64.1킬로미터에 달하는데,[*] 수안에서 평양까지의 거리가 약 62킬로미터이므로 거의 일치한다. 김유신 부대가 장새에 도착한 사정은 다음 사료에 잘 나타나 있다.

> 장새獐塞에 당도해서는 풍설風雪이 몹시 차서 사람과 말이 많이 동사凍死하고, 고구려인은 우리 군사가 피로한 것을 알고 요격하려고 했다. 당의 진영까지의 거리가 3만여 보인데, 전진할 수가 없고 글을 보내려 해도 갈 만한 사람을 구하기 어려웠다. 이때 열기가 보기감步騎監 보행輔行으로서 나아가 말하기를 "제가 비록 노둔하고 부족하지만 가는 사람의 수효를 채우겠습니다" 하

---

[*] 삼국시대 초기에는 23센티미터 내외의 척도가 사용되었고, 통일신라기에 와서는 29.7센티미터 내외의 당척唐尺이 새롭게 수용되었다(윤선태 2011, 177). 보는 길이를 나타내는 단위로, 1보는 당척으로 6척이다(노중국 2011). 1당척은 29.7센티미터이므로 1보는 약 1.78미터다. 그러므로 당시 36,000보는 약 64.1킬로미터다.

고, 드디어 군사軍師 구근 등 15명과 함께 궁검弓劍을 가지고 말을 달려 나가니 고구려 사람이 바라만 보고 능히 막지 못했다. 무릇 이틀 만에 소(정방) 장군에게 사명을 전하니, 당인이 기뻐하여 회신을 보냈는데, 열기는 또 이틀 만에 돌아왔다.

– 《삼국사기》 47 〈열기전〉

　김유신은 2월 1일 수안에 도착한 후 보기감 열기 등 15명을 보내 당군에게 군량이 근처에 도착했음을 알리고자 했다. 이때 당군에게 연락을 취했던 열기와 구근은 그 공을 인정받아 김유신의 천거로 사찬의 관품을 받기도 했다《삼국사기》 47 〈열기전〉). 이후 김유신의 부대는 2월 6일 양오라는 곳으로 이동하여 진을 쳤다. 김유신의 본대가 장새를 지나 양오까지 이동하는 데 소요된 시간이 6일이므로, 하루에 8킬로미터의 속도로 20리 남짓을 이동한 것으로 보인다. 대량의 군량을 휴대하여 적의 수도 가까이까지 이동하는 것이었기 때문에 행군 속도가 더딜 수밖에 없었다(김주성 2011, 49~50).

　이상의 내용을 종합해보면 김유신 부대는 수안에서 양오를 경유한 후 평양으로 향했던 것으로 파악할 수 있다. 이병도는 양오가 강동이 아닐까 하고 조심스레 언급한 바 있다(이병도 2005, 364). 기존의 연구에서는 이병도의 견해를 따라 김유신의 부대가 수안을 지나 강동 지역으로 이동한 것으로 이해하는 경향이 강했다(김주성 2011, 49). 그런데 수안에서 강동으로 가는 길은 남강이 가로지르고 있어 교통로가 제대로 발달해 있지 않았다. 그리고 열기를 보내 당군에게 연락을 취한 시점에 이미 김유신 부대는 고구려군에게 위치가 노출되어 있었다. 산악지대를 힘겹게 행군해온 김유신의 부대에는 기본적으로 수송선이 없었다. 대규모 군량을 수

〈그림 2-4〉 김유신의 수안-평양 간 추정 진군로

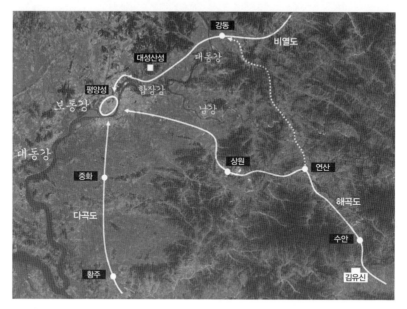

* 출처: 구글어스 위성지도.

송하기 위해서는 적지 않은 수송선이 필요하고, 이를 호위할 병력이 승선할 선박도 필요하다. 김유신의 부대가 수송한 군량은 약 800톤에 달했기 때문에, 군량 수송에만 80톤급 선박 10척이 필요했다. 하지만 사서 기록에는 김유신의 부대가 배를 타고 강을 건넌 것은 임진강 한 곳으로 한정되어 있다(③). 게다가 도하작전의 경우 특수장비와 병력이 소요되고 지휘통제가 어려우며 방책이 제한되고 최초계획의 변경이 곤란하다. 도하작전을 위한 계획수립은 실제 작전보다 상당히 앞서서 시작되지 않으면 안 된다(김광석 1998, 194~195). 이런 점에서 고구려군에게 이미 노출된 대규모 수송부대가 북상하여 급하게 다시 남강을 도하했을 가능성은 상당히 낮다.

　김유신 부대가 실제 남강을 도하하여 강동에 도착했다고 가정하더라도 여전히 문제는 남는다. 강동에서 평양성 방면으로 가려면 또다시 대동강과 합장강 등을 건너야 했는데 이때 고구려군에게 노출되어 공격당할 우려가 컸기 때문이다. 특히 평양성 동부의 수로는 고구려군의 움직임이 활발한 곳이었다. 소정방과 함께 평양 공격에 나섰던 옥저도총관 방효태가 662년 정월 연개소문과 싸워 대패한 사수蛇水(《삼국사기》22 〈고구려본기〉, 보장왕 21년)도 평양성 동부의 수로였다.* 이런 점에서 전투부대가 아닌 대규모 치중부대가 남강을 도하하여 강동으로 간 후, 다시 대동강을 도하하고 대성산과 합장강을 경유하여 당군에게 군량을 수송한다는 것은 거의 불가능한 일이었다. 수송로가 복잡하여 비효율적이고 시간 소모가 많아 신라군이 취하기 어려운 방법이었던 것이다. 따라서 김유신의 부대가 향했던 양오라는 곳은 강동 방면이 아니었을 가능성이 높다.

　수안에서 평양으로 가는 가장 빠른 길은 서북쪽의 상원을 거쳐 해곡도를 이용하여 평양평야를 가로지르는 루트였다. 그러나 김유신의 부대는 이 루트도 이용할 수 없었던 것 같다. 왜 그러한가? 평양성은 동남쪽으로 대동강이 휘감아 돌면서 자연해자 역할을 하고 있다. 따라서 서북쪽을 장악해야 평양성을 고립시킬 수 있다. 기록에 따르면 소정방은 대동강에서 고구려군을 격파하고 마읍산을 탈취한 후 평양성을 포위했다고 한다(《신당서》220 〈고려전〉; 《삼국사기》22 〈고구려본기〉, 보장왕 20년 8월). 이런 점에서 마읍산은 대동강 북안 그리고 평양성의 서남쪽에 있을 가능

---

* 사수는 합장강 혹은 남강으로 비정되고 있는데, 이 전투에서 방효태는 아들 13명을 포함하여 전군
　이 사망하는 치욕스런 패배를 당했다.

성이 높다. 정황상 소정방은 대동강 하구를 통해 강을 거슬러 올라와 대동강 북안에 상륙하여 마읍산을 탈취한 후, 보통강 일대에 주둔하면서 평양을 서북쪽에서 포위하고 있었던 듯하다. 소정방이 신라의 군량을 받은 후 고구려군과의 접전 없이 무사히 철수한 점에서 볼 때, 평양성 이서의 대동강은 대체로 당군이 통제한 것으로 보인다. 그러나 평양성 이동의 대동강과 평양성 남쪽의 평양평야는 당군이 통제하고 있었다고 보기 어렵다. 만약 당군이 대동강 전체와 평양성 남쪽 건너편까지 장악하고 있었다면, 신라군은 해곡도를 따라 상원과 평양평야를 지나 당군에게 군량을 손쉽게 수송할 수 있기 때문에 크게 고민할 필요도 없었을 것이다.

> 10월 2일에 영공英公이 평양성 북쪽 200리 되는 곳에 이르러, 이동혜촌주小同兮村主 대나마大奈麻 강심을 시켜 거란의 기병 80여 명을 영솔하고 아진함성을 지나 한성에 이르러 편지로 출병일을 독촉했다. 대왕은 이에 좇아 11월 11일에 장새에 이르렀는데, 거기서 영공이 귀국했다는 말을 듣고 왕의 병사도 또한 돌아오게 되고, 이내 강심에게 급찬의 벼슬을 주고 곡식 500석을 주었다.
> ─《삼국사기》6〈신라본기〉, 문무왕 7년

667년 10월 영공英公(이적)이 평양성 북쪽 200리 되는 곳까지 남하하여 신라군에게 출병을 요구했다. 〈답설인귀서〉에 따르면 이적의 사인 강심이 신라에 와서 평양으로 군량을 공급하라고 전했다(《삼국사기》7〈신라본기〉, 문무왕 11년). 이에 신라군은 대규모 병력을 이끌고 다곡도를 경유하여 다시 해곡도 방향으로 수곡성(평산)까지 진군했다가 철수했다. 이때 당군은 신라군에게 서신을 전달하기 위해 아진함성(강원도 안협)을 경유하여 크게 우회하는 루트를 선택했다. 물론 정보 누설을 막기 위해 의도

적으로 크게 우회시켰겠지만, 다른 한편으로는 평양을 중심으로 평안도
와 황해도 지역에 그만큼 고구려군의 방어태세가 갖추어져 있었기 때문
일 가능성이 높다.

고구려는 평양성의 방어력을 강화하기 위해 위성 방어체계를 세웠다.
평양성이 고립된 요새가 되지 않도록 하기 위해 평양으로 들어오는 주요
도로 연변에 산성을 쌓았다. 안학궁과 대성산성 북쪽의 청룡산성, 서쪽
의 황룡산성, 동쪽의 흘골산성, 남쪽의 황주산성이 그러한 위성이었다.
위성 밖의 지역에도 산성을 쌓아 수도에서 멀리 떨어진 곳에서 적을 격
퇴하기 위한 외곽 방어체계를 세워두었다(이인철 2004; 박경철 1989; 여호
규 1999). 이처럼 고구려 후기의 왕도 방어는 육로에 있어서만큼은 광대
한 영토 내에 겹겹이 진을 친 방어망 때문에 왕도 부근까지 도달하는 것
자체가 쉽지 않았다. 그러나 수로로는 빠르게 왕도까지 도달할 수 있었
다. 왕도까지의 거리가 단거리인 데다 589년 대동강의 하안을 따라 축조
되었던 왕도의 나곽羅郭만이 유효한 방어시설로 기능할 뿐이어서(田中俊
明 1999, 228~231) 대군의 침입을 막기에는 역부족이었던 것이다.

662년 당시 소정방이 평양성을 서북쪽에서 포위하고 있었지만 평양
일대 전체를 포위한 것은 아니었다. 고구려의 성들은 주로 군사방어를
위해 축조되었기 때문에 주요 교통로를 통제할 수 있는 요충지에 자리
잡고 있었다(여호규 1998, 16~17; 나동욱 2009, 24). 그리고 고구려의 지방
성에는 중앙군과는 별도로 성주의 지휘 아래 자수自守하는 지방군이 존
재하고 있었다(이문기 2007, 163). 이런 점에서 평양성 동쪽과 남쪽 일대에
는 고구려군이 포진해 있었다고 봐야 한다. 평양성 동쪽의 경우 대성산
을 중심으로 적지 않은 성과 보루가 남아 있는데(김희찬 2001, 438~447),
그 주변으로 상당수의 고구려군이 배치되어 고구려 내륙의 남북을 가로

지르는 대동강과 남강을 통제하고 있었을 것으로 여겨진다. 평양성의 대동강 남안에는 낙랑토성이 있다. 이 주변에 고구려 후기의 대규모 성곽 시설이 확인되고 있지는 않지만, 평양성 방어를 위해 구릉지대에 소규모 보루나 방어진지를 구축하여 적의 침입에 대비했을 가능성이 높다(김희찬 2001 참조).

이런 이유로 김유신의 부대는 남강을 도하하여 강동 방면으로 북상할 수도, 해곡도를 이용하여 평양평야를 가로지를 수도 없었다. 군량 수송을 위한 새로운 길을 모색해야만 했던 것이다.

군량 수송 거점을 확보하다

김유신의 부대가 양오로 향한 것은 소정방과의 연락을 취한 이후다.《삼국유사》에 따르면 이때 소정방이 난새와 송아지를 종이에 그려 보냈는데, 이를 본 원효가 신라군에게 "어서 군사를 돌리라[速還]"는 뜻이라고 풀이해줬다고 한다. 당시에는 상징적인 의미를 지니는 글이나 그림으로 연락을 주고받았던 것으로 해석되는 대목이다(김주성 2011, 67). 아무튼 보기감 열기는 당군의 진영으로 갔고, 군량 수송 방법에 관한 논의를 진행했음이 분명하다. 아울러 고구려군에게 쉽게 발각되지 않고 안전하게 군량을 수송할 장소에 관한 조언도 구했을 것임에 틀림없다. 그렇다면 나당 간의 합의가 이루어진 안전한 군량 수송지는 어디였을까?

수안에서 북쪽으로 남강을 도하하여 강동으로 향하는 것과 서북쪽으로 상원을 경유하여 평양평야를 가로지르는 것은 거의 불가능한 방법이었음은 앞에서 언급한 바 있다. 수안에서 서남쪽으로 크게 우회하여 황주와 송림을 거쳐 대동강 연안으로 나아가는 루트도 있다. 하지만 이 역시 시간상으로 문제가 많고 황주* 일대가 고구려군이 다수 주둔하고 있던 고구려의 군사거점으로서 피해야 할 길이었다.

결국 김유신의 부대가 선택할 수 있는 루트는 상원을 경유하여 곧장 서진하여 중화를 거쳐 대동강 연안으로 나아가는 길밖에 없었다. 여기에서 다시 김유신이 양오에 진을 쳤던 상황을 살펴보자.

① 유신 등이 행군하여 양오楊隩에 도착해서 한 노인을 만나 물으니, 적국 소식을 자세히 말하므로 포백을 주었는데, 사양하여 받지 않고 갔다. 유신이 양오에 진영을 베풀고, 한어를 아는 인문·양도와 아들 군승 등을 보내 당의 군영으로 가서 왕의 뜻으로 군량을 전해주었다. ② 정방은 식량이 다하고 군사가 지쳐 힘써 싸우지 못하다가 군량을 얻게 되자 그만 당으로 돌아갔으며, 양도도 군사 800명으로 바다를 통해 본국으로 돌아왔다.

– 《삼국사기》 42 〈김유신전〉(중)

김유신은 소정방과 사전 협의된 양오楊隩에 도착했고, 현지 주민에게 적정을 확인한 후에야 양오에 진영을 설치했다. 대규모 진영을 설치하기 위해서는 적의 기습이나 야간 공격에 충분히 방어할 수 있는 지형이 있어야 한다. 김유신이 진영을 설치한 양오의 주변 환경은 방어에 유리하고, 버드나무가 많은 포구였던 것으로 보인다.

---

* 황주성은 득월산성이라고도 하며 둘레 4킬로미터의 석성으로 덕월산 기슭의 황주벌과 능선을 이용하여 축조했다. 성의 동남쪽과 서남쪽은 황주천이 막고, 동북쪽은 천주산과 건지산이 막고 있으며, 북으로 평양을 거쳐 의주·만포 지방으로 통하며, 남으로는 사리원을 지나 멀리 삼남 지방으로 통하는 유리한 길목에 위치하여 예로부터 군사전략적 요충지로 꼽히고 있다(신광철 2011, 201~202).

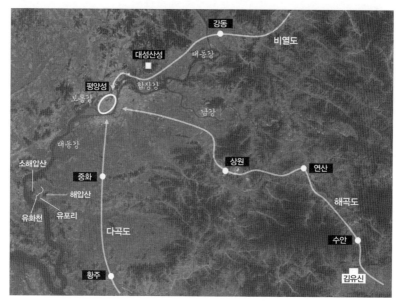

* 출처: 구글어스 위성지도.

  그렇다면 양오는 현재의 어디일까? '양오'는 버드나무가 많고 물길이
굽어 있는 곳을 의미하므로, 버드나무가 많은 대동강 연안이어야 한다.
대동강 연안의 유포리柳浦里는 평양과 남포 사이에 위치하여 대동강 수
운에 중요한 역할을 하고 있다. 1952년 12월 평안남도 중화군 해압면 유
하리(류하리)·포류리·요포리 지역이 면이 폐지되고 신설된 유포리로 통
합되었으며, 1963년 5월 군과 함께 평양특별시에 편입되었다. 유포리 일
대에는 유화천柳花川이 서쪽으로 흘러 대동강에 합류되며, 북쪽에는 소
해압산(229미터)이 위치하고 동쪽에는 해압산(332미터)이 자리 잡고 있
다. 유포리 북쪽의 소해압산과 동쪽의 해압산은 이 일대의 감제고지와
방어거점으로 기능할 수 있다. 또한 유포리는 포구이기 때문에 적지 않

은 선박을 확보할 수 있는 이점이 있다. 대규모 병력이 주둔했을 때 방어에 유리하고, 대량의 군량 수송을 위한 선박 확보가 용이하다. 아울러 유포리柳浦里와 유화천柳花川의 지명은 모두 버드나무가 많은 마을과 강을 의미하고 있다. 대동강은 전체적으로 서쪽으로 흐르는 강이지만 구간구간 굴곡이 심한 편이다. 평양성을 지나 서남으로 흐르던 물줄기는 유포리 일대를 지나 남동남으로 꺾이게 된다. 이렇게 볼 때 버드나무가 많고 물길이 굽은 '양오'라는 지명은 유포리 일대의 자연환경에 따라 명명된 것으로 추정된다.

유포리 일대에 주둔한 김유신의 부대는 방어 진영을 편성한 후, 주변의 선박을 수합하여 군량을 실어 날랐을 것이다. 그 근거로 철수 시 양도와 800명이 김유신의 주력군과 달리 해로를 이용하여 귀국했던 사실을 들 수 있다(②). 김유신과 양도는 모두 육로로 행군하여 수안에 이르렀기 때문에 양도 주도하에 일부 신라군이 해로를 통해 귀국했다는 것은 신라군이 대동강 연안에서 선박을 확보했음을 알려주는 것으로 봐야 한다. 물론 당군의 유휴선박을 인계받았을 수도 있지만, 장거리 철수를 해야 하는 당군 입장에서 신라군에게 선박을 양도했을 가능성은 희박하다. 당시 당의 대형선박은 한 척당 평균 100~200명을 승선시킬 수 있었으며 (王小甫 2003, 81), 당송 시기에는 이미 600톤급 원양선박을 건조할 수 있었다(張鉄牛 2006, 76~77). 김유신 부대가 양오로 운반해 온 군량은 약 800톤에 달했기 때문에 신라가 현지에서 조달한 고구려의 민간선박으로는 대규모 군량을 수송하는 데 한계가 있었을 것이다. 따라서 사전에 당군과 협의를 통해 적지 않은 당군의 선박도 유포리로 남하하여 군량 수송에 참여했을 것으로 추정된다.

김유신, 군량 수송 성공 후 철수길에 오르다

군량 수송을 완료한 김유신의 부대는 서둘러 철수 준비를 시작했다. 군량을 보급받은 당군이 평양성 공세를 지속했다면 김유신 부대의 철수는 한층 용이했을지도 모른다. 그러나 소정방은 군량을 받자마자 철수를 시작했고, 김유신의 철수는 더욱 위험한 상태에서 감행되었다.

김유신이 어떤 경로로 철수했는지는 사서상에 명확히 기록되어 있지 않다. 다음의 사료를 통해 김유신의 철수로를 추정해보자.

① 신라군이 돌아가려 할 때 고구려에서는 이를 도중에서 요격하려고 도모했다. 인문이 유신과 함께 꾀를 내어 밤중에 몰래 도망했는데, 고구려 사람이 이튿날에야 깨닫고 뒤를 쫓아왔다. 인문 등이 반격을 가하여 크게 이를 파하고 1만여 명의 목을 베고, 5,000여 명을 포로로 하여 돌아왔다.

－《삼국사기》 44 〈김인문전〉

② 이때 고구려 사람들이 복병을 배치하고 우리 군사를 귀로에서 요격하려고 했다. 유신이 여러 마리 소의 허리와 꼬리에 북과 북채를 매달아 후려치게 하니 소리가 나고, 또 땔감을 쌓아놓고 불로 태워 연기와 불이 끊어지지 않게 한 다음, 밤중에 몰래 행진했다. 표하瓢河(임진강)에 이르러서는 급히 물을 건너 언덕에서 휴식했다. 고구려인이 알고 뒤를 쫓아왔는데, 유신이 만노万弩로 함께 쏘게 했다. 고구려군이 물러가자 여러 당幢의 장사들을 지휘 독려하고 분발 거격하여 패퇴시키고, 장군 1명을 사로잡고 1만여 명을 목베었다.

－《삼국사기》 42 〈김유신전〉(중)

<그림 2-6> 고구려군의 재배치와 김유신의 철수로

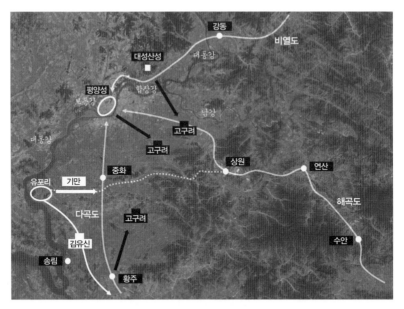

* 출처: 구글어스 위성지도.

 사료에 따르면, 김유신은 군량의 육로 수송을 담당했던 소를 이용하여
적을 기만하고 어둠을 틈타 포위망을 빠져나왔다. 철수는 왔던 길을 그
대로 따라 되돌아가는 것이 가장 효과적이다. 유포리로 왔던 길을 이용
하여 되돌아간다면 중화와 상원을 거쳐 동쪽으로 나아가야 한다. 그리고
남쪽 황주 방향에는 고구려군이 적지 않게 주둔하고 있었다. 6세기 무렵
고구려는 임진강 이남의 남부전선에 대략 1만 명 이상의 병력을 상시 주
둔시켰다. 평양과 좀 더 가까운 임진강 이북의 황해도 일대에는 임진강
이남보다 훨씬 많은 병력이 주둔·운용되었을 것이다(신광철 2011, 212).
 대동강을 통한 대규모 군량 수송으로 인해 신라군의 위치는 이미 노출
되어 있었다. 위치가 확인된 신라군을 공격하기 위해 고구려군이 회군로

의 주요 길목을 차단하려 했을 가능성은 충분하다. 즉 고구려군도 신라군의 철수를 충분히 예상하고 있었을 것이며, 철수로를 차단하기 위해 해곡도를 중심으로 차단부대를 배치했을 것이다. 그랬기 때문에 김유신이 소를 이용해 고구려군을 기만할 수밖에 없었던 것이다.

그런데 김유신의 부대는 철수를 시작한 후부터 임진강에 이르기까지 고구려군과 큰 접전이 없었다. 오히려 고구려군이 신라군이 빠져나간 것을 알고 뒤늦게 뒤쫓아 왔던 사실을 주목할 필요가 있다(①).《삼국사기》에도 '려인지지래추麗人知之來追'라고 되어 있어(《삼국사기》 42 〈김유신전〉(중)), 고구려인들이 김유신의 부대가 포위망을 빠져나간 것을 모르고 있다가 나중에 인지하고 추격해 왔음을 알 수 있다. 이는 김유신의 철수로가 고구려군의 차단선이 형성된 해곡도가 아니었을 가능성을 시사한다. 당시 황해도 지역의 고구려군 배치 상황을 명확히 알 수는 없지만, 신라군의 철수를 예상한 고구려군의 재배치가 이루어졌을 가능성이 높다. 즉 서흥 일대의 고구려군은 수안 방향으로 북상하여 신라군의 포위망을 형성하고, 황주 일대의 고구려군은 신라군의 퇴로를 차단하기 위해 중화 방면으로 북상했을 것으로 판단된다. 이러한 상황에서 김유신은 어떠한 루트를 이용하여 무사히 귀환할 수 있었을까?

결론부터 말하자면 가장 빠른 회군로인 다곡도를 이용한 것으로 여겨진다. 고구려군의 부대 재배치가 이루어지는 사이 김유신은 소를 이용해 부대의 이동 방향을 동쪽의 해곡도로 인식하게끔 기만하고, 야음을 틈타 신속히 남쪽의 황주와 송림 사이를 통과하여 철수를 감행했던 것으로 추정된다. 즉 김유신의 부대는 남쪽의 다곡도를 이용하여 고구려군의 허를 찌른 것이 아닌가 한다.

평양의 대군은 또 귀환하려 하므로 신라의 병마도 양식이 다하여 또한 회군하던 중에, 병사는 굶주림과 추위로 수족이 동상에 걸리고 노상에서 죽는 자도 이루 헤아릴 수 없었소. 호로하(임진강)에 다다랐을 때 고구려의 병마가 뒤를 쫓아와 안상岸上에 진을 쳤소. 신라의 병사는 피로함이 오래되었으나 적이 멀리 뒤를 따를까 하여, 적의 도하 전에 먼저 강을 건너 봉인鋒刃을 교交했소. 전봉前鋒이 잠깐 어울리자 적의 무리가 무너지므로 드디어 군사를 거두고 돌아왔소.

― 《삼국사기》7 〈신라본기〉, 문무왕 11년, 〈답설인귀서〉

사료에 따르면 김유신의 부대는 회군 시 군량이 떨어져 굶주림과 추위에 시달렸다고 한다. 당군 수만 명이 몇 달간 사용할 수 있는 막대한 군량을 전달한 신라군이 귀환하면서 식량 부족에 시달렸다는 것은 납득하기 어렵다. 그렇다면 무슨 일이 있었던 것일까? 당군에게 군량을 수송한 후 행군 속도를 높이기 위해 잔존 군량을 대부분 버리거나 폐기한 후 귀환했을 가능성이 있다. 적지를 빠져나오면서 불을 피워 매 끼니를 해결하기에는 어려운 상황이었기 때문에, 간단한 요깃거리만 휴대한 채 빠른 속도로 회군했던 것으로 보인다. 이러한 사실은 회군 속도를 높이고 적과의 충돌을 배제하기 위해 적의 배치가 예상되는 해곡도가 아니라 다곡로를 이용했을 가능성을 한층 높여준다.

우여곡절 끝에 김유신의 군량 수송작전은 성공을 거두었다. 당군이 공세를 지속하지 않고 바로 철수했기 때문에 의미가 반감된 부분도 없지 않다. 그러나 이후 668년 나당연합군의 평양 진군은 김유신 부대가 군량 수송 시 이용했던 해곡도와 다곡도를 중심으로 이루어졌다. 따라서 김유신 부대의 군량 수송작전 시의 경험은 평양 진군과 함락에 적지 않은 역할을 했음을 추지推知할 수 있다.

　김유신의 과감한 결단과 치밀한 계획 그리고 임기응변을 통해 평양으로의 대규모 군량 수송작전은 성공할 수 있었다. 김유신의 군량 수송작전은 신라가 처음으로 고구려를 종심 깊이 횡단한 사건이었으며, 평양성을 포위한 당군의 철수를 보장하는 계기가 되었다. 이러한 군량 수송작전의 성공적 경험은 이후 나당연합군이 평양 진군과 점령에 성공한 요인 중 하나로 작용했음에 분명하다.

신라의 무기 개량과 삼국통일

무기는 크게 고대부터 지속적으로 사용된 냉병기冷兵器와 화약을 주원료로 사용하는 화기火器로 구분된다. 냉병기는 다시 단거리 접전 시 사용되는 단병기短兵器와 일정 거리를 두고 공격할 수 있는 장병기長兵器 그리고 비교적 원거리에 공격할 수 있는 발사무기로 나눌 수 있다. 대표적인 단병기는 도刀, 검劍 등의 칼류이고, 장병기는 모矛, 과戈, 극戟 등의 창류이며, 발사무기는 궁弓, 노弩 등의 활류다. 이러한 칼류, 창류, 활류는 이른 시기부터 야전에서 사용되어왔다.

그런데 방어력을 높이기 위해 점차 축성술이 발달하고 성곽이 견고해짐에 따라, 이를 공격하기 위한 공성무기가 발달하기 시작했다. 성을 원거리에서 공격하기 위해 돌을 날릴 수 있는 투석기投石機, 대형 노를 수레에 고정시킨 상자노床子弩 등이 개발되었다. 성안을 정찰하기 위해 위아래로 오르내릴 수 있는 소차巢車와 망루차望樓車가 만들어졌으며, 성 앞의 해자를 건너기 위해 호교濠橋와 절첩교折疊橋 등이 제작되었다. 그리고 성벽으로 접근하기 위해 방호벽을 두른 수레인 분온차頓輼車, 성벽을 오르기 위해 운제雲梯, 성문을 부수기 위해 당차撞車 등이 개발되었다. 중국의 경우 이러한 공성무기들은 대부분 당송시기를 거치면서 광범위하게 사용된 것으로 파악되고 있다.

신라의 공성무기 도입

신라의 경우도 삼국의 상쟁이 격화되고 공성전의 비중이 높아짐에 따라 공성무기가 도입·개발되었을 것이다. 《삼국사기》의 직관지 무관조에는 사설당四設幢이라는 부대가 기록되어 있다. 사설당은 노당弩幢, 운제당雲梯幢, 충당衝幢, 석투당石投幢으로 구성된다. 사설당의 부대명인 노, 운제, 충차, 투석기 등은 모두 공성용 병기다. 따라서 사설당을 공성전을 위해 만들어진 전투부대로 보기도 한다. 그러나 이들 4부대를 아우르는 군단명에 '설設'이라는 용어가 들어가 있는 점에서 볼 때, 공성무기를 제작하는 특수병기창이었던 듯하다.

《삼국사기》에 따르면, 포노砲弩는 6세기 중엽인 진흥왕대에 이미 제작되어 성 위에 설치된다. 포노의 정확한 형태는 알 수 없지만, 공수성용으로 개발된 대형의 노로 추정된다. 그렇다면 노당은 그 이전 시기에 창설되어 활동했을 것이다. 6세기부터 적극적인 대외 공세를 취하면서 신라에 공성무기의 필요성도 점차 증대되었을 것이다. 그에 따라 진흥왕대를 전후하여 운제, 충차, 투석기 등이 도입되었을 가능성이 높다. 하지만 초보적인 제작단계에 머물러 있었을 것으로 보인다.

중국에서는 이미 한나라 무렵부터 이들 병기가 사용되고 있었다. 신라가 이러한 무기의 제작기술을 사용하고 규격화한 것은 6세기 이후였던 것으로 파악된다. 당시는 고구려와 수·당이 전쟁을 벌이던 시기였고, 수와 당은 고구려의 산성을 공격하기 위해 이러한 공성무기를 적극적으로 활용했다. 중국세력과 동맹을 맺고 있던 신라는 이 시기를 전후하여 공성무기에 대한 기술을 전수받고 체계화시켰을 가능성이 높다.

신라의 무기 개량과 전담부서의 설치

신라는 공성무기 기술을 수용한 후 개량에 박차를 가했다. 결국 나당전쟁을 전후해서는 중국보다 나은 노 기술을 보유하게 되었다. 669년 당은 조서를 전달하고 신라의 노 기술자 구진천을 당으로 데리고 갔다. 신라와의 관계가 악화되던 시기에 상대국의 새로운 군사기술을 획득하기 위한 조처였다. 당시 신라 노의 사거리는 1,000보에 달했고, 당은 그러한 신라의 노 기술을 전수받으려 했다. 그러나 구진천은 끝내 노 기술을 당에 전해주지 않았다. 구진천이 제작 가능했던 노는 사거리를 감안해볼 때 일반적인 노가 아니라 상자노와 같은 대형 노였을 가능성이 높다. 당시 구진천이 만든 노는 목노木弩라고 되어 있다. 이를 단순히 나무로 만든 노라고 할 수는 없다. 중국 사서인《통전通典》의 수거법守拒法에 따르면, 목노는 활의 길이가 1장 2척, 즉 3미터 60센티미터에 달하는 대형 노다. 이 정도 크기의 노라면 대형 수레에 올려놓고 사용할 수밖에 없었을 것이다. 그리고 중국의 경우 사거리가 1,000보에 달하는 노가 처음 사서에 기록된 것은 송나라 시기의 상노床弩다. 전체적인 맥락에서 보면 신라가 만든 '천보노'가 중국의 대형 노 제작 기술보다 앞섰던 것으로 보인다. 이러한 신라의 대형 노를 전문적으로 제작하는 부대가 바로 노당이었다.

노의 제작과 노당의 설치는 이미 진흥왕 무렵에 이루어진 것으로 파악되고 있다. 그렇지만 이 시기의 노당은 운제당, 충당, 석투당과 함께 사설당으로 새롭게 재편된 진평왕 무렵의 노당과는 성격이 달랐을 것으로 보인다. 이전 시기의 노당이 노를 규격화하고 전문적으로 생산하는 부대였다고 한다면, 사설당이 설치된 시기의 노당은 노를 개량하고 대형화하여 공성무기로 활용하기 위해 양산하는 부대로 변모했던 것이다. 신라의 이러한 무기 개량과 양산 체제 구축은 삼국을 통일하고 나당전쟁을 승리로 이끄는 밑거름이 되었다.

신라의 삼국통일과 한계

나당연합군은 660년 백제를 멸망시키고, 668년 고구려를 멸망시켰다. 이후 신라는 나당전쟁(669~676)에서 승리하여 삼국을 통일했다.

우리나라 국민 대부분은 삼국을 신라가 아니라 고구려가 통일했으면 하는 바람을 가지고 있다. 신라의 삼국통일로 인해 우리나라의 영토가 한반도로 국한되었고, 광활한 만주벌판을 잃어버렸다고 인식하기 때문이다. 그러나 현재의 아쉬움으로 과거 신라의 행동을 재단해서는 곤란하다. 신라는 대륙을 호령하던 고구려와 해상강국을 건설한 백제의 틈바구니 속에서 살아남기 위해 필사적이었다. 삼국 가운데 가장 후진적이었기 때문에 가장 활발하게 자구책을 강구할 수밖에 없었다. 신라는 백제의 위협에 맞서 고구려와 왜에 사신을 파견해 동맹을 맺고자 했다. 그러나 이는 무산되었고, 마지막으로 당을 끌어들였다. 결국 나당연합군을 조직하여 백제와 고구려를 차례차례 무너뜨렸던 것이다.

신라가 외세를 끌어들여 백제와 고구려를 멸망시켰기 때문에 삼국통일이 한계를 가진다고 볼 수도 있다. 그런데 당시 삼국은 모두 외국이었다. 중국이나 일본보다는 종족적·문화적으로 가까울 수 있지만, 엄연히 외국이었다. 다시 말해 신라 입장에서는 고구려, 백제, 당, 왜 모두 외세였던 것이다. 민족의식은 신라가 삼국을 통일한 후 당과 맞서 싸우는 과정에서 싹트기 시작했다.* 그러므로 현재의 시각으로 신라가 외세를 끌어들였다고 비난하기는 어려울 것이다.

신라는 처음 경주분지에서 출발하여 점차 경상도 지역으로 세력을 확장했다. 진흥왕대에 한강 유역으로 진출하면서 고구려 및 백제와 어깨를 나란히 했다. 한강 유역을 점령한 후에는 소백산맥을 중심으로 방어하던 이전 시기와 달리 방어전면이 두 배 이상 넓어졌다. 이로 인해 고구려 및 백제의 적극적인 견제를 받을 수밖에 없었다. 신라의 자체 역량이 한정된 상황에서 방어에 공백이 발생했던 것이다. 신라는 이러한 방어 공백을 메우기 위해 당을 이용했다.

통일 후 신라의 영토는 경상도를 중심으로 하던 이전 시기에 비해 두 배 이상 넓어졌고, 백제와 고구려 유민을 받아들여 인구도 상당히 늘어났다. 그러나 백제와 고구려의 옛 땅은 제대로 장악되지 않은 상태였고, 수십 년간 전쟁을 치렀던 신라 백성들의 삶은 피폐했으며, 염전사상厭戰思想도 팽배했을 것이다. 이러한 상황에서 신라인들에게 북진을 강요하는 것은 너무 가혹한 처사가 아닐까?

신라는 통일 후 대동강 이남의 영토에 만족하고, 민심을 수습하며 백제와 고구려의 옛 땅을 정비하는 일에 주력했다. 당시 당은 대체로 압록강을 신라와의 경계로 인식했다. 신라가 더 이상 북진하지 않음에 따라 대동강 이북과 압록강 이남 지역은 자연스레 신라와 당의 완충지대로 남게 되었다. 만약 신라가 압록강을 건너 북진한다면, 또다시 당과의 전면

---

* 당시 삼국이 중국 대륙과는 조금 다른 지역적·문화적 동질감이나 유대감을 가지고 있었다고 하더라도 우리가 현재 말하고 있는 민족이라는 개념은 아니었다. 민족이라는 개념 자체가 근대적인 것이다. 당과 맞서면서 한반도를 중심으로 한 동질감이나 유대감 같은 것들이 형성되었다고 보는 것이 일반적이다.

전을 치러야만 했다. 이제 막 통일을 달성한 신라의 입장에서 북진은 득보다 실이 될 가능성이 높았다. 현재 우리의 입장에서 본다면 아쉬운 대목이 아닐 수 없지만, 당시 신라의 입장에서는 상당히 현실적인 선택이었다.

제3장

작전지휘권을 통해
고려군의 위상 변화를 살피다
여몽연합군의 삼별초 진압

삼별초 세력, 어느 정도였나
삼별초, 진압되다
여몽연합군, 어떻게 편성되었나
여몽연합군의 주력, 몽골군에서 고려군으로
원종, 왕권을 강화하다
고려, 군사권을 회복하다

삼별초三別抄는 고려시기 몽골에 대항한 대표적인 세력으로 잘 알려져 있다. 결과만 놓고 보면 세계제국을 꿈꾸는 몽골이 침입하자 고려 정부는 몽골에 굴복한다. 반면 삼별초는 이에 반기를 들고 끝까지 저항한다. 그래서인지 고려 정부와 삼별초의 이미지는 상당히 대조적이다.

하지만 실상도 그러할까? 상세한 고찰에 들어가기에 앞서 먼저 삼별초가 과연 무엇인지부터 살펴보자. 고려 무신정권기에 야간 순찰과 단속을 위해 야별초夜別抄를 만들었다. 점차 인원이 증가하자 좌별초와 우별초로 구분했다. 그리고 몽골에 포로가 되었다가 탈주한 자들을 중심으로 신의군神義軍이라는 부대를 조직했다. 삼별초는 이들 3개 부대를 합친 것이다. 몽골의 침입으로 정규군이 무력화되자 이를 대신하여 군대, 경찰, 경호, 경비 등 다양한 임무를 수행하면서 삼별초는 무신정권의 핵심 무력으로 자리 잡았다.

1270년 삼별초는 몽골에 굴복해 개경으로 환도하려는 고려 정부에 반기를 들었다. 이들은 배중손과 노영희를 중심으로 강화도에서 봉기하여 진도로 이동했다. 진도에 용장성龍臧城을 구축하여 새로운 거점으로 삼고, 승화후承化候 왕온王溫을 왕으로 추대하면서 몽골에 굴복한 원종의 고려 정부를 부정했다. 진도의 삼별초는 전라도를 중심으로 세력을 확장하여 남해안의 대부분을 장악하고 고려 정부를 위협했다. 1271년 여몽연합군의 공격으로 왕온·배중손·노영희 등이 사망했지만 일부가 김통정의 인솔 하에 제주도로 들어가 계속 항전했다. 제주도의 삼별초는 항파두성缸坡頭城을 거점으로 삼고, 방어 체계와 조직을 정비하여 점차 역량을 회복해나갔다. 1272년에는 진도 삼별초가 활동했던 지역 외에 충청도와 경기도 일대까지 북상하기도 했다. 이에 1273년 개경 정부와 몽골은 다시 대규모 연합군을 조직하여 제주도의 삼별초를 완전히 진압했다.

삼별초의 항쟁은 1270년부터 1273년까지 4년간 지속되었다. 결과적으로 실패했음에도 불구하고, 삼별초의 항쟁은 40년 대몽항쟁의 마지막을 장식한 사건이었다는 점에서 많은 주목을 받아왔다(윤용혁 2000, 228). 이에 삼별초에 관해서는 적지 않은 연구가 이루어졌다. 삼별초라는 군사 기구의 성격, 그들의 봉기 배경, 진도·제주도에서의 활동상, 지방 군현민과의 관련성 등이 주요 관심사였다(배상현 2005 참조). 이러한 연구 성과를 바탕으로 삼별초에 대한 전반적인 이해가 가능해졌다.

아쉬운 부분은 대부분의 연구가 삼별초의 대몽항쟁만을 몽고의 침입에 대응한 정당한 자세로 보고, 그러한 삼별초와 대결한 고려 조정과 김방경을 부정적으로 파악하는 관점에 기대고 있다는 점이다. 그래서는 곤란하다(민현구 1991, 104). 삼별초를 총체적으로 이해하기 위해서는 고려의 입장에서 여몽연합군을 바라보는 관점도 필요하다. 여몽연합군의 규모나 성격 등을 고찰함으로써 이에 대응하는 삼별초의 양상을 간접적으로 확인할 수 있기 때문이다.

지금까지 여몽연합군에 관해서는 대부분 일본 원정이나(박형표 1969;

김철민 1973; 이영 1999; 남기학 2003; 구산우 2007; 鳥云高娃 2009; 신소연 2010), 김방경이라는 인물을 중심으로 연구가 진행되어왔다(장동익 2007; 이정신 2008). 그래서인지 여몽연합군 내의 고려군과 몽골군의 위상 변화나 고려가 삼별초 진압에 적극적으로 참여하게 되는 과정 등에 대한 설명은 미흡한 편이다.

이 장에서는 먼저 삼별초와 여몽연합군의 활동과 규모를 확인하고, 다음으로 여몽연합군의 주력군 편성이 진도와 제주도가 동일하지 않았음을 검토한다. 그리고 여몽연합군의 주력이 왜 변화하는지 그 배경에 대해 고민한다. 이를 통해 삼별초의 활동 양상과 고려군의 위상 변화에 대한 인식을 조금 더 넓히는 것이 이 장의 목적이다.

삼별초 세력, 어느 정도였나

진도와 제주도에서 활동한 삼별초의 구체적인 군사력은 알 수 없다. 여몽연합군의 진도 함락 시 포로가 된 숫자가 1만 명이었고(《고려사》 104 〈김방경전〉), 제주도 함락 시에는 1,300여 명이 포로가 되었기 때문에 제주 삼별초의 군사력이 진도에 비해 약했다고 보는 것이 일반적이다. 여몽연합군의 진도 공격으로 지휘부인 승화후 왕온과 배중손 등이 사망하고 나머지 무리를 김통정이 인솔하여 제주도로 이동했다는 사실로 미루어보면 이러한 시각은 설득력을 갖는다. 그러나 진도와 제주도에서 발생한 포로는 성격이 서로 다르기 때문에 포로 수를 기준으로 삼별초의 군사력을 판단해서는 곤란하다.

① (1271년 5월) 관군이 급히 치니 적(삼별초)이 모두 처자식을 버리고 도망갔다. 적이 강화도에서 끌고 간 사대부 여인들, 각종 보물, 진도의 주민들이 모두 몽골 군사에게 사로잡혔다.

－《고려사절요》 19, 원종 12년 5월

② (1273년 4월) 김방경은 …… 김원윤 등 6명을 목 베고, 항복한 1,300여 명을 배에 나누어 실어 육지로 옮겼다. 원래 탐라(제주도)에 살던 사람은 예전처럼 편안히 살게 했다.

－《고려사》 27, 원종 14년 4월

진도에서 포로가 된 자는 주로 삼별초가 강화도에서 데려오거나 전라도 일대에서 규합한 일반 백성들이었다. 물론 이들 가운데 삼별초의 군사들도 있었겠지만, 군사를 포로로 잡았다는 구체적인 기록이 없어 그 숫자는 정확히 알 수 없다. 반면 제주도에서 포로가 된 1,300여 명은 여몽연합군의 전함에 분산 수용되었고, 제주도 주민들은 모두 방면되었다. 앞서 진도에서 사로잡힌 주민들이 모두 몽골군에게 사로잡혀 몽골로 끌려간 것(《고려사》 27, 원종 12년 5월)과는 대조적이다. 제주도에서는 포로를 군사와 민간인으로 구분하여 처리했던 것이다.

제주도에서 여몽연합군에게 분산 수용된 1,300여 명은 '항복'했다는 점에서 무기를 들고 항거한 세력으로 볼 수 있다. 즉 삼별초의 군사들인 것이다. 따라서 일반 백성이 다수 포함된 진도의 포로 수와 군사가 중심이던 제주도의 포로 수를 단순 비교하여 군사력을 추정해서는 안 된다.

그렇다면 삼별초의 구체적인 군사력은 어떻게 알 수 있을까? 관련 사서 기록이 없는 상태이므로 삼별초가 활동한 범위를 통해 간접적으로 실마리를 찾아보도록 하자. 〈표 3-1〉은 삼별초의 활동 범위와 지명(윤용혁 2003 참조)을 《고려사》와 《고려사절요》를 바탕으로 정리하고 발생시기가 명확하지 않은 경우는 수록된 월별기사에 따라 살펴본 것이다.

〈표 3-1〉 진도·제주도 삼별초의 활동 범위

진도 삼별초			제주도 삼별초		
1270년 8월	전라도	전라	1271년 11월	서남해	전라
1270년 9월	나주	전남 나주	1272년 3월	회령군	전남 장흥
	전주	전북 전주	1272년 5월	대포	전남 목포
	장흥부	전남 장흥		탐진현	전남 강진
1270년 11월	제주	제주	1272년 3~5월	회녕	전남 장흥
1271년 1월	조양현	전남 보성		해제	전남 함평
1271년 3월	합포	경남 마산		해남	전남 해남
	동래군	부산	1272년 6월	안행량	충남 태안
	금주	경남 김해	1272년 9월	고란도	충남 보령
	밀성	경남 밀양		홍주	충남 홍성
	남해	경남 남해		남포	충남 보령
	창선	경남 진주	1272년 11월	안남도호부	전북 전주
	거제	경남 거제		합포	경남 마산
	합포	경남 마산		거제현	경남 거제
1271년 4월	금주	경남 김해		영흥도	경기 남양
*1271년 1월 밀성(경남)·청도(경북)에서 삼별초에 호응한 봉기 발생			1273년 1월	낙안군	전남 순천
				합포	경남 마산
			1273년 3월	탐진현	전남 강진

1270년 6월 삼별초는 강화도를 출발하여 8월에 진도에 입거했다. 진도에 용장성을 쌓아 수도로 삼고 본격적인 활동을 전개했다. 8~9월에는 전라도를 집중적으로 공략했는데, 나주와 전주까지 공격하기도 했다. 이어 11월에는 제주도를 점령하여 서남해 일대를 석권했다. 이듬해인 1271년 3월 무렵에는 경상남도의 마산, 부산, 김해, 밀양, 진주, 거제 등

을 공략하여 남해안까지 수중에 넣었다.

삼별초의 남해안 장악은 고려 정부에 막대한 경제적 타격을 가했다(윤용혁 2000, 195). 전라도와 경상도에서 생산되는 물품과 거두어들인 조세는 대부분 바다를 통해 개경으로 수송되었다. 그런데 곡창지대인 서남해안과 남해안을 삼별초가 장악하면서 개경으로 향하는 조운선의 운행이 중단되고 말았다. 게다가 삼별초는 서해와 남해의 도서와 연안 지역을 근거로 일종의 해상왕국을 건설하고 일본과의 연대까지 시도했다(강봉룡 2011). 결국 고려 정부와 몽골은 여몽연합군을 결성하여 삼별초 토벌에 나서게 되었고, 1271년 5월 진도를 공격하여 함락시켰다.

진도에서 탈출한 삼별초 무리는 김통정의 인솔 하에 제주도로 진입했다. 제주도 삼별초는 1271년에는 방어와 역량을 강화하느라 별다른 움직임이 없었다. 제주 입거 초기의 삼별초는 본토에서 군사 행동을 삼간 채 주변 도서만 확보하고 있었으며, 무너진 조직의 복구와 거점 시설의 조영 등에 주력했다(윤용혁 2000, 245). 조직 복구에 어느 정도 성공하자 제주도 삼별초는 이듬해인 1272년 3~5월에 전라남도의 장흥, 목포, 강진, 함평, 해남 등을 공격했고, 6월에는 충청남도의 태안반도까지 북상했다. 이어 9월에는 충청남도의 보령과 홍성을 공략하며 내륙으로 진출했다. 11월에는 안남도호부安南都護府가 있던 전주를 공격하고 경기만의 영흥도까지 북상하는 한편, 경상남도의 마산과 거제도도 공략했다.

삼별초의 태안반도 일대로의 북상은 고려 정부를 긴장시켰다. 그러나 당시 고려 정부의 군사력은 궁궐을 방어할 병력조차 제대로 조직할 수 없을 만큼 무력한 상태였다. 최충헌 집권 이후 사병私兵이 본격적으로 조직되면서 기존의 숙위군은 사병에 흡수되어 약화되거나 무력화되었다. 무신정권기 이후에도 일부만이 명목상으로나마 존속하고 대부분은 소멸한 상태였다(권영국 1997, 149~150). 결국 원종은 흔도忻都에게 부탁하여 몽골의 기병 50명으로 개경 궁궐을 수비하게 했다(《고려사》 27, 원종 13년 11월). 당시 고려의 궁궐 숙위군이 얼마나 부실했는지를 단적으로 보여주는 예다.

삼별초, 진압되다

여몽연합군은 1271년(진도)과 1273년(제주도) 두 차례에 걸쳐 삼별초를 진압했다. 1271년 5월 여몽연합군은 전군을 3군으로 편성하여 100여 척에 승선한 후 진도를 공격했다. 김방경·흔도는 중군을 거느리고 벽파정碧波亭으로, 왕희·왕옹·홍다구洪茶丘는 좌군을 거느리고 장항獐項으로, 김석·고을마高乙磨는 우군을 거느리고 동면東面으로 진입했다. 벽파정에서 중군과 삼별초가 대치할 때 홍다구의 좌군이 화공을 펴며 협공하자 삼별초는 무너지기 시작했다. 삼별초의 거점인 용장성이 함락되고, 홍다구는 승화후 왕온과 그 아들 왕환을 죽였으며, 남녀 1만 명이 몽골군에게 포로가 되었다. 이 과정에서 삼별초의 수뇌부인 배중손·노영희 등은 사망한 듯하다. 사서에는 배중손의 최후에 대한 언급이 없는데, 이는 그의 죽음을 몽골이나 개경 측에서 공식적으로 확인하지 못했기 때문인 것으로 보인다. 지역 주민들은 배중손이 진도군 임회면의 남도포南桃浦 인근에서 전사했다고 믿고 있다(윤용혁 2000, 226).

진도의 삼별초가 진압당하자 김통정은 나머지 무리를 이끌고 제주도로 달아났다. 남해에서 활동하던 유존혁도 80여 척을 거느리고 제주도로 들어갔다. 진도 함락 당시 유존혁은 남해에서 활동하고 있었다. 남해

〈그림 3-1〉 삼별초의 활동 범위와 여몽연합군

개경

제주도 삼별초

진도 삼별초

여몽연합군
100여 척

진도

여몽연합군
160척

제주도

쓰시마

* 출처: 구글어스 위성지도.

의 해상권 장악에는 큰 역할을 했지만, 역으로 진도의 방어력은 약화시
키는 결과를 초래했다(배상현 2005, 111~112).

　진도에서 삼별초가 패배한 결정적 원인은 자주 승리를 거둔 결과 자만
심으로 방어가 소홀해졌고(《고려사》 104 〈김방경전〉), 이 상태에서 여몽연
합군의 기만전술에 현혹되었기 때문이다(김윤곤 2001, 390). 여몽연합군
의 중군이 벽파정으로 몰려오자 삼별초는 이곳으로 수비 병력을 모두 집
결시켰다. 벽파정은 용장성 북쪽에 위치하여 여몽연합군의 대규모 상륙
이 예상되는 지점이었다. 이렇게 중군이 삼별초의 주력과 대치하는 사이
좌군과 우군은 벽파정을 동쪽으로 크게 우회하여 좀 더 남쪽으로 내려갔
다. 그러고는 용장성의 남쪽과 동쪽 부근에 각각 상륙하여 공격을 감행

했다. 용장성을 중심으로 북쪽·동쪽·남쪽 세 방향에서 여몽연합군의 대규모 공격이 이루어지자 많은 포로가 발생하고 승화후 왕온도 미처 탈출하지 못한 것으로 보인다.

1273년 4월 여몽연합군은 다시 전군을 3군으로 재편성하여 160척의 배에 나누어 승선한 후 제주도를 공격했다. 중군은 함덕포咸德浦로 진입하고, 좌군은 비양도飛揚島를 경유하여 상륙했다. 중군이 상륙하자 삼별초의 복병과 전투가 벌어졌고, 정예군을 거느린 나유가 후속하면서 승리를 거두었다. 좌군은 30척을 거느리고 상륙한 후 삼별초의 진지를 공격하여 방어군을 물러나게 했다. 우군은 사서 기록에 나타나지는 않지만 애월涯月 일대에서 삼별초를 견제한 것으로 추정된다. 애월 일대는 삼별초의 거점인 항파두성의 외항外港들이 산재하여 전략적 중요성이 가장 컸던 지점이다.[*] 때문에 여몽연합군이 이를 그냥 방치하기는 어려웠을 것이다(윤용혁 2000, 225). 우군이 애월 일대에서 삼별초의 주력을 묶어두는 사이 좌군이 항파두성 서쪽의 비양도로부터 공격해 들어가 삼별초의 방어선을 무력화시켰다. 이 틈을 놓치지 않고 항파두성의 동쪽에 상륙한 대규모의 중군이 우세한 군사력으로 항파두성을 공격하여 함락시켰다. 김통정은 70여 명을 거느리고 산중으로 달아나고, 이순공·조시적 등은 항복했다. 김방경은 항복한 1,300여 명을 포로로 삼고, 제주도민은 모두 놓아주었다. 여몽연합군은 제주도 삼별초를 진압한 후 몽골군 500명과 고려군 1,000명을 주둔시켜 잔당을 토벌하도록 했다. 제주도에서 삼별초가 패배한 결정적 원인 또한 진도와 마찬가지로 여몽연합군의 기만작

---

[*] 제주 삼별초의 방어설비는 2중으로 구성된 항파두성, 해변 애월포에 위치한 성곽, 해안을 둘러싼 장성長城 등을 들 수 있다. 이 가운데 삼별초의 거점이었던 항파두성은 석축石築의 내성과 토축土築의 외성으로 구성된 것으로 추정된다(윤용혁 2000, 234~239).

전이 먹혀들었기 때문이다.

진도 삼별초의 활동 범위는 주로 전라도와 경상남도였고, 제주 삼별초는 진도 삼별초와 비슷했지만 충청도까지 북상했다. 존속 기간은 진도 삼별초의 경우 1270년 6월부터 1271년 5월까지 약 1년이었고, 제주도 삼별초는 1271년 5월부터 1273년 4월까지 약 2년이었다. 물론 단순히 존속 기간만으로 세력의 강약을 파악할 수는 없다. 그렇지만 여몽연합군이 진도를 함락시킨 후 바로 잔당을 토벌할 수 있었음에도 불구하고 토벌에 2년이라는 시간이 소요된 것은 그만큼 제주도의 삼별초 세력이 쉽게 진압될 규모가 아니었음을 방증한다. 또한 진도 삼별초 진압에 100여 척이 동원된 점도 유존혁의 80여 척 군사가 상당한 규모였음을 짐작할 수 있도록 해준다.

제주도 삼별초는 여러 제약으로 인해 진도 시기보다 활동 면에서나 반몽 기치 면에서나 약화된 듯 보인다. 하지만 정신적인 일체감은 결코 진도에 뒤지지 않았다고 한다(김일우 2002, 21). 제주도 삼별초는 진도에서 탈출한 군사와 유존혁이 인솔해 온 군사 그리고 제주도에서 모집한 군사 등으로 구성되었다. 제주도민이 삼별초에 대해 적극적으로 호응했는지는 명확하지 않지만(김일우 2002, 22), 삼별초가 적지 않은 군사로 제주도에 상당기간 주둔했으므로 일부 세력은 어떤 형태로든 동참했다고 보는 편이 자연스럽다. 여몽연합군은 진도 삼별초를 진압하기 위해 100여 척의 배를 동원했다. 그런데 제주도 삼별초 진압에는 160척을 동원했다. 이런 점에서 제주도 삼별초의 군사력이 진도 삼별초에 비해 약했다고 단정할 수는 없을 것이다.

여몽연합군, 어떻게 편성되었나

몽골과 고려는 삼별초를 진압하기 위해 여몽연합군을 결성, 진도와 제주도를 공격했다. 이때 동원된 여몽연합군의 수는 대략 10,000명 내외였다. 일반적으로 이 여몽연합군에서 몽골군이 주도적인 역할을 한 것으로 본다. 과연 실제로 그러했을까? 여기에서는 여몽연합군의 병력 규모와 구성 그리고 주력군에 대해 구체적으로 검토해보고자 한다.

첫째, 여몽연합군의 병력 규모다. 《고려사》에는 제주도 삼별초를 진압하기 위한 여몽연합군의 규모가 10,000명으로 기록되어 있다(《고려사》 104 〈김방경전〉). 《원사元史》에서는 좀 더 구체적이다. 《원사》에 따르면, 여몽연합군의 규모는 둔전군 2,000명, 한군漢軍 2,000명, 무위군武威軍 2,000명, 고려군 6,000명 등 총 12,000명이다(《원사》 7, 세조 지원 9년 11월). 양자의 차이가 크지 않으므로 《원사》의 기록을 따라 제주도 삼별초 공격에 동원된 여몽연합군의 수를 12,000명으로 봐도 무방할 것이다. 반면 진도 삼별초 공격 시 동원된 병력에 관해서는 두 사서 모두 구체적으로 기록하지 않았다. 전함 100여 척을 동원한 기록만 있을 뿐이다. 이와 관련하여 진도와 제주도에 투입된 전함의 규모를 주목할 필요가 있다.

여몽연합군은 제주도 삼별초 진압 시 전함 160척에 병력 12,000명을 동원했다. 1척당 평균 75명이 승선한 셈이다. 그렇다면 진도 삼별초 공격 시 동원된 100척에는 7,500여 명이 승선했다고 볼 수 있다. 그러나 제주도는 진도와는 달리 육지에서 상당히 떨어져 있어 작전기간이 더 길어질 수밖에 없다. 따라서 더 많은 군량을 실어야만 한다. 일례로 1274년 여몽연합군의 1차 일본 원정에서는 900척에 40,000명이 승선했다(《고려사》 28, 충렬왕 원년 10월). 1척당 평균 44.4명이 탔던 것이다. 여몽연합군의 2차 일본 원정 시에는 14만 명이 4,400척에 승선했다. 1차 원정 때보다 적은 1척당 31.8명이 탄 셈이다. 왜 이런 차이가 발생한 것일까? 2차 원정에는 남송의 병력 10만 명이 포함되어 있었다. 그런데 이들은 서해를 가로질러야만 했기 때문에 작전 기간은 더 길어질 수밖에 없었다. 이에 따라 1척당 승선 인원이 1차 원정 시보다 더 줄어들게 된 것이다. 물론 남송의 전함 크기가 고려에서 제작한 전함과 달랐다는 점에서 승선 인원을 단정지을 수는 없다. 그러나 당시 전함의 규모가 크게 다르지 않았다는 점을 고려하면, 군량을 그만큼 더 실었다고 보는 편이 타당하다. 이런 점에서 이동거리가 제주도에 비해 짧고 보급로 확보가 비교적 용이한 진도 공격에는 75명보다 많은 병력이 승선했을 것으로 짐작된다. 이같은 추정은 사료를 통해서도 일정 부분 뒷받침된다.

> (1271년 1월) 박천주가 진도에 이르니 적이 맞이하여 벽파정에서 잔치를 베풀어 위로하면서 은밀히 병선 20척을 보내 관군을 노략질하여 배 한 척을 빼앗고 90여 명을 죽였다.
>
> ─《고려사절요》19, 원종 12년 정월

개경 정부는 5월의 진도 공격을 앞두고 1월에 박천주를 진도로 보냈다. 이때 삼별초는 고려군의 전함 1척을 공격하여 90여 명을 죽였다. 여기에서 당시 고려군의 전함에는 약 90여 명이 승선할 수 있었음을 유추할 수 있다. 당시 전함의 크기와 승선 인원에 관한 정확한 자료가 없어 단정하기는 곤란하다. 다만 이와 유사한 규모로 승선할 수 있었다고 가정해본다면, 진도 삼별초 공격에 동원된 100여 척에는 약 9,000여 명이 승선한 것으로 보는 편이 자연스럽다.

둘째, 여몽연합군의 병력 구성이다. 《고려사절요》에 따르면, 진도 삼별초 진압에 동원된 몽골군은 6,000명이었다고 한다(《고려사절요》19, 원종 12년 8월). 원래 몽골은 몽골군 외에 고려군 6,000명을, 진도 부근의 전함 260척 외에 고려의 전함 140척을 추가로 동원할 계획이었다(《고려사》27, 원종 12년 4월). 그렇게 되었다면 여몽연합군의 규모는 몽골군 6,000명과 고려군 6,000명으로 12,000명이 되었을 것이다.

그러나 계획대로 되지는 않은 것 같다. 당시 고려는 부위병府衛兵의 정원이 부족하여 문무관 산직, 백정, 잡색, 승려 등을 징발하여 충당하는 상태였다(《고려사절요》19, 원종 12년 4월). 게다가 몽골의 공격계획은 4월에 하달되었고, 여몽연합군의 진도 공격은 5월에 이루어졌다. 고려의 병력 동원 능력과 시간적 여유를 감안할 때, 고려군이 몽골의 계획대로 6,000명을 모두 동원했다고 보기는 어렵다. 실제 진도 공격 시에 동원된 전함의 수가 계획보다 훨씬 적은 100여 척에 불과했던 점도 이를 방증한다. 따라서 몽골군의 병력수와 전함의 승선 인원을 고려하면 고려군은 약 3,000명가량이었던 것으로 판단된다. 한편 제주도 삼별초 진압에는 몽골군 6,000명과 고려군 6,000명이 동원되었음을 《원사》에서 확인할 수 있다.

셋째, 여몽연합군의 주력부대다. 먼저 관련 사료를 살펴보자.

① (1271년 5월) 홍다구가 군사를 거느리고 진도 토벌에 나섰다.
－《고려사》27, 원종 12년 5월

② (1271년 5월) 적이 벽파정에 모여 중군에 항거하려 했는데, 홍다구가 앞서 나가며 불을 놓아 협공하니 적이 놀라 흩어졌다. …… 적에게 붙들려갔던 강

화도의 사대부 여인들과 보화 및 진도의 주민들이 모두 몽골 군사에게 잡혔다. …… 홍다구가 먼저 들어가 온溫과 그 아들 환桓을 죽였다.

－《고려사절요》19, 원종 12년 5월

③ (1271년 5월) 상장군 정자여를 몽골에 보내 적을 평정해준 것에 대해 사례했다.

－《고려사》27, 원종 12년 5월

사료에서 엿보이는 것처럼 여몽연합군의 주력은 고려군이 아닌 몽골군이었다. 진도 삼별초 공격 시 몽골군은 6,000명으로 고려군의 두 배에 달했다. 진도에서 삼별초와 최초 접전을 벌인 것은 몽골군의 홍다구였다.[*] 진도에서 포로 10,000명을 노획한 것도 몽골군이었다. 승화후 왕온을 죽인 것 역시 홍다구였다. 진도 삼별초 진압 후 고려왕은 몽골에 사례사를 파견하기까지 했다. 여몽연합군의 주력이 몽골군이었음을 명확히 알 수 있는 사료들이다. 당시 고려군은 주력인 몽골군을 지원하는 형태로 참가했던 것으로 보인다.

---

[*] 원래 홍다구는 몽골에 투항한 홍복원의 맏아들로 원 세조의 총애를 받았다. 홍다구가 고려에 대해 어떠한 인식을 가지고 있었는지는 알 수 없다. 하지만 고려 국왕에게 절을 하지 않거나 홍복원을 이어 몽골에 충성을 다했던 점을 감안하면 고려인보다는 몽골인으로서 처신했을 가능성이 높다(장동익 1999, 281).

여몽연합군의 주력, 몽골군에서 고려군으로

그런데 제주도 삼별초 공격에는 주력-몽골군, 지원-고려군과는 전혀 다른 양상이 나타나고 있다. 사료를 살펴보자.

① (1273년 2월) 중군행영병마원수中軍行營兵馬元帥 김방경이 정예기병 800명을 거느리고 흔도 등을 따라 탐라로 가서 삼별초를 쳤다.
－《고려사절요》 19, 원종 14년 2월

② (1273년 4월) 중군이 함덕포로부터 들어가니 적이 암석 사이에 복병을 두었다가 뛰어오르고 크게 외치며 항거했다. 장군 나유가 선봉을 거느리고 뒤따라와서 죽이고 생포한 사람들이 매우 많았다. …… 김방경이 여러 장수를 지휘하여 내성으로 들어갔다. …… 김방경이 김원윤 등 6명만 목베고, 항복한 자 1,300여 명을 배에 나누어 싣고 육지로 옮겼다. 원래 탐라에 살던 사람은 예전 같이 편안히 살게 했다. 이에 흔도가 몽골군 500명을 주둔시키고, 김방경 역시 장군 송보연 등으로 하여금 군사 1,000명을 거느리고 주둔하게 하고 돌아왔다.
－《고려사절요》 19, 원종 14년 4월

③ (1273년 윤6월) 탐라의 유진장군 송보연이 적장 김통정의 시체를 찾았다고 보고했다.
－《고려사》 27, 원종 14년 윤6월

④ (1273년 7월) 시중侍中 김방경이 황제의 부름을 받아 원나라에 가니, 황제가 금으로 장식된 안장과 채색의복 및 금은을 하사했다.

－《고려사》27, 원종 14년 7월

제주도 삼별초 공격 시 고려군의 규모는 몽골군과 동일한 6,000명이었다. 그런데 제주도에서 최초로 삼별초와 접전을 벌인 것은 몽골군이 아닌 고려군의 김방경이었다. 선봉을 맡은 부대 또한 고려군의 나유였다. 삼별초의 거점인 항파두성의 내성을 공격한 주체도 고려군의 김방경이었다. 포로 또한 고려군이 처리한 것으로 보인다. 게다가 삼별초 진압 후 고려군은 몽골군보다 두 배 많은 1,000명을 주둔시키고 잔당 소탕까지 담당했다. 삼별초 진압 후 김방경은 문하시중으로 임명되었다.* 몽골 황제는 따로 김방경을 불러 포상하기까지 했다. 제주도 삼별초 공격 시에는 여몽연합군의 주력이 몽골군이 아닌 고려군이었음을 명확히 알 수 있는 사료들이다. 지금까지 논의된 내용을 정리하면 〈표 3-2〉와 같다.

요컨대 두 차례에 걸친 여몽연합군의 삼별초 진압은 성격이 달랐다. 진도 공격에는 여몽연합군 9,000명이 동원되었는데, 이 중 몽골군 6,000명이 주력이 되어 전 과정을 통제했다. 반면 제주도 공격에는 여몽연합군 12,000명이 동원되었는데, 고려군 6,000명이 주력이 되어 몽골군을 통제한 것으로 보인다.

그렇다면 고려는 왜 진도와 달리 제주도 삼별초 진압에 적극적으로 나서게 되었을까?

① (1273년 2월) 몽골 군사들이 양가의 여자를 멋대로 **빼앗아** 노비로 삼는 것

* 김방경이 최고직에 임명될 수 있었던 것은 무인정권 몰락으로 인해 지배세력이 교체되고 삼별초 진압 과정에서 몽골의 정치적 영향력이 강하게 투영되었기 때문일 것이다(장동익 2007, 302).

<표 3-2> 여몽연합군의 편성과 구성

구분	진도 작전	제주도 작전
전함동원	100여 척	160척
병력규모	9,000명(추정)	12,000명
병력구성	몽골군 6,000명 고려군 3,000명	몽골군 6,000명 고려군 6,000명
선봉부대	몽골군 홍다구	고려군 나유
목표점령	몽골군 홍다구	고려군 김방경
포로노획	몽골군	고려군
포로규모	일반민 10,000명	전투병 1,300여 명
주둔부대	·	몽골군 500명 고려군 1,000명
전후포상	고려왕이 몽골황제에게 사례사 파견	몽골황제가 김방경에게 금제 안장 하사

을 금지하며 고려가 자체적으로 무기를 만들 수 있게 허용한다는 내용으로,
이는 왕의 요청에 따른 것이었다.

-《고려사》27, 원종 14년 2월

② (1273년 2월) 왕이 울릉도의 벌목을 중지시켜 줄 것, 홍다구 휘하의 군사
500명의 군복을 조달하는 일을 덜어 줄 것, 삼별초를 평정한 뒤에 제주 사람
들을 육지로 내몰지 말고 예전처럼 생업에 안착시켜 줄 것을 건의하자, 원나
라 황제가 모두 허락했다.

-《고려사》27, 원종 14년 2월

③ (1274년 3월) 왕이 번거로운 요역과 운반상의 폐단으로 농사일을 그르칠까
우려해 상장군 이분희를 홍다구에게 보내 전체 인원의 절반씩을 귀농시킬 것
을 설득하게 했다. 홍다구가 수긍하고 배 한 척당 쌍정双丁 50명을 머물게 하

고 그 나머지 단정單丁들은 다 귀농시켰다.

－《고려사》27, 원종 15년 3월

　　제주 삼별초 진압을 앞둔 1273년 2월, 흔도는 조서 두 통을 원종에게 전달했다. 한 통은 흔도를 지휘관으로 하여 탐라를 토벌한다는 내용이었고, 다른 한 통은 몽골군의 여인 약탈을 금지하고 고려가 스스로 무기를 제조할 수 있도록 허락한다는 내용이었다(①). 몽골의 이러한 조처는 고려 국왕의 요청에 따른 것이었다.

　　1271년 10월, 몽골은 고려군이 진도 삼별초 진압 시 사용했던 무기를 모두 몰수해서 황해 연안의 염주臨州* 로 수송한 뒤 직접 관리했다《고려사절요》19, 원종 12년 10월). 이에 원종은 1272년 6월에 "저희 나라의 병졸들은 진작 무기와 갑옷을 회수당하는 바람에 거의가 맨손과 맨몸이라 불편한 점이 한두 가지가 아닙니다"라는 내용의 표문을 몽골에 보내서 결국 고려 자체적으로 무기를 제조할 수 있도록 만들었다《고려사》27, 원종 13년 6월). 또한 울릉도의 벌목을 중지하고 과도한 군수품 요구를 자제해줄 것을 요청하여 허가받았다. 나아가 제주도 삼별초 진압 후 몽골군이 포로를 함부로 노획하지 못하게끔 사전 준비도 해두었다(②). 1274년 3월 삼별초 진압 후 일본 원정을 준비하던 원종은 전함 건조 작업에 과도하게 동원된 인원을 감축해달라고 요구하여 관철시키기도 했다(③).

　　원래 원종은 진도 삼별초 진압 후 몽골 군사에게 붙잡혀간 진도 백성을 송환해달라고 흔도에게 요구했으나 거절당했다. 이후 계속해서 몽골

---

*왕경, 동녕부, 봉주, 황주, 염주 등은 고려 내에서 가장 중추적인 둔전이 위치한 곳으로 몽골 조정의 직접적인 지시를 받고 있었다(신소연 2010, 90).

황제와 중서성에 요청했지만 제대로 이루어지지 않았다. 이렇게 여러 차례 묵살되던 원종의 건의가 제주 삼별초 진압을 전후해서는 상당 부분 반영되기 시작했다. 무기의 자체 제작, 몽골의 과도한 군수품 요구와 인원 동원 자제 요구 등을 관철시킨 것이다. 고려 국왕 원종이 제주도 삼별초 진압에 적극적으로 참여했던 주요 이유는 바로 이처럼 몽골에 대한 발언권을 높이고 왕권의 위상을 강화하기 위함이었던 것으로 보인다.

원종, 왕권을 강화하다

그렇다면 원종은 어떠한 과정을 통해 삼별초 진압을 위한 병력을 모집하고 편성할 수 있었을까? 1271년 5월 진도 삼별초를 진압한 후 원종의 최대 과제는 제주도 삼별초의 소탕이었을 것이다. 실제 1271년 11월 몽골에 삼별초의 잔당을 섬멸해달라고 청원하기도 했다(《고려사》 27, 원종 12년 11월). 몽골의 입장에서도 삼별초 진압은 일본 정벌에 앞서 반드시 해결해야 할 과제였다(김일우 2000, 263~264).

그런데 원종은 이듬해 태묘를 재건하고, 동서학당을 설립하는 등 군사력 강화와는 거리가 먼 일을 수행했다.

① (1272년 3월) 태묘太廟의 건축이 완성되어 9실室의 신주를 봉안했다.
－《고려사》 27, 원종 13년 3월

② (1272년 6월) 동서학당東西學堂을 설치하고, 판비서성사 김궤와 상서좌승선 문열을 별감別監으로 삼았다.

고려의 종묘제도는 992년 성종이 태묘를 준공하면서 정비되기 시작했다. 이후 문종과 의종대를 거치면서 묘실이 완비되고 별묘가 설치되는 등 묘제에 대한 운영이 체계화되었다. 그러나 고려 전기의 태묘제도는 무신정변으로 인해 폐위된 왕들이 부묘되지 못하면서 흐트러지고 말았다. 그러던 태묘가 1272년 다시 건립되었던 것이다. 《고려사》에 고려의 태묘가 9실이라는 기록이 남아 있다(《고려사》 61 〈예지禮志 제릉諸陵〉). 원종이 재건한 태묘도 9실이었다. 따라서 원종은 고려 전기의 묘제를 그대로 준용하여 태묘를 재건한 것으로 보인다(정기철 2001, 146).

물론 태묘와 같은 건축물이 단기간에 조성되었다고 볼 수는 없다. 이전부터 추진된 사업임에 틀림없다. 태묘가 완성되었다고 하더라도 태묘에 신주를 봉안하는 작업은 늦춰도 무방했다. 삼별초 진압이 마무리되지 못한 상태라 급하게 서두를 이유가 더더욱 없었다. 그럼에도 원종은 한동안 잠잠하던 삼별초가 다시 활동을 재개하여 회령군(보성)의 조운선 4척을 빼앗아간 직후에(《고려사》 27, 원종 13년 3월) 태묘의 낙성식을 거행했다.

동서학당* 설치도 마찬가지다. 동서학당은 1261년 2월 강화도에서 시작되었다. 원종은 개경으로 환도한 후 개경에도 동서학당을 만들고 김궤와 문열을 별감으로 삼았다. 그런데 원종이 개경에 동서학당을 설치한 1272년 6월은 삼별초의 전함 6척이 안행량安行梁(안응항 부근)을 지나 북

---

* 학당은 고려의 관학기관으로 지방의 향교와 동격이었다. 다만 학당은 향교와 달리 문묘 기능이 없고 주로 강학을 하는 순수한 교육기관이었다(장덕삼 2005, 174~175).

상한다는 보고 때문에 개경의 민심이 흉흉하던 시기였다(《고려사》 27, 원종 13년 6월). 원종은 삼별초의 북상 소식을 듣고서도 동서학당의 설치를 추진했던 것이다. 당시 고려는 삼별초를 진압하기 위해 군사력 확충에만 전념해도 역량이 모자랄 지경이었다. 그럼에도 불구하고 원종이 전투와는 무관한 태묘를 건립하고 동서학당을 설치한 이유는 무엇일까?

고려 전기 성종은 유교 이념으로 정치체제를 완비하고자 노력했다. 태묘 건립은 그러한 노력의 일환이었다(유영옥 2012, 170). 혈연관계에 기초해 성립된 유교는 종법宗法에 따른 적장자 승계를 기본으로 한다. 유학의 종법에 따라 왕위 계승의 객관성과 합리성을 도모하고 왕권을 안정시킬 수 있는 근거를 마련한 것이다(도현철 2009, 94~99). 원종이 태묘를 재건한 것 역시 같은 맥락이었다. 자신의 왕통을 대내외에 과시하고 왕실의 권위를 높이기 위함이었던 것이다. 동서학당 설치도 유학에 기초한 지배질서를 확산시키려는 방법의 하나였다. 이렇듯 원종은 대내외적으로 미흡한 상황임에도 불구하고 끊임없이 왕권을 강화하기 위해 노력했다.

후삼국을 통일하고 고려를 건국하긴 했지만 고려 태조는 국왕 중심의 중앙집권국가를 만드는 데는 실패했다. 호족들의 세력이 강했던 탓이다. 혜종과 정종을 거쳐 광종대에 이르러서야 강력한 왕권강화책을 기반으로 국왕이 호족 세력을 압도할 수 있었다. 광종은 초기에 개혁을 단행할 수 있는 기반을 구축하고 왕실재정과 군사력을 강화하여 기존의 호족 세력에 대한 숙청작업을 추진했다. 광종은 과거제를 통해 새로운 인물을 등용하고, 노비안검법을 실시하여 호족의 경제적·군사적 기반을 약화시켰으며, 친위군인 시위 병력을 증강하고 지방 세력을 새로이 흡수하여 이를 기반으로 호족 세력을 대대적으로 숙청했다(유병기 1984, 24~25). 강도(강화)에서 환도한 원종도 왕권 강화를 위해 이와 유사한 과정을 거쳤을 것이다. 다음 사료는 이 같은 추정을 뒷받침한다.

(1271년 2월) 권신權臣이 처형당한 후 종친과 총신寵臣인 이현원, 강윤소, 이
분희, 김자정, 이분성 등이 앞 다투어 왕에게 청탁해 전지와 장원을 하사받았
다. 이때에 와서 재추宰樞들이 다시 그것을 거두어 모두 영송고迎送庫에 귀속
시켜서 국가 재정에 충당할 것을 청하니 왕이 크게 노했다.

－《고려사》 27, 원종 12년 2월

　원종은 무신정권의 주축세력을 제거한 후 그들이 보유하고 있던 토지
와 재산을 왕실 종친과 자신이 총애하는 신하들에게 나누어 주었다. 원
종이 강화도에서 나와 개경으로 환도할 수 있었던 것은 몽골 덕분이었
다. 원종은 1269년 임연에 의해 폐위되었다가 몽골의 적극적 개입으로 5
개월 만에 복위할 수 있었다. 앞서 몽골은 원종의 폐위를 계기로 고려에
대한 내정간섭을 강화하려 했다. 군사적 압력을 가하는 동시에, 사신을
파견하여 고려의 지배층을 회유·이간시켜 임연 세력을 제거했던 것이다
(장동익 1992, 4). 몽골은 1268년부터 남송과 치열한 전투를 벌이던 중이
었기 때문에, 반몽세력인 고려의 임연과 남송의 연합이 이루어질 경우
크게 불리한 상황에 처할 수 있었다(장동익 1992, 3; 김호동 2007, 104~
105). 이에 몽골은 무력을 동원하여 원종을 복위시켰고, 결국 1270년 무
신정권은 완전히 종식되었다(이익주 1988, 163~164).
　자신의 복위가 몽골에 힘입은 바 컸기에 원종은 몽골에 소홀할 수 없
었다. 몽골 사신의 왕래 시 접대에 들어가는 비용이나 몽골 주둔군에 사
용되는 비용은 당연히 고려의 몫이었다. 하지만 그 부담은 상당했다. 이
에 1271년 2월 여러 신하들이 종친과 총신에게 나눈 토지와 재산을 영송

고에 귀속시키자고 건의했다. 진도의 삼별초 진압(5월)을 앞둔 당시 상황에서 볼 때, 권신들의 재산을 국가 재정으로 활용하자는 요청은 자연스러운 것이었다. 그러나 원종은 크게 노하여 이 논의를 주창한 자를 처벌하고자 했다. 왕실재정 안정과 국왕의 친위세력 강화를 저해하는 견해였기 때문이다. 종친에게 나누어진 재산은 왕실재정을 안정시키고, 총신에게 나누어진 재산은 국왕의 친위세력 강화에 도움이 되었음에 분명하다.

원종의 폐위는 최씨정권 종식 이후 국왕과 김준 등 공신세력이 권력을 분점하는 가운데 발생했다. 특히 원종이 폐위된 결정적 원인은 국왕이 군사권을 장악하지 못한 데 있었다(이명미 2012, 270). 그렇기 때문에 복위된 원종은 자신의 군사적 기반을 확보하는 데에도 상당한 노력을 기울였다.

그러나 복위 초기 원종의 군사권은 상당히 제한적인 범위에서만 행사되었다. 다음 사료를 살펴보자.

① (1271년 4월) 부위병을 검열했는데 정원이 부족하여 이에 문무관 산직과 백정, 잡색, 승려를 검열하여 충당했다.
-《고려사절요》19, 원종 12년 4월

② (1271년 5월) 탈타아가 재추宰樞들과 함께 교외에서 군사 500여 명을 열병했다.
-《고려사》27, 원종 12년 5월

③ (1271년 5월) 탈타아가 재추들의 자제는 종군한 자가 없다고 하여 재추들에게 각각 말을 내 관군에게 주게 하고, 경군京軍과 충청·경상 두 도의 군사를

더 징발하여 병력을 증강했다.

－《고려사절요》19, 원종 12년 5월

1271년 5월에 이루어진 진도 삼별초 진압에서 주력은 몽골군이었다. 고려의 경우 진압 직전인 4월에도 병력을 제대로 동원하지 못했다. 백정과 승려까지 징집되는 상황이었다. 반면 5월에는 몽골인 다루가치였던 탈타아가 군대를 열병하고 경군과 지방군을 추가로 징발했다. 고려도 수군 300명을 동원하고, 노를 젓고 배를 운항하는 수수水手를 징집했다《고려사절요》19, 원종 12년 5월). 주목할 점은 당시 몽골인 탈타아가 고려의 군사 징집권까지 행사하고 있었다는 사실이다. 이는 고려 전체에 대한 징집권은 아닐지라도 몽골군이 임의대로 고려의 군사를 징집하여 몽골군의 휘하로 편성할 수 있었음을 의미한다.

이렇듯 복위 초기 원종의 군사권 행사는 상당히 제한적이었으며, 군사적 기반 또한 취약했다. 그러나 제주도 삼별초 진압을 전후하여 원종의 군사권은 점차 강화되기 시작했다.

고려, 군사권을 회복하다

① (1272년 6월) 장군 나유로 하여금 군사 1,510여 명을 모집하여 전라도에서 삼별초를 토벌하게 했다.

－《고려사》27, 원종 13년 6월

② (1272년 12월) 초군별감抄軍別監을 여러 도에 나누어 보냈다. 추밀원부사

송송례와 상장군 서유에게 명하여 군사를 열병閱兵했다.

−《고려사》27, 원종 13년 12월

③ (1273년 2월) 중군행영병마원수中軍行營兵馬元帥 김방경이 정예기병 800명을 거느리고 흔도 등을 따라 탐라로 삼별초를 토벌하러 가자, 왕이 그에게 월鉞을 주어 보냈다.

−《고려사》27, 원종 14년 2월

1272년 6월 원종은 삼별초를 토벌한다는 명목으로 장군 나유를 보내 군사 1,500여 명을 모집했다. 그런데 이상하다. 제주도 삼별초 진압은 다음 해에 이루어졌다. 그렇다면 이때 모집된 군사는 1년이라는 기간 동안 무엇을 하고 있었을까? 아마도 고려 중앙군의 근간이 되어 활동했을 것이다. 군사를 모집한 6개월 뒤 원종은 지방의 별초를 지휘하고 관리하기 위한 초군별감을 여러 도에 파견하고 송송례와 서유를 통해 군사를 점검하게 했다. 주목할 부분은 원종이 장군 나유와 상장군 서유에게 군사의 모집과 점검을 위임했던 점이다. 군사의 점검, 즉 열병 의식은 군사통수권을 대외에 확인시키는 데 유리한 행사였다. 상장군 서유가 실시한 군사 점검은 바로 원종의 군사통수권을 확인하는 절차였다.

군령권軍令權은 실질적인 군대의 운용 및 통솔과 직결되는 지휘·명령·감독권으로서 최고 통치권자인 국왕의 군사통수권에 포함되어 있는 것이 일반적이다(이문기 1997, 274). 국왕이 직접 행하는 경우도 있지만, 서유의 경우처럼 국왕이 대행자에게 위임하여 간접적으로 행사하는 경우도 많았다. 장군의 지휘권은 출전 시마다 국왕의 명령에 의해 군사와 함께 주어지는 것이었다(권영국 2011, 217). 따라서 나유와 서유에 의해 모집되고 편성된 군사들은 국왕인 원종의 통제를 받았음에 분명하다.

군사권 강화를 위한 일련의 과정을 거쳐 1273년 2월 무렵에는 고려도 정예기병 800명을 확보할 수 있었다. 김방경이 이 정예기병을 거느리고 제주도로 내려갈 당시 원종은 그에게 도끼[鉞]를 하사했다.[*] 김방경은 초·중급 지휘관으로서 실전 경험은 없었지만, 고급 장수가 갖추어야 할 덕목을 잘 갖추고 있었다고 평가된다(장동익 2007, 305). 원종은 그런 김방경에게 도끼를 하사함으로써 광범위한 군사권 행사를 위임했다. 이는 원종의 군사통수권이 어느 정도 체계화되고 강화되었음을 시사한다.

물론 고려 국왕의 군사통수권은 여원관계의 특수성으로 인해 상당히 제한적일 수밖에 없었다. 당시 고려의 군사제도는 원의 강력한 군사적 견제와 통제에 의해 왜곡·변질되었으며, 고려의 독자적인 군사적 유지 는 거의 불가능한 상황이었다(권영국 1994, 37). 무신정권기에 붕괴된 중 앙의 2군 6위 체제는 제대로 정비되지 못한 상태였고, 그 자리를 비정규 부대들이 대신 메우면서 중앙군으로 행세하고 있었다. 중앙군뿐만 아니 라 지방의 주진군 또한 북방영토의 상실과 특수한 여원관계로 인해 소멸 되고 말았다(최재진 1995, 18~19).

원종은 이처럼 무신정권기를 거치면서 완전히 붕괴된 중앙과 지방의 군사체계를 일정 부분이나마 회복했다. 원종은 복위 이후 태묘를 재건하 고 동서학당을 설치하여 유교적 지배질서를 강화했다. 서서히 군사통수 권을 회복하면서 새롭게 고려군을 모집하고 편성했다. 종친과 총신의 재 산을 보호하여 자신의 측근세력을 강화했다. 이렇게 강화한 측근세력 중

---

[*] 국왕의 군령권 위임 시에는 부월斧鉞의 수여나 편의종사권便宜從事權의 부여와 같은 일정한 의식 이 수반되었다(이문기 1997, 301). 부월은 국왕으로부터 위임받은 장수의 지휘권을 상징하고, 편의 종사권은 신상필벌을 임의대로 할 수 있는 권한을 의미한다.

특히 김방경은 원종의 개경 환도에 앞장섰고, 삼별초 진압에도 적극적으로 활동하여 왕권을 안정시키는 데 크게 기여했다(유선영 1993, 36~37).

　이러한 일련의 과정을 통해 원종은 왕권을 점차 강화했고, 이를 기반으로 제주도 삼별초 진압에 적극적으로 나서기도 했다. 고려의 적극적인 군사 행동은 그에 상응하는 발언권을 몽골로부터 확보할 수 있는 계기가 되었던 것이다.

句圍戰

고려는 북쪽으로는 거란·여진·몽골 등과, 남쪽으로는 왜구와 끊임없이 전투를 벌여왔다. 특히 고려 말에는 왜구의 침입이 빈발하여 연해 지방의 피해가 극심했다. 당시 왜구들은 수백 척에 달하는 선단을 거느리고 대대적으로 침입하기도 했다. 1380년(우왕 6) 8월 왜구는 금강 하구의 진포鎭浦에 500척 규모로 침입하여 충청·전라·경상 3도의 연안 지방을 약탈했다. 이에 나세羅世·심덕부沈德符·최무선崔茂宣은 진포로 나아가 화포를 이용하여 왜구의 선박을 대부분 소각했다.

진포전투에서 살아남은 왜구와 이미 상륙해 있던 왜구들은 충북 옥천으로 집결했다. 이후 추풍령을 넘어 경북 지역을 약탈하고는 경남 함양을 거쳐 전북 남원 방면으로 이동했다. 고려 조정에서는 이 왜구 토벌을 위해 이성계李成桂를 파견했다. 1380년 9월 이성계는 남원의 황산荒山에서 왜구를 대대적으로 섬멸했다.

진포전투와 황산전투는 고려의 왜구 토벌 중에서 가장 특기할 만한 전투다(나종우 2003, 410). 양 전투의 특징적인 점은 500척에 달하는 왜구의 규모와 내륙 깊숙이 위치한 지리산이라는 전장戰場이다. 먼저 왜구의 규모부터 살펴보자. 1376년에서 1385년까지 10년 동안은 왜구의 침입이 극에 달한 시기였다(이영 2012, 184). 그 중에서도 1380년 진포에 나타난 500척의 왜구 선단은 최대 규모였다. 왜 왜구는 그렇게 대규모의 선단을 거느리고 고려를 침입한 것일까?

왜구의 침입 규모와 지역의 변화는 큐슈九州 지역의 군사정세와 궤를 같이한다. 1380년의 왜구가 대규모였던 이유는 큐슈의 남조南朝 세력이 다카기高来·아마쿠사天草(현재 나가사키현長崎縣·구마모토현熊本縣) 일대의 선박을 대피시키고, 남조의 본거지인 기쿠치菊池(현재 구마모토현) 일대가 포위당한 상황 속에서 군량미를 얻기 위함이었던 것으로 파악되고 있다(이영 2008a). 당시 일본은 남조와 북조로 나뉘어 혼란을 겪고 있었다. 남조는 점차 수세에 몰려 세력이 큐슈 지역으로 제한되고 있었다. 큐슈도 동북부는 북조가 장악하고 있었고, 남조세력은 구마모토 지역을 중심으로 한 서남부에 할거하고 있었다. 이러한 상황에서 북조의 공세가 거세지자 남조세력의 일부가 수군을 동원하여 한반도로 진출했다는 것이다.

그렇다면 왜구가 내륙 깊숙한 곳에 위치한 지리산을 전장으로 선택한 이유는 무엇일까? 이에 대해서는 왜구의 피해를 막기 위해 고려 조정이 조창漕倉을 내륙으로 옮기고, 조운漕運을 육로화했기 때문이라는 견해가 일반적이다(나종우 1996, 146). 일본에서는 1380년의 왜구가 고려의 내륙 깊숙한 곳에서 활동했다는 점을 근거로 들면서 당시 왜구는 일본인들로만 구성된 세력이 아니라 제주도민을 비롯한 고려인도 다수 포함된 세력이었다는 견해가 제출되기도 했다(田中健夫 1987). 그러나 1380년의 대규모 왜구가 일본인들로 구성된 큐슈의 무장세력이었다는 점이 확인되면서(이영 2002, 39~46) 이 견해는 설득력을 잃고 있다.

왜구는 기동성이 있고 강을 이용하는 데에도 능숙한 편이었다. 하지만 내륙 깊숙이 진출하는 데에는 아무래도 시간이 지체될 수밖에 없었을 것이다(정영현 2008, 178). 그럼에도 왜구들은 금강 상류의 지형 조건과 고려의 도로망을 따라 어렵지 않게 내륙으로 진출했던 듯하다(이영 2002, 48~50). 어떻게 가능했을까? 첫째, 금강의 중상류 지역은 지세가 완만하고 수심이 얕아 하천을 따라 이동하는 것이 그다지 힘들지 않다. 왜구들이 금강 수계를 따라 황간·영동으로 진입하는 것은 어렵지 않은 일이었다. 둘째, 고려는 전국적인 역참제도와 조운제도를 시행했다. 왜구들이 이 제도를 위해 만들어진 도로와 교통망을 따라 군사적인 이동을 하는 것은 그리 어려운 일이 아니었다. 몽골군의 침입 역시 역로를 따라 이루어졌다.

양 전투 중 황산전투는 고려 말 극심했던 왜구의 침입과 약탈을 결정적으로 멈추게 했다는 점에서 특히 많은 주목을 받아왔다(차용걸 1984; 오종록 1986·1991; 최병옥 1993; 권영국 1994; 진석우 2001; 이영 2002·2008·2011·2012; 나종우 2003; 유완상 2003; 박완기 2008; 정영현 2008). 황산전투에 참가했던 왜구는 진포에 상륙했던 왜구 이외에도 고려의 내륙 각 지역에 흩어져 있던 왜구가 집결한 연합세력이었다. 그런 연합세력이 황산전투에서 큰 타격을 입은 것이다. 이후부터 왜구는 활동 양상 면에서 급격한 변화를 보이게 된다. 침입 대상 지역을 한반도의 서부 지역에서 동부 지역으로 전환한 것이다. 뿐만 아니라 침입의 규모나 횟수도 현저히 감소되기에 이르렀다(최병옥 1993, 136~137).

황산전투에 관한 여러 연구 성과에도 불구하고 군사학적 관점에서의 연구는 여전히 미흡하다. 그동안의 연구가 왜구의 규모와 이동경로를 중심으로 진행되어왔기 때문에 고려군의 대응 방식, 즉 고려군의 규모나 전략전술에 관한 설명은 부족한 편이다. 황산전투가 어떠한 과정에서 발생하게 되었는지, 그리고 황산전투는 구체적으로 어떻게 전개되어 승리했는지를 확인할 필요가 있다.

이 장에서는 황산전투 직전에 발생한 사근내역沙斤乃驛전투의 의미를 고려군의 입장에서 파악하고, 황산전투에 투입된 고려군의 규모와 이동경로를 추정하여 고려군의 대응 방식에 대해 살펴본다. 이를 통해 황산전투의 군사학적 이해를 조금이나마 넓히고자 한다. 다만 황산전투와 고려군의 전략전술에 초점이 맞춰져 있어, 왜구의 구체적인 침구와 약탈 과정 그리고 왜구의 동선 등에 대한 분석은 미흡함을 미리 밝혀둔다.

사근내역전투, 패전에도 불구하고 포상받다

1380년(우왕 6) 8월, 왜구는 500척 규모의 선박을 이끌고 진포(충남 서천)에 정박한 후 상륙하여 금강 일대를 노략질했다. 고려군의 나세·심덕부·최무선 등은 전함 100척을 이끌고 화포를 이용하여 왜구의 선박을 불살랐다. 이 진포전투에서 왜구의 상당수가 불에 타죽거나 익사했다.

살아남은 왜구들은 옥주沃州(충북 옥천)로 달아나 육지에 있던 왜구들과 합세하여 내륙으로 이동하기 시작했다. 충북의 영동과 황간을 거쳐 경북의 상주로 이동하여 주둔했다. 상주에서 일주일가량 머물렀는데, 이는 당시 상주가 경상도 지역의 중심지였기 때문일 것이다.[*] 이후 다시

---

[*] 상주목 지역에는 상주목, 안동부, 경산부 등 3개의 주현과 53개의 속현이 포함되어 있었다(박종진 2010, 328).

남하하기 시작해 경북의 선주善州(선산)와 경산부京山府(성주)를 거쳐 경남의 사근내역(함양)에 주둔했다.

① (8월) 왜적이 사근내역에 둔을 쳤는데, 원수元帥 배극렴裵克廉·김용휘金用輝·지용기池湧奇·오언吳彦·정지鄭地·박수경朴修敬·배언裵彦·도흥都興·하을지河乙沚가 공격했다. 패전하여 박수경과 배언이 죽고, 죽은 장교와 군사가 500여 명이나 되었다. 왜적이 드디어 함양을 도륙했다.
－《고려사절요》31, 우왕 6년 8월

② (9월) 밀직부사 배극렴을 경상도 도순문사慶尙道都巡問使로 삼았다. 왜적이 남원산성을 쳐서 이기지 못하고 물러가 운봉현雲峰縣을 불사르고, 인월역引月驛에 둔을 쳤다. 이성계가 변안열邊安烈 등과 함께 남원에 이르니 배극렴 등이 와서 길에서 배알하며 기뻐하지 않는 이가 없었다.
－《고려사절요》31, 우왕 6년 9월

사근내역전투에는 고려군의 원수元帥 9명이 참가했는데, 패전하면서 원수 2명과 장사 500여 명이 사망했다. 우왕대에 접어들어 왜적의 침입이 확대되자 우왕은 각 도별로 원수를 파견하여 이들로 하여금 관할도의 병력을 직접 징발하게 했다. 원래 유사시 중앙에서 조직되는 출정군의 지휘자로서 임시로 파견되던 원수가 상설화된 것이다(권영국 1994, 253~254).

원수로 여러 번 파견된 인물들은 대개 특정 도의 원수를 지속적으로 역임했다. 이성계는 동북면, 한방언·김용휘·최원지는 서북면, 조인벽은 강릉·교주도, 왕안덕은 양광도, 지용기는 전라도, 우인열은 경상도, 정지는 해도원수, 심덕부·나세는 서해도와 해도원수를 주로 맡았다(진석우 2001, 196). 중앙에 머물러 있을 때는 관할 도의 번상番上한 시위군을 맡고, 유사시에는 원수순찰사·체찰사 등의 직함을 띠고 출전했다(오종록 1991, 237~238).

사근내역전투에 앞서 5월 전라도 지역에 침입한 왜구를 토벌하기 위해 9명의 원수가 파견된 일이 있었다. 그러나 이들은 왜적을 막지 못했다. 그 책임을 지고 전라도 조전원수助戰元帥 최공철崔公哲과 양광도 도순문사都巡問使* 안익安翊은 곤장을 맞고 귀양을 가게 되었으며, 도진무都鎭撫 2명은 참수를 당했다(《고려사절요》31, 우왕 6년 5월).

그런데 사근내역전투에서는 달랐다. 지휘관이 패배의 책임을 지고 처벌받지 않았던 것이다. 사근내역전투에 투입된 고려군의 규모는 알 수 없다. 하지만 원수 2명과 수백 명의 사망자가 발생했기 때문에 고려군의 참패라고 할 수 있다. 사근내역전투에서 승리한 왜구는 함양을 도륙한 후 서쪽으로 나아가 전북의 남원산성을 공격했으나 실패했다. 결국 왜구는 다시 동쪽으로 되돌아가 운봉현을 거쳐 인월역(남원시 인월면)에 주둔했다.

앞서 왜구들이 팔량치를 넘어 서쪽의 인월역으로 이동할 수 있었던 것은 사근내역(함양군 함양읍)에서의 고려군의 패배 덕분이었다. 따라서 사근내역전투의 지휘관은 패배의 책임을 지고 처벌을 받는 것이 마땅했다. 그런데 사근내역전투의 책임자인 배극렴은 오히려 다음달에 경상도

---

* 원래 임시 사행使行이던 도순문사는 공민왕대 진변만호부의 폐지와 함께 진변만호가 수행하던 직임을 계승한 것으로서, 이후 도순문사 중심의 지휘체계가 수립되었다(오종록 1986). 그런데 원수가 각 도 지방군의 지휘자가 된 이후에도 비상시에는 도순문사가 도내의 군사력을 지휘하여 전투에 참여하는 일이 흔했다고 한다(권영국 1994, 254).

도순문사로 임명되었고, 이성계의 증원군이 도착할 때까지 여전히 지휘관으로서 활동했다(②).

어떻게 이런 일이 발생할 수 있었을까? 이와 관련하여 먼저 1380년 발생한 주요 전투의 전후 포상과 처벌에 대해 살펴볼 필요가 있다. 5월 전라 지역에 투입되었던 최공철은 전투 패배 후 귀양을 갔고, 8월 진포전투에 참가하여 승리했던 나세·심덕부·최무선 등은 금 50냥을 하사받았으며(《고려사절요》31, 우왕 6년 8월), 9월 황산전투에서 대승을 거둔 이성계·변안열 등도 금 50냥을 하사받았다(《고려사절요》31, 우왕 6년 10월). 이러한 점을 통해 볼 때 당시 고려 조정은 전후 처리를 명확히 했던 것으로 판단된다. 이를 표로 정리하면 〈표 4-1〉과 같다.

〈표 4-1〉 1380년 주요 전투와 전후 처리

5월 전라 지역 전투			8월 진포전투		
직위	장수	전투 결과: 패배	직위	장수	전투 결과: 승리
원수	최공철	패배 후 귀양	해도원수	나세	금 50냥 하사
원수	김용휘		해도원수	심덕부	금 50냥 하사
원수	이원계		해도원수	최무선	금 50냥 하사
원수	김사혁		비장	정용	은 50냥 하사
원수	정지		비장	윤송	은 50냥 하사
원수	오언		비장	최칠석	은 50냥 하사
원수	민백훤		*전원 포상		
원수	왕승보				
원수	도흥				
9월 사근내역전투			9월 황산전투		
직위	장수	전투 결과: 패배	직위	장수	전투 결과: 승리
원수	배극렴	경상도 도순문사 임명	3도순찰사	이성계	금 50냥 하사
원수	김용휘		체찰사	변안열	금 50냥 하사
원수	지용기		원수	우인열	(은 50냥 하사)

원수	오언		원수	도길부	(은 50냥 하사)
원수	정지		원수	박임종	(은 50냥 하사)
원수	박수경	전투 시 사망	원수	홍인계	(은 50냥 하사)
원수	배언	전투 시 사망	원수	임성미	(은 50냥 하사)
원수	도흥		원수	이원계	(은 50냥 하사)
원수	하을지		(원수)	왕복명*	은 50냥 하사

* 주: 《고려사절요》 31, 우왕 6년 10월에는 "우왕이 이성계와 변안열에게 각각 금 50냥을 내려주고, 왕복명王福命 이하의 여러 장수들에게는 각각 은 50냥을 내려주었다"라고 되어 있다. 따라서 왕복명도 원수로서 이성계의 증원군에 참가했던 것으로 추정된다.

아무튼 5월의 전라 지역 전투에서 패한 최공철은 귀양을 갔고, 8월의 진포전투와 9월의 황산전투에서 승리한 장수들은 모두 포상을 받았다. 그런데 9월의 사근내역전투만 달랐다. 패배했음에도 불구하고 전투책임 자인 배극렴과 지휘관들이 단 한 명도 처벌받지 않았다. 배극렴과 이하 지휘관들이 처벌되지 않았던 데에는 분명 이유가 있었을 것이다. 혹시 병력 손해는 있었지만 소기의 목적을 달성했기 때문에 처벌받지 않았던 것은 아닐까?

사근내역전투는 고려군의 왜구 토벌 전략의 일환

사근내역전투는 황산전투 직전에 발생했다. 황산전투와 관련하여 사근 내역전투에 투입된 원수들의 임무는 무엇이었을까? 먼저 1380년 9월 사 근내역전투에 투입되었던 9명의 원수들이 직전에 활동했던 장소들을 확 인해보자.

배극렴은 욕지도·하동·진주·울주·청도·사주 등 주로 경남 지역에서 지속적으로 왜구 토벌에 나섰다. 김용휘·정지·오언·도흥은 1380년 5월 왜구가 전라도의 광주·능성·화순 등을 침범하자 이를 방어하기 위해 투입되었다. 지용기는 1380년 5월 전라도의 정읍·명량에 침입한 왜구를 격퇴했다. 박수경은 1379년 안동도원수 겸 안동부윤이 되어 왜구를 물리쳤다. 배언은 1379년 명나라에 세공歲貢을 가지고 갔다가 1380년 6월 귀국했다. 하을지는 1379년 계림원수로 울주·청도·자인·언양 등에 침입한 왜구를 공격한 바 있다. 정리하면 배극렴·하을지·박수경 3명은 경상도에서 지속적으로 활약했고, 김용휘·정지·오언·도흥·지용기 5명은 전라도에 투입되었으며, 배언은 6월에 귀국 후 새롭게 참가했다.

이들 9명의 원수들이 사근내역전투 이전에 지휘했던 병력 전원이 지휘관을 따라 함께 이동하지는 않았던 듯하다. 황산전투 이전 경상도와 전라도에는 적지 않는 전투가 발생했기 때문에 이들 지역에는 왜구와 전투 경험이 많은 병력들이 상당수 존재했을 것이다. 각 지역으로 파견된 원수들은 사전 편성되어 있거나 훈련된 병력들을 모아 전투에 참여했던 것으로 보인다.

배언은 귀국 후 새롭게 부대를 편성하여 왜구를 뒤쫓았을 것이고, 배극렴·박수경·하을지는 전라도에 파견된 적이 없으므로 경상도 지역에서 지속적으로 활동했을 것이다. 김용휘·정지·오언·도흥·지용기는 병력을 분산하여 일부는 전라도 지역에 남겨두고 일부를 인솔하여 사근내역으로 진군했을 것으로 여겨진다. 사근내역전투에 참가한 9명의 원수들이 활약했던 지역과 그들의 병력 상황을 지도에 표시하면 〈그림 4-1〉과 같다.

진포전투에서 선박을 상실한 왜구들과 이전에 상륙해 있던 왜구들은 금강 상류의 옥주로 모여들었다. 이후 충북 영동과 황간을 거쳐 추풍령을 통해 경상도로 넘어갔다. 상주에서 일주일간 주둔한 후 남하를 시작

〈그림 4-1〉 왜구의 이동경로와 고려군의 배치상황

* 출처: 구글어스 위성지도.

하여 선산과 경산부를 거쳐 사근내역으로 이동했다. 그런데 왜구의 이동
경로를 보면 낙동강 우안으로 넘어가지 않았던 점과 낙동강 하류로 남하
하지 않은 점이 눈에 띈다. 사근내역에서 남강을 따라 남쪽으로 남하할
수 있었음에도 그렇게 하지 않고 팔량치(513미터)를 넘는다. 전라도 지역
으로 들어간 점도 특이하다. 국내 고개의 해발고도는 200~400미터가
가장 많은데(김양자 1989), 팔량치는 500미터가 넘는다. 당시 고려군의
추격을 따돌리면서 이 길을 이용하려면 상당한 어려움이 뒤따랐을 것이
다. 그런데도 왜구들은 왜 이러한 움직임을 보였던 것일까?

이와 관련하여 당시 왜구가 고려군의 추격에 몰려 퇴로를 찾기 급급했
고, 상주에서 남하한 것은 경상도의 남해안을 이용하여 그들의 본거지로

퇴각하기 위함이었다는 견해가 있다(최병옥 1993, 131). 퇴각 경로에 이미 고려군의 치밀한 방어망이 형성되어 있었기 때문에 왜구가 경상도 남해안으로의 이동을 포기하고 퇴로를 전라도의 해안에서 찾기 위해 전라도의 남원 방면으로 진로를 전환했다는 것이다. 왜구의 이동경로를 감안할 때, 고려군의 방어망이 이미 형성되어 있었다는 견해는 상당히 설득력이 있다. 특히 진주·합포·울주 등 왜구의 침입이 극심했던 경남 지역을 중심으로 적지 않은 고려군이 주둔하고 있었을 것으로 보인다. 그 가운데 진주는 합포(마산)·사주(사천) 등 남해 연안에 상륙한 왜구가 운봉·남원 등 지금의 전북 지역으로 가는 육로교통의 요충지이자 거점 지역이어서 왜구 침입 시 많은 피해를 입었다(박완기 2008, 185). 이 때문에 고려군은 진주 지역에 상당한 병력으로 왜구의 침입을 차단하고 있었던 것으로 추정된다.

결국 남원 방면으로 이동한 왜구는 남원산성*을 공격했으나 실패하고 말았다. 거침없이 내륙 지역을 횡행하던 왜구가 남원산성을 극복하지 못했다는 사실은 고려군의 남원산성 수비가 강화되었음을 의미한다. 고려는 이민족의 침입 시에 산성으로 들어가 지키는 전략을 자주 구사했다. 그러한 전략이 성공하기 위해서는 기본적으로 산성을 접근로가 제한되고 적의 공격이 쉽지 않은 험준한 곳에 수축해야 한다. 또한 산성 내에 충분한 양식을 저장해두어야 한다. 그래야만 장기간의 농성이 가능하다. 고려는 왜구의 침입이 확대되던 1378년(우왕 4)에 각 도로 사자使者를

---

* 당시 남원산성은 현재의 교룡산성蛟龍山城에 비정된다. 교룡산성은 전북 남원시 산곡동에 있는 산성으로 교룡산(518미터)의 험준함에 의지하여 축조된 석축산성石築山城으로 둘레가 3,120미터다. 《신증동국여지승람新增東國與地勝覽》에는 "돌로 쌓았으며, 둘레는 5천 7백 17자, 높이 10자, 안에는 99개의 우물과 작은 시내 하나가 있고, 또 군창軍倉이 있다"고 되어 있다(《신증동국여지승람新增東國與地勝覽》39, 전라도 남원도호부).

보내 산성의 수축을 명한 바 있다(《고려사절요》31, 우왕 6년 7월). 당시 산성의 수축이 이루어진 구체적인 장소는 분명하지 않지만(차용걸 1984, 139), 왜구의 침입이 잦았던 남해안을 중심으로 산성의 수축과 보수가 이루어졌을 가능성이 높다. 남원산성의 수비도 이 시기를 전후하여 강화되었을 것으로 판단된다.

고려는 왜구의 침입이 격심해지자 군사체제를 정비·강화했다. 진수군鎭戍軍의 증설, 기선군騎船軍의 재편, 익군翼軍의 조직 등이 그 일환으로 이루어졌다(박완기 2008, 193). 고려는 이를 바탕으로 무력 토벌을 단행했다. 대표적인 예가 홍산전투, 진포전투, 황산전투 등이다. 고려가 군사체제를 강화하여 적극적 토벌에 임한 것은 왜구에 대한 억제력이 증대되었음을 의미한다(유완상 2003, 469). 1380년 8월의 진포전투와 9월의 황산전투 사이에 발생한 사근내역전투는 바로 이러한 맥락에서 이해되어야 한다. 요컨대 사근내역전투는 고려의 왜구 토벌 전략의 일환으로 이루어졌을 가능성이 높다.

사근내역전투에서 배언과 박수경이 사망했다. 배언은 새로 편성되어 투입된 부대를 맡았고, 박수경은 경북 북부 지역에서 활동했다. 모두 북쪽에서 남쪽으로 이동한 부대다. 아마 왜구를 지속적으로 추적하면서 압박을 가했던 듯하다. 전라도 지역의 부대들은 남원산성을 중심으로 집결하고 일부는 사근내역으로 이동했다. 경상도 지역의 부대들은 왜구의 탈출로가 될 수 있는 낙동강 하류 지역과 남강 지역으로 집결하여 왜구의 이동을 차단했던 것 같다. 사근내역전투에서 왜구는 자신들을 끈질기게 추격하는 배언과 박수경의 부대를 물리친 후 남원 방면으로 나아갔다. 아니, 엄밀히 말하면 고려군의 압박에서 벗어나기 위해 남원 방면으로 쫓겨간 것이라 할 수 있다.

고려군의 몰이사냥 전술

왜구가 자기 의지대로 능동적으로 내륙을 횡행했던 것이 아니라 좁혀오는 고려군의 포위망을 빠져나가기 위해 남원 방면으로 이동했던 것이라고 본다면, 사근내역전투의 의미는 새롭게 해석될 수 있다. 고려군이 왜구를 동쪽에서 압박하여 지리산 구역으로 몰아넣고, 다시 서쪽의 남원산성에서 막아냄으로써, 전체적으로 볼 때 왜구를 인월역 일대에 가둬버렸던 것이다. 인월역 일대는 사방이 험준한 산악지대로 방어에는 용이하지만 포위당할 경우에는 빠져나갈 통로가 없어지는 단점이 있다.

이렇게 볼 때 비록 사근내역전투는 개별 전투에서는 왜구에게 패배를 당했지만 전체적인 전략에서는 성공한 전투였다. 사근내역전투에서 대패했음에도 불구하고, 지휘관들이 아무런 처벌을 받지 않고 배극렴이 경상도 도순문사로 임명된 점은 이들의 군사 활동이 실패하지 않았음을, 전체적인 전략에서는 성공적으로 임무를 수행했음을 시사한다.

그렇다면 고려군의 왜구에 대한 전략은 어떠한 것이었을까?

① 적장 한 사람이 창을 끌고 이성계의 뒤로 달려와 매우 위급했다. 부하장수 이두란李豆蘭이 말을 타고 달려오며 크게 소리치기를 "영공! 뒤를 보시오. 영공! 뒤를 보시오" 했다. 이성계가 미처 보지 못하므로 이두란이 (적장을) 쏘아 죽였다.
- 《고려사절요》 31, 우왕 6년 9월

② 동녕東寧의 싸움에서 이성계가 그 장수 처명處明을 사로잡아 죽이지 않았다. 처명이 은혜에 감복하여 이성계에게 맞은 화살 흔적을 볼 때마다 반드시

목이 메어 눈물을 흘렸다. 항상 좌우에서 (이성계를) 시종했는데, 이번 싸움에도 처명이 말 앞에서 힘껏 싸워 공을 세우니 사람들이 칭찬했다.

－《고려사절요》31, 우왕 6년 9월

위의 사료는 황산전투 당시 이성계를 좌우에서 보좌한 이민족 출신 장수들의 활약상을 보여주고 있다. 이두란은 여진족 출신으로 1371년 고려에 귀화하여 이씨 성을 하사받았으며(왕영일 2003 참조), 처명은 몽골족 출신으로 1370년 고려의 2차 동녕부東寧府 공격 시 이성계에게 투항했다(오기승 2010 참조). 상당부분 과장과 미화가 있기는 하겠지만, 이성계의 주위에 이민족 출신 장수들이 포진하고 있었던 사실 자체는 부인할 수 없을 것이다.

몽골은 전통적으로 매를 이용한 사냥과 그물을 이용한 몰이사냥 등의 수렵생활에 익숙하다. 이 중 집단 수렵의 형태로 진행되는 몰이사냥은 말을 타고 원형의 포위망을 줄여나가면서 줄을 치고 포위망 속의 사냥감을 서서히 대칸大汗이 있는 방향으로 몰아가는 방식이었는데(윤은숙 2010, 10), 대외전쟁에서 가장 중요한 전술로 사용하기도 했다.

몽골군의 몰이사냥 전술은 몽골군 고유의 것이 아니라 초원지대에서 활동하던 여러 유목민족들에게 공통으로 나타나는 전술이다. 여진족도 유사한 유목전술을 사용했으며, 여진족을 주로 상대하던 동북면의 고려군에게도 익숙한 전술이었음에 틀림없다. "우왕이 교외에 나가서 사냥하는데, 최영 등이 짐승을 몰아 앞으로 나오면 우왕이 쏘았다"라는 기록은 이러한 추정을 뒷받침한다(《고려사절요》31, 우왕 6년 2월).*

---

* 비록 후대의 일이지만 임진왜란 당시에도 조선군은 여진족을 상대하기 위해 활을 이용한 장병長兵

고려군은 왜구 압박에 바로 이 몰이사냥 전술을 사용한 것으로 보인다. 먼저 사근내역전투를 통해 왜구를 남원 방면으로 몰아세웠다. 다음으로 남원산성에서 가로막아 그들이 인월역 일대에 주둔할 수밖에 없게 만들었다. 이후 이성계의 증원군을 파견하여 결정적 전투인 황산전투를 벌였던 것이다. 당시 고려군이 수행했던 전략을 현대적 개념에서 보면, 성공적인 포위包圍(Envelopment)·섬멸殲滅(Annihilation)작전이었다.

포위작전은 적의 퇴로를 차단함으로써 심리를 위축시켜 전투의지를 약화시킬 수 있고, 적이 두 개 이상의 방향에서 전투하도록 강제함으로써 전투력을 분산시킬 수 있다(이강언 2009, 484~485). 포위는 우세한 전투력을 보유하고, 적의 퇴로 차단이 가능하며, 충분한 시간이 가용할 때 쓸 수 있는 작전이다(김광석 1998, 675~676). 그리고 어원상 섬멸은 적의 병력과 장비를 완전히 사살, 파괴, 포획하여 저항 근원을 영구히 말살시키는 것이다(이강언 2009, 237). 그러나 적을 완전히 전멸시키는 전례는 거의 없으므로, 적의 과반수를 격멸하거나 포획한 것을 섬멸이라 한다(김광석 1998, 288). 황산전투 후 도주한 왜구는 70명에 불과하므로 섬멸되었다고 봐도 무방할 것이다.

과 기병을 주력으로 하는 전투방식을 고수했기 때문에 근접전투에는 취약한 편이었다(이홍두 2006, 270~271). 결국 임진왜란은 한국의 전법상 획기적인 변화를 가져왔고, 임진왜란 이후 근접전투에 필요한 단병기를 다루는 방법을 서술한 무예서 편찬이 필요하게 되었던 것이다(노영구 2001, 147~148).

황산전투, 시작되다

왜구들은 사근내역전투 이후 함양을 거쳐 남원산성을 공격했으나 함락시키지 못했다. 이후 운봉현雲峰縣을 방화하고 인월역引月驛으로 물러나 주둔했다. 인월역은 남쪽으로는 지리산이, 서북쪽으로는 황산이, 동북쪽으로는 성산城山이 위치하고 있어, 방어는 용이한 반면 공격하기는 어려운 곳이었다. 적장 아지발도阿只拔都*가 이 인월역을 결전決戰의 장소로 선정한 점은 그가 병법에 상당한 지식을 가지고 있었음을 짐작케 한다 (이영 2002, 51).

이성계는 인월역 일대에 주둔하고 있는 왜구들을 토벌하기 위해 남원을 출발하여 운봉을 거쳐 황산으로 향했다. 《고려사》에서는 황산전투에 대해 "이성계가 여러 장수들과 더불어 운봉에서 왜적을 쳐서 크게 격파했으므로, 적의 패잔병이 지리산으로 도망했다"라고 간략히 기록하고 있다(《고려사》 134, 우왕 6년 9월). 반면 《고려사절요》에서는 자세히 기록하고 있어 당시 전투 상황을 이해하는 데 많은 도움을 준다.

① 동쪽으로 운봉을 넘어 적과의 거리가 수십 리쯤 되는 황산荒山 서북편으로 가서 정산봉鼎山峰에 올랐다. 이성계가 길 오른편의 험한 오솔길을 보고 말하기를 "적이 반드시 이 길로 나와 우리의 배후를 습격할 것이다. 내가 이 길로 나아가겠다"고 했다. 여러 장수는 모두 평탄한 길로 나갔는데, 적의 기세가 매우 정예한 것을 보고 싸우지 않고 퇴각했다. 이때 해가 이미 기울었다. 이성

---

* 아지발도는 아기발도라고 표기하기도 한다. 국내에서는 '기름'을 '지름'이라 하기도 하고, '아기'의 한자 표기는 '아지兒只'로 하는 등 '지'와 '기'는 서로 통하는 말이다. 여기에서는 아지발도의 한자음을 그대로 읽어 아지발도라고 표기한다.

계는 험한 길에 들어서 있었는데 과연 적의 정예한 기병騎兵이 갑자기 나타났다. …… 모두 세 번을 만나 무찔러 섬멸했다. 또 땅이 진흙 펄이어서 적군과 아군이 모두 그 속에 빠져 서로 엎치락뒤치락 했는데, 나와서 보니 죽은 것은 모두 적군이고 아군은 한 사람도 다치지 않았다. 적이 산에 웅거하고 굳게 지키자, 이성계는 군사를 지휘하여 요해처에 나누어 웅거하게 했다.

② 얼마 뒤에 이성계가 다시 나팔을 불게 하여 군사를 정돈하고, 개미처럼 기어올라 적진에 충돌했다. …… 이성계가 하늘의 해를 가리켜 맹세하고 좌우를 지휘하여 말하기를 "겁나는 사람은 물러가라. 나는 적에게 죽겠다"고 했다. 장사들이 감동하고 분발하여 용기가 백배해서 모두가 죽을 힘을 다하여 싸웠다. 적은 박혀 있는 듯이 서서 움직이지 않았다. 나이 겨우 15·16세가량 되어 보이는 한 적장은 얼굴이 단정하고 고우며 빠르고 날래기가 비할 데가 없었다. 백마를 타고 창을 휘두르며 달려와서 충돌하니 향하는 곳마다 쫓기고 쓰러져 감히 당할 자가 없었다. 우리 군사들이 아지발도라 부르며 다투어 피했다. …… 이두란이 곧 쏘아 죽이자 그제야 적의 기운이 꺾였다. 이성계가 몸을 뽑아 쳐들어가니 적의 정예부대가 거의 다 죽었다. …… 말을 버리고 산으로 오르니 여러 군사가 승승하여 달려 오르며 북치고 고함지르는 소리가 땅을 진동했다. 사면으로 공격하여 드디어 크게 깨뜨리니 냇물이 온통 붉어져 6·7일간이나 빛이 변하지 않아서 사람들이 마시지를 못하고, 모두 그릇에 담아 오래 가라앉힌 뒤에야 마실 수 있었다. 노획한 말이 1,600여 필이며 병기는 무수했다.
-《고려사절요》31, 우왕 6년 9월

이성계는 남원을 출발하여 여원치를 넘어 운봉으로 이동했다. 운봉분지를 지나 황산 서북쪽에 도달한 후 정산봉에 올라 적정을 살폈다. 왜구의 배치와 지형을 확인한 후 이성계는 작전계획을 수립하고 명령을 하달했다. 이성계 자신은 정산봉 오른쪽의 오솔길로 향하고, 나머지 부대들은 평탄한 길로 나아가도록 했다. 고려군이 평탄한 길로 공격할 경우 왜구들이 고려군의 퇴로를 차단하고 배후를 공격할 것이라 예상했기 때문이다.

정산봉은 황산의 한 줄기로 황산 동북쪽에 자리 잡고 있다. 따라서 정산봉 오른쪽의 오솔길은 고려군을 기준으로 볼 때 황산의 동쪽 자락에서 동북으로 난 길로 보이며, 평탄한 길은 정산봉 오른쪽의 동무東茂와 서무西茂로 이어지는 길로 추정된다.

이성계 이외의 부대가 동무와 서무 일대로 공격하다가 퇴각할 무렵, 왜구들은 오솔길을 따라 내려와 고려군의 배후를 차단하고자 했다. 그러나 이 오솔길로 이성계가 미리 진입해 있었기 때문에 왜구의 계획은 뜻대로 이루어지지 않았다.

이성계는 오솔길로 내려온 왜구와 세 차례 접전을 벌였는데, 마지막 장소는 진펄이었다고 한다. 오솔길에는 대규모 전투가 벌어질 진펄이 없으므로, 이성계는 오솔길을 내려와 평탄지로 왜구를 유인하여 전투를 벌인 듯하다. 그렇다고 한다면 앞서 동무와 서무 일대로 공격했다가 퇴각한 고려군과 합류하여 왜구들을 격퇴한 것으로 볼 수 있다.

고려군의 전체적인 전술을 보면 기만欺瞞(Deception)작전을 수행한 것으로 판단된다. 기만은 상대방의 상황인식에 영향을 줌으로써 상대방이 어떤 행동을 하거나 또는 하지 못하게 하기 위해 거짓을 사실처럼 그럴 듯하게 생각하게 만드는 속임수다(이강언 2009, 97). 주공을 운용할 경우 주공 방향을 기만시켜 적 방어방책의 수립과 예비대 및 화력 운용에 오산을 유도하는 것이다(김광석 1998, 149). 고려는 대규모 부대가 정산봉

〈그림 4-2〉 황산전투 요도

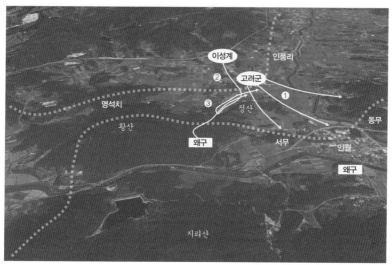

* 출처: 구글어스 위성지도.

동쪽의 평탄지로 공격을 감행할 경우, 왜구가 후방을 차단하여 포위할 것을 예상하고 이를 역으로 이용했던 것이다. 당시 고려군과 왜구의 배치를 고려하여(이영 2002, 51~53 참조) 전투상황을 나타내면 〈그림 4-2〉와 같다.

오솔길로 내려온 왜구와 진펄에서 엎치락뒤치락 하며 전투를 벌인 후, 진펄에서 나와 보니 아군은 사상자가 없었다고 한다. 이러한 점에서 아군과 적군이 제대로 식별되지 않는 야간에 전투가 벌어졌음을 알 수 있다. 야간 전투 후 왜구는 다시 방어로 전환했고, 이성계도 주요 길목을 차단하고 포위망을 형성했다.

다시 대규모 교전이 발생했는데, 사료 기록만으로는 정확한 위치를 확인하기 어렵다. 적장인 아지발도가 백마를 타고 활약했고, 적의 주력부대가 패배한 후 말을 버리고 산으로 올라갔으며, 전투 후 획득한 전마가 1,600여 필이었다는 점에서 대규모 기병전이 발생했음을 알 수 있다. 왜구가 말을 버리고 도주한 산이 황산이었다는 점에서 황산과 능선으로 연결된 서무 일대의 평탄지가 주요 전장이었을 것으로 추정된다.

노획한 전마는 고려에서 징발한 것도 포함되어 있겠지만, 기본적으로 큐슈에서 직접 싣고 온 것일 가능성이 높다. 큐슈의 미나미 다카기군南高来郡, 즉 시마바라 반도島原半島는 예로부터 주요한 목장지대였다. 왜구가 보유하고 있던 1,600여 필의 말은 이 다카기 지방에서 선적해온 것으로 추정된다(이영 2008a, 68).

일반적으로 황산전투는 단 하루 만에 끝이 난 것으로 인식되고 있다. 이와 관련하여 남원시 운봉읍 화수리에 있는 〈황산대첩비〉가 참고가 된다.* 〈황산대첩비〉에는 "태조께서 남원을 출발하여 운봉을 넘어 황산으로 치달려가 정봉(산)에 올라가서 형편을 살펴보고는 날랜 군사들을 앞뒤에서 서로 호응하며 적을 공격하여 10배가 넘는 적을 모두 무찔렀는데 채 하루가 걸리지 않아 모두 소탕하여 버렸다"라고 되어 있다(김귀영 2008, 41~49 참조).

그러나 사료를 보면 전투는 하루 만에 끝난 것이 아니었다. ①에 "해가 이미 저물었다"는 표현이 나오고, ②에 "하늘의 해를 가리켰다"는 구절이 나오는 것으로 보아 전투에는 최소한 이틀의 시간이 소요된 듯하다. 1일차는 야간 전투①, 2일차는 주간 전투②로 이루어졌던 것으로 여겨진다. 이런 점에서 '채 하루가 걸리지 않았다'는 〈황산대첩비〉의 표현은 만

---

* 〈황산대첩비〉는 1577년(선조 10)에 처음 건립되었으나 일제에 의해 훼손되었다. 이후 비문을 모사하여 1957년 새로 비를 세웠다.

하루가 지나지 않았다는 의미로 받아들이는 편이 자연스럽다.

황산전투에서 고려군은 어느 정도 규모였나

황산전투에 참여한 고려군의 병력 규모는 어느 정도였을까? 먼저 황산전투에 참가한 왜구의 규모를 살펴보자.《고려사절요》에는 "처음에 적이 우리의 10배였는데, 겨우 70여 명이 지리산으로 달아났다"라고 되어 있다《고려사절요》31, 우왕 6년 9월). 황산전투에서 압승했으며 도주한 왜구가 70여 명이라는 사실까지 알 수 있는 기록이다. 하지만 왜구의 규모는 정확하게 파악하기 어렵다. '몇 명의 적을 살해하고 포로로 잡았는지' 구체적으로 기록하고 있지 않기 때문이다. 황산전투에 참가했던 왜구들 전원이 현장에서 사망했다고 단정지을 수는 없다. 정확한 숫자는 알 수 없지만 상당수의 포로들이 존재했을 것으로 보인다. '지리산으로 도주한 사람이 70여 명'이라는 사서의 기록을 통해 그러한 사실을 고려군에게 알려준 포로들도 분명 존재하고 있었다는 추정이 가능하다(이영 2008a, 82).

그렇다면 황산전투에 관한 기록이 모호한 이유는 무엇일까? 황산전투 당시 왜구의 병력은 500척이라는 선단의 숫자에 비해 소수였을 가능성이 있다. 이와 관련하여 앞서 진포전투에서 왜구가 고려 수군의 공격을 받아 상당수가 사망했던 사실을 상기할 필요가 있다. 만약 황산전투에 참가했던 왜구의 병력을 정확하게 기록하게 되면 이성계의 무공이 대단치 않은 것으로 평가받는 문제가 생길 수 있다. 그렇다고 허위로 기록할 수도 없었을 것이다. 이러지도 저러지도 못하는 상태에서 결국 왜구 집단의 병력 규모를 애매하게 표현하지 않았을까 싶다(이영 2008a, 72).

500척 규모로 진포에 진입한 왜구의 수는 통상 1만 명 이상으로 추산된다. 1척당 승선 인원을 30명으로 볼 경우 1만 5천 명이며, 40명을 기준으로 할 때는 2만 명이다. 대규모 왜구는 진포전투에서 막대한 피해를 입었고, 전함과 함께 수몰당한 병력도 적지 않았다. 따라서 황산전투에 참가한 왜구는 1만 명 이하였을 가능성이 높다. 그러나 진포전투 이후 일부 왜구들이 합류했고, 사근내역전투에서 고려군 500여 명을 전사시킨 점을 감안해 볼 때, 적어도 수천 단위는 충분히 넘었을 것으로 추정된다. 실제 황산전투 후 노획한 전마의 수만 1,600여 필이었다. 기병과 보병의 통상적인 비율인 1:2로 보더라도 4,800명이 넘는 규모였다. 물론 왜구의 주력이 기병일 경우 왜구의 병력 수는 더욱 줄어들 수밖에 없다. 그렇다고 하더라도 전투 시 노획한 전마만 1,600여 필이었다는 점에서 왜구의 규모가 수천 명에 달하는 규모였음은 분명해보인다.

다음으로 고려군의 규모에 대해 알아보자.

처음에 적이 상주에 있는데 전라도원수 지용기 휘하의 배검裵儉이 가서 적을 정탐하기를 자청하므로 여러 원수가 허락했다. 배검이 이르니 적이 죽이려 했다. 배검이 말하기를 "천하에 사자使者를 죽이는 나라는 없다. **우리나라의 여러 장수가 정병을 수없이 거느리고 있으니 싸우면 반드시 이길 것이나** 너희 무리를 다 죽이면 무슨 소용이 있는가. 너희들이 한 고을을 차지하고 살면 어떠한가" 했다. 적이 말하기를 "이것은 우리를 속이는 것이다. **너희 나라에서 참으로 우리를 살려 주려고 한다면 왜 우리 배를 빼앗았는가.** 우리도 잘 알고 있다" 하고, 배검에게 술을 주고 마침내 무장한 기병으로 호위하여 돌려보냈다.

 -《고려사절요》31, 우왕 6년 9월

일부 과장과 미화적 수사가 포함되어 있겠지만, 위의 사료는 진포에서 자신들의 선박을 잃어버린 왜구가 추풍령을 넘어 상주에 주둔할 때의 상황을 잘 보여주고 있다. 상주에서 다시 남하하여 남원 방원으로 들어가 인월역에 주둔하던 왜구는 "장차 광주의 금성(담양)에서 말을 먹인 뒤에 북진할 것이다"라고 유언비어를 퍼뜨리기도 했다. 고려군의 포위망이 좁혀오던 시점에 왜구가 오히려 큰 소리를 쳤던 것이다. 이는 고려군의 주력을 북쪽으로 유인한 뒤, 남쪽 지역에 대한 고려군의 방어선이 허술해진 틈을 타 재빨리 전라도 내륙 지역에서 이탈하여 남해안을 거쳐 본거지로 탈출하기 위한 계략으로 파악된다(최병옥 1993, 131~132).

아무튼 당시 정황은 왜구에게 불리하게 전개되었던 것으로 보인다. 왜구를 토벌하기 위한 고려군의 규모도 상당했음을 짐작케 한다. 그렇다면 왜구를 토벌하기 위해서는 어느 정도의 병력이 동원되어야만 할까? 진포전투와 황산전투 직전인 1380년 4월에 우왕은 최영에게 해도도통사海島都統使를 겸하게 했다. 그러자 최영은 "지금 전함이 겨우 100척밖에 안 되며, 수졸이 겨우 3,000명입니다. 만일 군사를 출동시킨다면 1만 명은 써야 하겠습니다"라고 말했다(《고려사절요》31, 우왕 6년 4월). 최영의 얘기를 통해 당시 고려군의 전함에는 1척당 30명이 승선했음을 확인할 수 있다. 그리고 왜구 토벌에 필요한 병력은 1만 명 정도임을 추정할 수 있다. 그런데 최영이 우왕에게 건의한 시점은 진포에 500척 규모의 왜구가 나타나기 전이다. 진포전투 이후의 왜구를 토벌하기 위해서는 최소한 1만 명 이상이 동원되어야만 했다.

이와 관련하여 황산전투 시 이성계가 싸워 이긴 왜구의 수를 10배라고 표현한 점에 주목할 필요가 있다. 물론 과장된 표현일 수 있지만 이성계의 직할부대, 즉 친병親兵을 기준으로 볼 때는 어느 정도 부합하는 면이 있다. 이성계는 1361년 박의를 토벌하는 데 친병 1,500명을 지원했고, 1362년 경성수복작전에 친병 2,000명을 동원했으며, 1364년 최유가 고려를 침입하자 정기精騎 1,000명을 거느리고 출전했고, 1370년 2차 동녕부 정벌에는 친병 1,600명을 동원했다(강수정 2011, 29). 그리고 1388년 위화도회군 당시 요동 원정군은 총 50,464명인데 30명의 원수가 편성되었다. 원수 1명당 평균 약 1,600여 명을 거느렸던 것이다.

위의 사례들을 통해 이성계의 정예 친병이 1,600명 내외였음을 알 수 있다. 최초 진포에 진입한 15,000명 내외의 왜구 병력과 대략 10배의 차이가 나는 병력이었다. 이성계가 황산전투에서 10배의 왜구를 물리친 것으로 미화된 데에는 이 같은 사실이 근거가 되었을 것이다. 그리고 사서 기록에는 사근내역전투에 배극렴을 포함한 9명의 원수가 투입되었고, 이성계의 증원군에는 이성계를 포함하여 8명의 원수가 참가한 것으로 되어 있다. 대체로 원수 1명당 최소 1,000여 명의 군사를 거느리므로, 사근내역전투에 참여한 병력과 이성계의 증원군은 각각 1만 명 내외였던 것으로 추정할 수 있다. 종합하면 황산전투에 동원된 고려군의 총 병력은 2만 명 내외였던 것으로 보인다.

황산으로 가는 길

남원에서 운봉으로 들어오려면 여원치女院峙를 넘어야 한다. 여원치는 남원시 이백면 양가리와 운봉읍 장교리 사이를 잇는 고개로, 높이는 477미터다. 여원치 정상 부근 암벽에는 마애여래상이 석각되어 있는데 여자산신령이라는 전설이 전해진다. 전설에 따르면, 이성계가 여원치 고개를 넘고 있을 때 갑자기 안개가 자욱하게 시야를 가리더니 한 노파가 나타나 왜구와 싸울 시기와 장소, 전략을 일러준 후 홀연히 사라졌다. 이 노파는 원래 여원치 주막의 주모였는데 왜구에게 희롱을 당해 스스로 목숨을 끊었다. 그 원혼이 노파로 변신하여 자신의 원수를 갚고자 이성계에게 전략을 알려주었던 것이다. 이성계는 황산전투 후 노파의 원혼을 달래기 위해 여원치 석벽에 여인상을 새기고 산신각을 세웠다고 전해지고 있다. 비록 전설이기는 하지만 이를 통해 당시 현지인이 왜구에 대한 정보를 이성계에게 제공했다고 추정할 수도 있지 않을까 싶다.

여원치를 넘은 이성계의 증원군은 장교리長橋里* 일대에 주둔하면서 인월 일대에 주둔한 왜구와 대치했다. 인월에 주둔하고 있는 왜구를 공격하는 가장 빠른 길은 황산 남쪽과 지리산 북쪽 사이의 협로였다. 앞서 왜구들이 남원산성을 공격하고 인월로 들어왔던 길이기도 하다. 고려군의 공격이 예상되는 이 길에 왜구들은 당연히 병력을 배치하고, 황산 정상에서 고려군의 움직임을 파악하고 있었을 것이다. 양쪽 산록에 매복을 한다면 이 길을 지나는 병력은 상당한 피해를 당할 수밖에 없었다. 아울러 접근로 전방이 평탄지라서 이동 기도가 쉽게 노출되고 엄폐가 곤란했다.

〈그림 4-3〉에서 원으로 표시된 지역은 인월로 들어가는 가장 빠른 길이다. 그렇지만 가장 위험부담이 높은 길이기도 하다. 이성계의 입장에서는 가장 선택하기 어려운 진군로였다. 이성계는 여원치를 거쳐 운봉에 도착한 후, 고남산에 올라 주변지세를 살핀 것 같다. 고남산은 높이가 846.8미터이며, 운봉의 북서쪽을 지키는 산으로 운봉분지를 한눈에 내

* 이성계가 고남산高南山에 제단을 쌓고 승전을 기원하면서 바라본 고려군 주둔 진지가 비단으로 다리를 길게 놓은 모습이어서 장교리라 이름 붙여졌다고 한다.

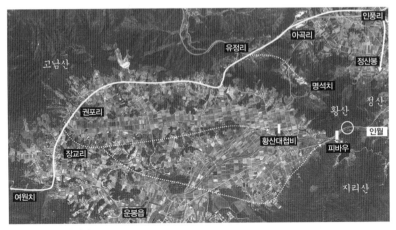

* 출처: 네이버 위성지도.

려다 볼 수 있다.* 고남산은 태조봉, 고조봉, 제왕봉 등 다양하게 불리는
데, 모두 태조 이성계와 관련하여 붙여진 이름이다. 이성계는 고남산 정
상에 올라 석축으로 제단을 쌓고 승전을 기원하는 제를 올렸다고 한다.
지금도 당시 쌓았던 석축 제단의 흔적이 분명하게 남아 있다. 이성계가
산신제를 올린 것의 사실 여부를 떠나, 고남산의 정상에서 운봉 일대의
지형지물을 확인했을 가능성은 충분하다.

　이성계는 황산 서북에 도착한 후, 정산봉鼎山峰에 올라 적정을 살폈다.
정산봉은 황산의 한 줄기로 그 높이가 얼마 되지 않는 조그마한 봉우리
이지만, 정상에서 인월 일대가 한눈에 내려다보이는 곳이다. 이성계가
정산봉의 정상에서 적의 진영을 살피고 그 의도를 간파한 것이 황산전투

---

* 고남산은 이 일대에서 가장 높아 감제고지 역할을 하고 있으며, 현재 정상에는 TV 중계탑이 설치되
　어 있다.

의 승패를 가른 결정적인 계기가 되었다(이영 2002, 52). 정산봉은 황산의 동북쪽에 있으므로 이성계는 황산의 서북을 경유하여 황산의 동북 방향으로 나아갔음을 알 수 있다. 이를 근거로 이성계가 황산 서북에 도착한 후 명석치鳴石峙를 지나 황산 동북의 정산봉으로 이동했다는 연구가 있다(이영 2002, 51~52). 지금까지 구체적인 이동경로에 대한 연구가 이루어지지 않은 상태에서 이러한 견해가 제시된 것은 주목할 만하다. 이동경로를 감안할 때 설득력이 있어 보인다.

그런데 고려군이 명석치를 경유한 것으로 볼 경우 몇 가지 의문점이 남는다. 명석치 정상 부근에는 길 양편에 큰 바위가 대문 지주처럼 놓여 있고 계곡에는 돌들이 많이 산재해 있다. 전설에 따르면, 황산전투 당시 이성계가 축지법을 사용하여 왜구와의 전투에 대비해서 부근의 돌들을 모두 이곳으로 모이도록 했고, 당시 주변의 초목들 역시 황산쪽을 향해 저절로 방향을 바꾸었다고 한다. 이곳에 모인 돌들은 적개심에 들떠 왜구와 싸울 시기를 고대하고 있었다. 하지만 왜구는 황산전투에서 섬멸되고 말았다. 그러자 이 돌들은 왜구들의 지난 시절 만행에 대한 울분에, 나아가 자신들의 역할을 다하지 못한 아쉬움에 눈물을 흘렸다고 전한다. 이러한 전설은 당시 현지민들의 정황을 반영한 것이라 여겨진다. 즉 왜구의 만행에 적지 않은 현지민들이 이성계의 왜구 토벌에 직·간접적으로 참여했던 사실을 시사하는 것으로 파악된다. 돌과 나무로 표현된 것으로 보아 정규군은 아니었고, 전투에 참여하지 못해 눈물을 흘렸다는 것으로 보아 이곳에서는 큰 전투가 없었음을 유추케 한다.

또한 이 명석치는 황산 북쪽 아래에 있어 황산 정상에 주둔한 왜구의 감시망을 피하기 어려운 곳이다. 앞서 언급했던 황산 남쪽과 지리산 북쪽 사이의 협로와 크게 차이가 나지 않는 곳이다. 물론 왜구 주력이 주둔하고 있는 인월에서 볼 때 거리상으로는 조금 더 멀지만, 방어하는 왜구 입장에서는 제2의 접근로로 상정하여 이곳의 경계도 게을리 하지 않았을 것으로 여겨진다. 만약 고려의 주력군이 명석치로 진입을 시도한다면, 황산 정상에서 고려군의 움직임을 파악한 왜구가 인월에 주둔하고 있던 왜구 주력부대에게 바로 연락을 취했을 것이다. 명석치의 동쪽 출구 부근을 왜구 주력부대가 틀어막고, 황산에 주둔하고 있던 왜구들이 산위에서 아래로 공격했다면 고려군의 피해는 막심했을 것이다.

왜구의 수장인 아지발도는 이성계의 진영을 보고 부하에게 "이 군사의 기세를 보니 지난날의 여러 장수와 비교가 안 된다. 오늘의 일은 너희들이 각자 조심하라"라고 했다 한다(《고려사절요》 31, 우왕 6년 9월). 이성계의 진을 보고 부하들에게 조심할 것을 지시했다고 하는 것은 아지발도가 병법에 관해 상당한 지식을 갖춘 만만치 않은 무장이었음을 보여주는 것이지만(이영 2002, 51), 다른 한편으로는 왜구가 이성계의 부대 이동과 배치를 지속적으로 파악하고 있었음을 입증하는 것이기도 하다. 전투가 이루어지지 않았다는 명석치의 전설과 황산에서 이동경로가 쉽사리 감지되는 위치를 통해 볼 때, 고려군은 명석치를 경유하지 않았을 가능성이 높다.

이성계, 우회기동으로 왜구를 격퇴하다

그렇다면 이성계의 주력군은 어떠한 경로를 통해 황산 동북의 정산봉으로 이동했을까? 황산 주변에는 이성계와 관련된 지명이 상당히 많이 남아 있다. 남원에서 운봉으로 이동하는 경로상에 위치한 여원치, 이성계의 부대가 주둔한 장교리, 고남산 아래에서 천신제를 준비한 권포리權布里, 바람을 끌어와 화살을 쏘았다는 의미의 인풍리引風里, 적정을 살피며 솥[鼎]을 걸어 밥을 짓게 했다는 정산봉鼎山峰, 전투 후 왜구의 시체를 묻었다는 서무와 동무 등이 그것이다.

　권포리의 경우 이성계가 근처에 주둔하던 병마의 식수를 위해 큰 샘을 만들었는데, 황산전투 후 샘 주변에 자연스럽게 마을이 형성되었고 마을 이름은 권력을 편다는 의미로 권포리라고 지었다고 전한다. 또 다른 얘기로는 샘터 주변에 터를 잡은 권씨 마을의 권세가 하늘에 닿도록 끊임이 없다 하여 권포리라 했다고 한다. 인풍리는 이성계가 왜구와 싸울 때 바람을 끌어들여 그 바람에 화살을 실어 쏘았는데, 화살의 방향과 바람의 방향이 같아 화살의 위력이 더해졌다고 해서 붙은 이름이라 한다. 황산전투 이후 죽은 왜구의 시체를 풍천 서쪽과 동쪽에 묻었는데, 서쪽 무덤을 서무덤이라 하고 동쪽 무덤을 동무덤이라 했다. 현재 서무와 동무의 지명은 여기에서 유래한다고 전한다.

　이러한 전설들을 있는 그대로 취신하기는 곤란하지만, 당시의 정황을 일정부분 반영하고 있다고 보는 것이 자연스럽다. 특히 주목할 점은 이 지명들이 바로 이성계와 연관되어 있다는 사실이다. 다시 말해 지명을 따라가다 보면 이성계의 기동로를 추정할 수 있다는 것이다.

　먼저 장교리와 권포리를 보자. 여원치를 넘은 이성계는 서남의 운봉읍 방향이 아니라 북쪽의 장교리와 권포리 일대에 주둔했다. 인풍리와 정산봉에는 이성계 관련 전설이 남아 있다. 따라서 이성계는 황산의 동북쪽에서 남하하면서 공격한 것으로 볼 수 있다. 사서에는 이성계가 황산의 서북쪽에 먼저 도달한 이후, 황산 동북쪽의 정산봉에 올라 적정을 살폈다고 되어 있다. 그렇다면 이성계가 황산 북쪽의 어느 길을 이용했던 것은 분명하다. 황산 남쪽을 이용하는 길을 제외하면, 운봉분지에서 인월로 넘어가는 길은 두 가지밖에 없다. 명석치를 이용하여 정산봉으로 이동하는 방법과 좀 더 북쪽으로 크게 우회하여 이동하는 방법이다. 앞서 살펴보았듯이 명석치를 이용하는 것은 실현 가능성이 낮은 것으로 판단되므로, 이성계는 북쪽의 길을 선택했을 것으로 여겨진다.[*]

운봉분지를 가로지를 경우 왜구에게 이동 기도가 노출되게 마련이다. 아무리 야간에 은밀히 이동한다 하더라도 대규모 부대는 적에게 발각되기 쉽다. 따라서 이성계는 북쪽으로 크게 우회하려는 자신의 의도를 숨기기 위해 먼저 소수의 견제부대를 황산 서쪽 평지와 지리산 북록으로 파견했을 가능성이 높다. 주 접근로로 예상되는 길목에 사전 배치된 왜구들의 이탈을 방지하고 이목을 집중시키려는 의도다. 이러한 견제부대의 활동으로 인해 왜구의 상당수가 황산의 서남쪽을 주시하고 있었을 것이다. 실제 〈황산대첩비〉는 황산의 동북쪽이 아닌 서쪽에 건립되어 있고, 황산 남쪽과 지리산 북록에는 피바우[血巖] 전설이 전해지고 있다.[**] 왜구 아지발도가 이성계의 활을 맞아 피를 흘려 바위가 붉게 물들었다 해서 붙여진 이름이라고 한다. 그러나 실제 이성계와 아지발도는 황산의 동쪽에서 격전을 벌였기 때문에 전설의 내용은 사실과 다르다. 그저 이곳에서 일정한 전투 내지는 군사활동이 있었음을 시사해주는 것으로 보는 편이 좋을 듯하다.

그렇다면 이성계는 왜 황산을 크게 우회하여 진군했던 것일까? 몽골군은 행군할 때 항상 기습이나 매복을 두려워했다. 그리하여 소수의 병

---

[*] 지금의 장수군 번암면 유정리와 남원시 아영면 아곡리를 연결하는 고개로, 88고속도로가 지나는 길이다.
[**] 황산 아래쪽 냇가에 있는 바위 이름으로, 바위 색깔이 피처럼 붉어서 피바우라 부른다.

〈그림 4-4〉 황산대첩기념비와 파비각

* 출처: 남원시청 문화예술과.

력일지라도 먼저 정예기병을 사방으로 보내 수색하면서 나아갔고, 높은 곳에 올라 먼 곳을 관찰했으며, 현지민을 사로잡아 주변의 허실을 심문했다. 이는 몽골만이 아니라 흉노 이래의 전통이라고 할 만큼 모든 북방 민족 기병들에게서 관찰된다. 원래 유목민족들은 적을 유인하여 포위·섬멸하는 방식을 전쟁의 기본원칙으로 삼고 있다. 그렇기 때문에 행군 시 적의 기습이나 매복에 큰 주의를 기울였던 것이다(박원길 2003, 293~296).

앞서 살펴보았듯이 이성계는 이 같은 유목전술을 잘 이해하고 있었다. 황산 남쪽의 협로는 기본적으로 왜구의 매복이 예상되는 곳이었다. 따라서 이성계는 적의 매복을 회피하고 적의 주의를 분산시키고자 했다. 소수의 병력을 왜구의 매복이 예상되는 곳의 전방으로 보내어 왜구의 수비병을 황산 서남쪽에 묶어둔 후, 주력군은 큰 전투 없이 황산 서북에서 동북으로 진군시켰다. 이성계는 이러한 우회기동迂回機動(Turning Movement)으로 왜구의 방어에 혼선을 초래하고 황산 동북의 정산봉을 장악, 공격의 발판으로 삼았던 것이다.

우회기동은 적 주력부대를 우회 통과하여 적 후방의 종심 깊은 목표를 확보함으로써, 적으로 하여금 현 진지를 포기하게 하거나 우회부대에 대항하기 위해 주력을 전환하지 않을 수 없도록 강요하는 것이다(이강언 2009, 290). 적이 강력한 방어진지를 점령하고 있을 때 우회기동함으로써 공격자에게 유리한 장소에서 결전을 시도할 수 있다(김광석, 1998, 377).

요컨대 남원을 출발한 이성계는 고남산에서 적정을 살핀 후 공격계획을 수립했다. 황산 남북으로 진입하는 길은 왜구의 매복이 예상되므로 명석치보다 북쪽으로 크게 우회하는 방법을 선택했다. 이를 위해 일부 견제부대를 황산 서쪽으로 전개시켜 왜구의 주의를 분산시킨 후, 우회기동을 하여 황산 동북쪽의 정산봉을 장악했다. 본격적인 전투에서도 왜구의 기습이 예상되는 길목을 차단하여 왜구의 공격계획을 무산시켰다.

황산전투는 고려의 내륙을 횡행하던 왜구가 우연히 운봉 일대에서 고려군과 조우하여 발생한 전투가 아니다. 고려군의 왜구 토벌 전략에 의해 전장이 내륙 지역인 황산으로 선정된 것이며, 본격적인 전투에서도 왜구의 방어와 공격계획은 고려군에 의해 기만되고 차단되었다. 홍산전투, 진포전투, 황산전투 등 일련의 왜구 토벌 작전으로 고려군은 왜구와의 전투에서 주도권을 확보했고, 그러한 주도권 확보는 대마도 정벌로 이어졌다. 고려 말 극심했던 왜구의 침입은 고려 조정의 지속적인 왜구 토벌 노력과 고려군의 성공적인 작전으로 잦아들게 되었던 것이다.

전근대 군율의 시행

군율軍律은 군대와 군인의 규율을 확립하기 위해 만든 법이다. 군율은 전투와 전쟁이라는 특수한 상황에서 적용되는 것이기에 독특한 성향을 띠게 마련이다. 전근대 시기 절대 다수의 군인은 강제 징집되었기 때문에 기본적으로 군대에 대한 거부감이 클 수밖에 없었다. 이러한 현실에서 이들을 움직이기 위해서는 강력한 군율이 필요했다. 시간의 제한성을 극복하고 효과를 극대화해야 했다. 군율이 다른 율령에 비해 간소하고 상징적 경향을 띠는 것은 이런 이유 때문이다. 이러한 군율은 시대의 흐름에 따라 구조와 성격이 조금씩 변화한다.

고려의 군율

고려의 경우 잦은 외침을 받았고 이로 인해 대규모 병력을 동원하는 사례도 많았다. 외침의 대상이나 규모 그리고 국내 상황이 달랐기 때문에 군율의 내용과 기능 또한 일부 다르게 적용될 수밖에 없었다. 고려의 군율은 다른 형률에 비해 소략한 편이어서 실체를 자세히 알 수는 없다. 대거란전을 전후하여 제정된 '행사지령行師之令'을 통해 그 윤곽 정도만 확인할 수 있을 뿐이다. 고려의 군율은 일반 형률에 비해 처벌이 무거웠다. 참형斬刑에 해당하는 조문이 절반 이상을 차지하고 있을 정도다. 이는 신속하면서도 엄중한 처결을 단행하여 시행 효과를 극대화시키기 위함이었다.

고려의 군율은 송의 군율과 비교하자면 상당히 관대한 편이라고 알려져 있다. 그러나 사실은 그렇지 않다. 고려의 군율이 표면적으로는 송율보다 관대한 것처럼 보이지만, 실제로는 소속집단의 연대책임을 물을 수 있기 때문에 결코 가볍다고 할 수 없다. 특유의 군인전 분급을 전제로 한 전제田制와 군역제軍役制가 결합되어 있어, 군율 행사가 소속 집단의 구성원 전체에 영향을 미칠 수 있는 상황이었기 때문에 신중히 행사할 필요가 있었던 것이다. 이 덕분에 고려의 군율이 송율보다 관대한 편이었지만 명령계통은 제대로 유지할 수 있었다고 파악된다.

봉수제의 규정

봉수제烽燧制는 우역제郵驛制와 더불어 전근대 시기의 가장 중요하고 보편적인 연락 방식이었다. 중국에서는 한대漢代 이전에 이미 봉수제가 성립해 있었고, 당대唐代에 완전히 제도화되었다고 알려져 있다. 우리나라에서는 삼국 시기를 거쳐 고려 시기에 봉수제가 확실히 성립했고, 조선 시기에 이르면《당율唐律》과《대명율大明律》등을 참고로 하여 관계규정이 대폭 강화되는 등 제도적으로 정비되었다.

봉수제는 국가적 중대사, 즉 외침을 알리는 군사적 목적으로 주로 사용되었다. 그러다 보니 임무를 맡은 자에 대한 처벌 또한 강경했다. 만약 점고点考에 빠지면 초범初犯은 태형笞刑 50대를 집행하고, 재범再犯은 장

형杖刑 80대를 집행하고, 삼범三犯은 장형 100대를 집행했다. 제대로 고
찰考察하지 못한 관리는 초범은 태형 50대를 집행하고, 재범은 1등을 가
하여 죄가 장형 100대에 이르게 하고 관직을 파면시켰다. 만약 노약자나
질병자가 임무를 수행하지 못하여 사사로이 대체시킨 경우에도 《대명
률》에 의거하여 각기 2등을 감형한 후 처벌했다.

이러한 봉수제는 조선 초기 전국적으로 조직되었으나 점차 허설화되
고 말았다. 조선 전기 봉수제가 허설화된 이유는 무엇일까? 봉수제는 조
선의 군역제와 밀접한 관계를 가지고 있다. 봉수를 담당하는 봉화군烽火
軍은 그 자체가 상당한 고역이었다. 이에 도망자가 속출했고, 근무 태만,
시설 미비, 보급 부족, 인원 부족 등으로 점차 그 기능을 제대로 발휘할
수 없었다. 임진왜란 이전까지 계속된 장기간의 평화 상황도 한 몫을 차
지했다.

조선의 군인 처벌

조선의 군역은 주로 16세부터 60세까지의 양인良人 농민에게 부과되었
다. 군역은 현역 복무를 하는 정군正軍과 정군의 재정을 부담하는 보인保
人으로 나뉘었다. 관리나 지방 세력가들이 실역實役을 피하고 교생校生들
마저 역에서 벗어났기 때문에, 군역은 대부분 가난한 양인 농민들이 부
담해야만 했다. 농민 대부분이 군역에 충당되자 토지 8결마다 1명을 동
원하는 요역徭役 담당자가 없어지게 되었고, 결국 각종 요역에도 군인들
이 동원되었다. 군역만으로도 힘든데 노역까지 추가되자 더욱 기피하게
되었다.

이에 보인에게 받은 베로 다른 사람을 고용하여 대신 번番을 서게 하
는 수포대립收布代立 현상이 나타났다. 수포대립하는 가격도 점점 증가하

여 이를 감당할 수 없는 자들이 유랑하거나 도망가는 사례가 급증했다. 결국 군포제軍布制의 시행은 현역 복무를 근간으로 하는 오위제五衛制를 무너뜨리는 계기가 되고 말았다.

이러한 상황에서 조선은 적정 군인 수를 유지할 수 없었고, 열악한 환경에서 현역 복무하는 군인들의 범죄 또한 증가할 수밖에 없었다. 《대명률》에 따르면, 군인이 도형徒刑이나 유형流刑에 해당하는 범죄를 저질렀을 경우 도형은 5등급으로 나누어 2,000리 내의 각위各衛에 보내어 충군充軍하도록 했다. 유형은 3등급으로 나누어 각위에 보내어 충군하도록 규정했다. 조선도 《대명률》에 따라 군인을 처벌했다.

군인들이 저지른 범죄에 대한 처벌은 일반 민들에 비해 과중했다. 기본적으로 군인이라는 특수한 신분이기 때문이기도 하거니와, 적정 군인 수를 유지하기 곤란한 당시 조선의 입장도 반영되어 있었을 것이다.

이성계는 조선을 창업한 군주로 잘 알려져 있다. 고려를 대신해 조선이 들어섰기 때문에 이성계는 무장으로서의 이미지보다는 건국 군주로서의 이미지가 더 강하다. 조선시대의 기록을 보면 고려 말 정국은 혼란했고, 이에 조선이 건국되는 것은 자연스러운 결과처럼 묘사되어 있다.

1388년(우왕 14) 이성계는 요동遼東을 공략하기 위해 출정했다. 그러나 위화도威化島에서 회군回軍하여, 우왕을 폐위시키고 정권을 장악했다. 이 사건을 조선왕조 창업을 위한 제1보로 보는 데에 큰 이견은 없다(김당택 2005, 137). 위화도회군 이후 이성계 일파는 정치적·경제적·군사적 개혁을 본격적으로 추진했다(김영숙 1985, 2). 결국 1392년 이성계는 군신들의 추대를 받아 왕위에 오른다.

1388년 3월 명明은 철령위鐵嶺衛 설치를 고려에 통고했다(김용덕 1961; 박원호 2007; 복기대 2010). 이에 우왕은 최영을 팔도도통사八道都統使로 삼고 조민수를 좌군도통사左軍都統使, 이성계를 우군도통사右軍都統使로 삼아 요동 정벌군을 편성했다. 처음부터 요동 정벌에 회의적이던 이성계는 압록강의 위화도에 도착한 후 조민수를 설득하여 회군을 단행했다.

위화도회군에 대해서는 적지 않은 연구들이 축적되어 있다(이상백 1936; 김상기 1961; 박천식 1979; 강지언 1993; 王頲 1999; 김당택 2005). 위화도회군 자체뿐만 아니라 위화도회군과 관련하여 고려 말의 정치 상황(박천식 1980; 이상백 1984; 유창규 1994; 강지언 1995; 김당택 1998), 여말선초의 군사제도(민현구 1983·1984; 오종록 1991; 윤훈표 2000), 이성계의 군사·경제적 기반(유창규 1984; 최재진 1993; 이형우 2004) 등 다방면에 걸쳐 연구가 진행되었다. 그러나 위화도회군의 과정이나 전투 상황 자체는 크게 주목되지 않았다.

《고려사》에 따르면, 이성계는 회군 당시 우왕과 백성들이 피해를 입지 않도록 배려하면서 일부러 천천히 남하했으며, 우왕의 신료나 백성들도 이성계의 회군 병력을 마중나와 술과 음식을 대접했다고 한다(《고려사》 137, 신우 14년 5월 25일). 또한 개경에 도착한 이성계는 서두르지 않고 여유를 부리며 전투를 수행했고, 비교적 손쉽게 최영군을 격파하고 회군을 성공시켰다고 한다(《고려사》 137, 신우 14년 6월 3일).

사서 기록 때문인지 이성계의 회군이 큰 저항 없이 이루어졌다고 보는 관점이 일반적이다. 고려 조정을 위해 이성계의 회군 병력과 맞서 싸우는 백성이나 군사가 없었다는 것이다. 이는 고려의 요동 정벌이 군사들뿐만 아니라 일반 백성들의 지지도 받지 못한 무리한 작전이었음을 역설적으로 보여주는 근거로 언급되기도 한다(이성무 2011, 23).

그러나 위화도회군이 사서의 기록처럼 순조로이 진행되었다고 단언하기는 어렵다. 왜냐하면 사서는 위화도회군이 군사 쿠데타가 아니라 천명天命에 따라 이루어진 혁명革命이라는 인식을 바탕에 두고 후대가 기록한 것이기 때문이다.

이 장에서는 위화도회군의 과정과 전투 상황을 구체적으로 살펴봄으로써 위화도회군이 실제 어떠한 성격의 군사행동이었는가를 확인하고 자 한다. 먼저 위화도회군의 속도를 추정하여 당시 이성계가 처한 상황 을 검토하고, 다음으로 개경에서 벌어진 전투 과정 속에서 이성계의 대 응방식을 살펴본다. 이를 통해 위화도회군의 실상과 이성계의 용병술에 대한 이해의 폭을 넓히고자 한다.

요동 원정길에 오르다

명이 원元을 밀어내고 중원의 새로운 주인으로 등장하자, 고려는 명의 세력 확장을 경계할 수밖에 없었다. 최영을 비롯한 강경파들은 명이 요 동으로 세력을 확장하는 것을 막기 위해 원과 연계해야 한다고 보았다. 그렇지만 이성계를 비롯한 신진세력들은 명과의 대결은 오히려 더 큰 재 난을 초래하기 때문에 화친을 통해 안정을 취해야 한다고 주장했다.

　1388년 명은 원에 속했던 철령 이북의 땅을 회수하여 요동에 포함시키 겠다는 뜻을 고려에 통보했다. 당시 고려는 철령 이북의 땅을 명에 바치 는 것에 모두 반대했고, 외교적 교섭을 통해 해결하고자 했다. 명과 평화 적인 방법을 통해 철령위 문제를 해결하겠다는 고려의 입장은 명과의 관 계 회복을 위해 노력하던 친이성계 문인들의 목소리가 반영된 것이었다. 이는 이성계 일파의 세력 강화로 이어졌을 가능성이 높다(강지언 1993, 62 ~63; 유창규 1994, 59).

　최영은 명과의 화친을 통해 문제를 해결하기보다는 요동을 공격함으 로써 명의 주장을 저지하는 방법을 선택했다. 최영은 명의 무리한 요구 에 불만이 누적되면서 요동을 정벌하겠다는 의지를 갖고 있었다. 철령위 설치는 그가 그러한 의지를 행동으로 옮기도록 만든 결정적 계기가 되었던 것으로 보인다.

최영의 요동 정벌론은 그의 오랜 전쟁 경험과 원·명 교체의 현실인식 속에서 제기된 것이다. 최영이 여름철에 원정을 택한 것은 요동의 명군이 대부분 북원北元과의 전쟁에 나가 요동 지방을 쉽게 차지할 수 있다고 확신했기 때문이다(도현철 1996). 그런데 철령위의 설치를 통보받은 이후에도 고려는 명으로부터 직접적인 군사적 위협을 받지 않았다. 고려 측의 우려와 달리 명은 철령위 설치 이후에도 압록강 이남의 땅을 회수하지 않았다. 이와 관련하여 철령 이북의 땅을 명은 압록강 이북의 땅으로 인식한 반면 고려는 압록강 이남의 땅으로 이해했다고 보는 견해가 있어 참고가 된다(王頲 1999, 78~80).

철령위는 만주에 설치되어 압록강 이남의 고려 영토가 명에 회수될 위험이 없었다. 게다가 외교 교섭을 위해 명에 파견됐던 박의중이 귀국도 하지 않은 상황이었다. 그럼에도 고려는 요동 공격에 적극적이었다. 이는 최영이 요동 공격을 정치적으로 이용하려 했던 것은 아닌가 하는 의문을 불러일으킨다(김당택 2005, 141~142). 사실 요동 원정은 최영 중심의 정국 구축에 최대 걸림돌이었던 이성계 세력을 제거할 수 있는 절호의 기회이기도 했다(강지언 1993, 62). 이성계는 선조로부터 전래된 가별초집단家別抄集團과 동북면의 토호土豪와 여진인이 거느리고 있던 가별초 집단을 중심으로 군사 집단을 형성했다. 이를 토대로 이성계는 다른 장수들보다 더욱 강한 군사력을 갖게 되었으며, 그것은 이성계가 고려 말 최고 실력자로 대두될 수 있는 기반이 되었다(유창규 1984, 15).

우왕대의 조정에서도 동북면 지역의 문제에 대해서는 어느 정도 이성계의 권리를 인정해주었다. 이성계 역시 그것을 지켜내기 위해 부단히 노력했다(이형우 2004). 우왕대에 있었던 격심한 왜구의 침입은 매년 수십 번씩 전국의 해안이나 인근 지역을 전장으로 만들었다. 이를 해결하기 위해 고려는 여러 명의 원수元帥를 도별로 파견하여 분관分管하게 했으며, 원수는 그 지역의 일반 농민을 징발하여 군대를 구성했다(민현구 1984, 35).

이러한 원수제는 공민왕을 거쳐 우왕대에 제도적으로 정착되었다. 1373년(공민왕 22) 10월, 최영은 육도도순찰사六道都巡察使가 되어 군호軍戶를 파악하고 전함을 건조하는 임무를 수행했다. 1376년(우왕 2) 8월, 최영이 편성한 군호를 바탕으로 8도에서 93,500명의 군인이 추가로 파악되어 시위군侍衛軍의 수가 늘어나면서(민현구 1983, 335) 고려의 중앙군제는 '원수제元帥制'라고 부를 만한 체제로 자리 잡혔다.[*] 원수제는 점차 도道마다 원수가 3명씩 분정되었고 1376년 '육도도순찰사군목六道都巡察使軍目'에 의거하여 시위군을 관할하는 체제로 정착되었다.

1388년(우왕 14) 2월, 우왕은 여러 도道의 양반·백성·향리·역리를 적籍에 올려 군사로 삼아 평시에는 농사에 종사하고 변란이 있을 경우 징발케 했다. 이에 따라 원수가 징발할 수 있는 군사력의 범주는 최대한으로 확대되었다(오종록 1991, 250). 이 조치는 당시 명과의 관계 악화로 요동 원정을 앞둔 상황이라 원정을 대비하는 측면도 있었겠지만, 군역軍役 부과 범위의 확산을 말해주는 것으로 군역체계의 발전 방향을 시사하는 것이기도 하다. 이후 위화도회군으로 고려의 정세가 근본적으로 뒤바뀌면서 전제개혁田制改革이 이루어진다. 군역제도도 병농일치兵農一致 또는

---

[*] 각 도의 원수 3명은 흔히 원수로 통칭되었지만 구체적으로는 지위에 따라 도원수都元帥, 상원수上元帥, 부원수副元帥로 구분된다(오종록 1991, 235~236).

군민일치軍民一致를 완성하는 방향으로 제도화된다(민현구 1983, 339).

요동 원정군은 이러한 원수들의 사적 지휘체계에 바탕을 두고 편성되었다. 우왕대의 단위부대는 하위 무장과 그 병원兵員들이 원수의 통제 속에 편입되어 형성되었다. 군사적 상하관계에 의한 결합체가 사적인 연대와 맞물리면서 하나의 권력집단으로 기능할 수 있었던 것이다(박천식 1979, 73~74).

요동 원정군 편성에서 조민수 휘하의 좌군은 양광도, 경상도, 전라도, 계림, 안동 등지에서 징발된 병력으로, 이성계 휘하의 우군은 안주도, 동북면, 강원도의 병력으로 구성되었다. 그런데 이성계가 거느린 우군이 좌군보다 훨씬 적은 지역이었음에도 더 많은 병력을 동원했다(김당택 2005, 142). 우왕과 최영의 입장에서는 그러한 이성계의 세력 확장이 큰 근심거리였다. 그래서 요동 공략을 밀어붙였다. 그들은 요동 원정을 이성계 휘하의 강력한 사병을 합법적으로 제거하는 계기로 여겼다(강지언 1993, 62; 유창규 1994, 58~59). 물론 이성계의 요동 공격이 성공한다면 이성계의 위상이 더욱 높아지겠지만, 우왕과 최영은 요동 공격이 그리 쉽지 않을 것이라 판단한 듯하다. 요동 공격에 휘하의 많은 친병親兵을 동원해야만 했던 이성계가 가장 타격을 받을 수밖에 없는 상황이라고 본 것이다(김당택 2005, 142~145).

우왕과 최영은 민심의 반발에도 불구하고 정국을 요동 공략이라는 비상상태로 몰아넣었다. 당시 일반 농민은 불법적인 수탈로 말미암아 불만이 적지 않았으며, 왜구의 잦은 침입으로 피폐해진 상태였다. 요동 원정군으로 동원되는 것 자체가 부담인 상황이었다(유창규 1994, 61). 그러나 우왕과 최영은 요동 공략을 통해 국내의 정치적 불안을 해소하고(강지언 1993, 64) 이성계 세력을 제거하고자 했다.

고려가 명에 비해 군사력이 약했지만 선제공격을 가함으로써 최소한 전략상의 우위를 확보하려 한 것은 어쩌면 합당한 일이었는지도 모른다(박천식 1979, 71). 그러나 당시 요동 원정군의 여러 악조건은 고려하지 않은 채 무조건 공격만을 강행하려 한 것은 문제가 있었다(안천 2002, 227).

우왕은 4월 3일 평양에 머물면서 군사 징집을 독촉하고 압록강에 부교를 가설하게 하는 등 원정 준비 상황을 직접 독려·감독했다. 4월 12일, 최영을 팔도도통사로 임명하고, 조민수를 좌군도통사, 이성계를 우군도통사로 각각 임명하여 요동 원정군을 편성했다(《고려사》 137, 신우 14년 4월 3일~4월 12일). 결국 4월 18일, 5만여 명의 요동 원정군이 평양을 출발했다. 그리고 위화도[*]에 도착한 5월 7일(《고려사》 137, 신우 14년 4월 18일~5월 7일), 이성계는 회군을 결심하게 된다.

이성계, 회군하다

이성계는 요동 원정의 '4불가론'을 재차 주장하며, 5월 13일과 22일 두 차례에 걸쳐 회군을 허가해줄 것을 요청했다.

이성계가 아뢰기를 "지금 군사를 내는 데에 4가지 불가한 것이 있으니, 작은 나라로서 큰 나라를 거스르는 것이 첫 번째 불가한 것이요, 여름에 군사를 출동시키는 것이 두 번째 불가한 것이요, 온 나라가 멀리 정벌을 하면 왜적이 빈

---

* 위화도는 둘레가 40리, 길이가 19리, 너비는 8~9리로 토질이 기름지고 형지가 평탄한 섬이다(서인범 2006, 49).

틈을 타서 침입할 것이니 세 번째 불가한 것이요, 때가 무덥고 비가 오는 시기라서 활에 아교가 녹아 풀어지는 것과 대군이 전염병에 걸릴 것이 네 번째 불가한 것입니다" 하니 우왕이 그럴 듯하게 여겼다.

－《고려사》137, 신우 14년 4월 1일

그러나 이성계의 회군 요청은 결국 최영과 우왕에 의해 거부되고 만다. 이에 이성계는 독단으로 회군하기로 결심한다. 5월 22일 조민수와 함께 휘하 장졸들을 이끌고 회군을 시작하여, 6월 1일 개경 인근에 도착해 주둔했다. 이후 6월 3일 개경 도성 안으로 진입한 이성계는 최영의 수비군을 격파하고 최영을 잡아 유배를 보낸다. 그렇게 이성계의 회군은 성공적으로 마무리된다(《고려사》137, 신우 14년 5월 22일~6월 3일).

사료에 따르면 이성계의 회군 과정은 큰 저항 없이 아주 자연스럽게 이루어진 것처럼 보인다. 요동 원정군은 5월 22일 위화도에서 회군을 시작하여 6월 1일 개경 인근에 도착한다. 약 10일 만에 개경에 도착한 셈이다. 다음 사료는 이성계의 회군 당시의 사정을 잘 보여준다.

(5월) 무술(25)일에 우왕이 대군이 이미 안주安州에 도달했다는 소식을 듣고 말을 돌려 이 날 밤에 자주慈州 이성泥城에 당도하여 명을 내리기를 "출정한 여러 장수들이 제 마음대로 회군하고 있다. 너희들 대소 군민은 힘을 다하여 그들을 막으면 반드시 중한 상을 줄 것이다"라고 했다. 그래서 회군하던 여러 장수들이 급속히 추격하기를 청했으나 이성계가 말하기를 "속히 가면 반드시 싸우게 되니 사람을 많이 죽일 것이다"라고 하고 매번 군사들에게 경계하기를 "너희들이 만약 국왕의 행차를 범하면 내가 너희들을 용서치 않을 것이요, 백성들에게서 오이 한 개를 강탈해도 또한 처벌하겠다"라고 했으며 **도중에**

사냥도 하면서 일부러 행군을 천천히 했다.

−《고려사》 137, 신우 14년 5월 25일

이성계가 회군하는 사이 우왕은 자주에서 평양을 거쳐 개경으로 귀환했다. 요동 원정군이 회군하여 청천강을 도하하자, 우왕은 요동 원정군에 대한 방어를 지시하면서 급히 개경으로 남하하기 시작한 것이다. 요동 원정군이 도착한 안주(평남 안주)는 청천강 하류에, 우왕이 명을 내린 자주(평남 순천)는 대동강 중류에 위치한 곳이다. 안주에서 자주까지의 거리는 30~40킬로미터에 불과하다.

이러한 상황에서 이성계는 여러 장수들의 요청에도 불구하고 우왕 친위군과의 접전으로 인한 피해를 감안하여 행군을 천천히 하도록 지시한다. 이성계는 왜 도중에 사냥까지 하면서 천천히 행군하려 했을까? 현재 도로상으로 볼 때 신의주에서 평양까지의 거리는 235킬로미터이며, 신의주에서 개성까지의 거리는 432킬로미터다. 당시 일부 지름길을 이용했다는 가정 하에 신의주−평양 구간을 200킬로미터, 신의주−개성 구간을 400킬로미터로 산정하여 행군 속도를 살펴보면 〈표 5−1〉과 같다.

〈표 5−1〉 요동 원정군의 행군 속도

구분	경로	거리		소요시간	1일 행군거리	
진군	평양−신의주	약 200킬로미터	500리	20일	25리	10킬로미터
회군	신의주−개성	약 400킬로미터	1,000리	10일	100리	40킬로미터

군대의 이동은 30리를 1사舍라고 하는데, 평시에는 1사(30리)를 이동하나 빠른 경우에는 2사(60리)까지 이동한다(袁庭棟 2008, 89). 대략 1일 30~60리(12~24킬로미터) 정도다. 위화도로 진군한 요동 원정군은 5만 명

〈그림 5-1〉이성계의 회군로

* 출처: 구글어스 위성지도.

에 이르는 대규모에다가 장거리 이동이었으므로, 1일 30리로 행군했을
가능성이 높다.

평양에서 위화도에 이르는 노정에 대동강, 청천강, 압록강이 위치해
있으므로, 이들 지역에서의 도하시간을 감안하면 1일 평균 25리 행군은
정상적인 행군 속도라고 볼 수도 있다. 그러나 우왕과 최영이 서경까지
와서 원정군을 감독하고 행군을 독려했던 점과 위화도까지 적정이 없는
고려의 영토였다는 점을 참고하면 행군 속도는 더딘 감이 있다.

가고 싶지 않은 원정길에 나선 터라 요동 원정군의 행군 속도가 상당
히 완만했다고 보는 견해가 있다(김영수 1999, 36). 기본적으로 대규모 원
정군에다가 행군 간에 이탈자가 적잖게 발생했기 때문에 부대를 정돈하

는 데도 적지 않은 시간이 소요되었을 것이다.

그런데 위화도에서 회군할 때의 속도를 보면 진군할 때와는 다른 양상을 보인다. 위화도-개경 구간은 위화도-평양 구간의 2배 거리인데, 소요시간은 오히려 20일에서 10일로 반감되었다. 단순하게 산술하면 위화도회군은 진군 시보다 4배 빠른 속도로 남하하여 개경에 도착한 셈이다. 물론 원정군이 진군 시 더디게 행군한 점을 감안할 필요가 있다. 그러나 그렇다 하더라도 회군 시 400킬로미터(1,000리)를 10일 만에 주파한 것은 상당히 빠른 속도였음을 부인하기 어렵다.

일반 보병이 1일 40킬로미터(100리) 속도로 10일간 연속해서 행군하는 데는 상당한 무리가 따른다.* 게다가 남하하는 과정에서 압록강, 청천강, 대동강, 예성강을 차례로 도하해야 했기 때문에 시간은 더욱 지체될 수밖에 없는 상황이었다. 이런 점에서 이성계의 우군은 사서에 기록된 것처럼 '사냥도 하면서 천천히 행군한 것'이 아니라 엄청나게 빠른 속도로 회군했던 것으로 봐야 한다. 뿐만 아니라 우왕은 말을 타고 남하했는데 개경에 도착했을 때 그를 따라온 자들이 50여 명에 불과했다. 이러한 사정도 당시 이성계의 회군 병력이 얼마나 빠른 속도로 남하했는지를 단적으로 보여주는 사례 중 하나다.

빠른 행군을 통해 5월 22일 위화도를 출발한 대군은 6월 1일 개경 인근에 도착할 수 있었다. 행군 속도로 볼 때 개경 인근에 도착한 회군 병력은 기병과 경보병 중심의 선발대였던 것으로 추정된다. 이후 6월 3일

---

* 이와 관련하여 《손자병법孫子兵法》의 〈군쟁편軍爭篇〉에 기록된 행군 속도가 참조된다. "고로 갑옷과 투구를 벗고 주야를 쉬지 않고 2배의 속도로 100리를 행군하여 유리함을 다투면, 모든 장군이 포로로 잡히게 된다. 강한 병사는 앞서고 피로한 병사는 뒤처져, 이 방법은 10분의 1 정도의 병사만 도착하게 된다. 50리를 이동하여 유리함을 다투면 상장군을 잃게 되는데, 이 방법은 반 정도의 병사만 도착하게 된다. 30리를 이동하여 유리함을 다투면, 3분의 2 정도의 병사만 도착하게 된다."

요동 원정군과 개경 수비군 사이에 본격적인 개경전투가 벌어진다. 후발대도 선발대에 버금가는 속도로 행군하여 남하했던 것이다.

서경(평양)에서 경성(개경)까지의 사이에서 우왕을 시중하던 신료들이나 백성들이 술과 장醬을 가지고 대군을 마중하는 사람들이 연이어 끊어지지 않았다. 이에 최영이 반항을 하려고 백관들에게 무기를 들고 임금을 시위하라 지시했다.
-《고려사》137, 신우 14년 5월 28일

사료에 따르면, 우왕이 평양에서 개경으로 남하하고 있는데도 신료들과 백성들은 이성계의 회군 병력에게 술과 음식을 대접하며 마중했다고 한다. 이상하다. 어떻게 고려 왕조를 끝내려는 이성계에게 대접하려는 이들이 끊이지 않았던 것일까? 이는 조선을 창업한 이성계를 찬양하기 위해 일부 과장되거나 미화되었을 가능성도 있다. 건국설화는 당연히 새로운 국가 창건의 정당성을 확보하고, 왕권의 정통성을 보장하려는 서술 체계를 가지게 된다(문재윤 2011, 7). 그리고 기록된 구비설화의 경우 전체적인 모습을 잘 살릴 수 있는 형태로 수집된 자료일수록 구연자의 사견이나 부연설명, 여담 등 부차적 요소들이 많이 포함되어 있다(박기현 2004, 79). 정치권력을 최종적으로 뒷받침해주는 것이 '물리적 강제력'임은 분명한 사실이지만, 특히 왕조정치 시기에 있어서는 군주의 권력을 합리화하고 신성화시켜 주는 이른바 '정치적 상징' 혹은 '상징조작'이 매우 중요하기 때문이다(문재윤 2011, 10).

그러나 조선 왕조의 창업은 신화시대의 산물이 아니었으며, 왕조 창업을 주도한 신진사대부들은 합리적 정신으로 무장한 유학자들이었다. 이들은 조선건국설화를 한층 설득력 있게 구성해야 했으며, 이러한 작업의 첫 단계는 바로 신화의 과장 내지 허구성을 줄이는 것이었다. 곧 이성계의 신성은 축소하되, 육신의 특출한 능력과 인간적 덕성은 강조해야만 했다(문재윤 2011, 11).

실제 이성계의 회군 속도를 통해 보았을 때, 위화도에서 개경에 이르는 과정에서 큰 전투나 별다른 저항이 없었던 것은 틀림없는 사실인 듯하다. 이렇듯 우호적인 상황 하에서 '사냥도 하고 일부러 천천히 남하하면서' 회군의 정당성을 확보하거나 확산시키는 것은 분명 유효한 행동이었으리라. 당시 동요에 "목자木子가 나라國를 얻는다"라는 말이 있었는데, 군인과 백성들이 노소老少를 막론하고 이 노래를 불렀다고 한다(《고려사》 137, 신우 14년 5월 22일). 나무 목木과 아들 자子를 더하면 오얏 리李가 된다. 즉 고려의 왕성인 왕王씨가 아니라 이李씨가 새로운 왕이 된다는 의미다. 당시 새로운 국가를 건설할 만한 세력 가운데 이씨 성을 가진 자는 이성계밖에 없었다. 이러한 동요가 위화도회군 이전에 저자거리에서 유행하고 있었던 사실은 백성들이 회군세력에 대해 큰 거부감이 없는 상황이었음을 말해준다.

개경의 방어태세는 어떠했나

그렇다면 이성계의 회군 병력은 왜 그토록 서둘렀던 것일까? 개경전투 당시 최영의 군사력은 온전한 상태가 아니었다. 휘하의 군사 일부는 요동 정벌에 출전하고, 또 다른 일부는 양광도에 침입한 왜구를 막기 위해 내려가 있었기 때문에 전력이 약화되어 있었다. 정승가 등의 지휘 아래 일부만 개경에 머물러 있을 뿐이었다(강지언 1993, 68).

① 왜적이 초도椒島에 침입했다. 그 때 경성의 장정들은 모두 종군하고 오직 노약자만이 남아 있었으며 밤마다 봉화가 여러 번 올랐다. 경성의 수비가 박약하여 인심이 위태롭고 두려워 아침저녁으로 안심할 수 없었다.

－《고려사》 137, 신우 14년 4월 21일

② 동북 지방의 인민과 여진족 중에서 평소에 종군하지 않던 자들도 이성계의 회군 소식을 듣고 앞을 다투어 모여서 밤을 낮에 이어 달려온 자가 1천여 명이었다. 우왕은 국고를 열어 금과 비단으로 병정 수십 명을 모집했는데 모두 다 창고의 노예가 아니면 시정에서 놀던 자들이었다.

－《고려사절요》 33, 우왕 14년 6월 2일

위의 사료는 위화도회군 당시 최영의 전력을 헤아리는 데 도움을 준다. 사료에 따르면, 요동 원정군의 편성으로 인해 개경의 수비가 상당히 약화되어 왜적의 침입에 노출되어 있었다. 우왕이 개경으로 귀환한 후 모병을 실시했지만 모병된 인원이 수십 명에 지나지 않았다는 얘기는 이러한 상황을 단적으로 보여준다. 남쪽 지방에 왜적이 대규모로 침입하는 상황에서 북쪽으로 대규모 요동 원정군을 투입시켜 수도 방위에 허점을 드러낸 것이다. 이렇게 보면 우왕과 최영이 추진한 대규모 요동 원정군 편성은 분명 무리한 정책이었다.

그런데 다음의 사료는 이와는 전혀 다른 정황을 알려주고 있다.

① 경기도의 병정은 떼어내 동강東江과 서강西江에 주둔시켜 왜적을 방비케 했다.

－《고려사》 137, 신우 14년 4월 3일

② 봉천선도원수奉天船都元帥 동지밀직 이광보에게 명하여 개경 서강으로 돌아가 주둔하여 왜적 침입을 방비케 했다.

－《고려사》 137, 신우 14년 4월 13일

③ 전라도 안렴사 류량이 "왜선 80여 척이 와서 진포에 정박하면서 부근 주와 군에 침입했다"고 보고했다. 우왕이 상호군 진여의를 전라도와 양광도에 파견하여 병을 핑계하고 북벌에 참가치 않고 자제나 노예를 시켜 대신 보낸 자들을 모조리 징발하여 왜적을 방어하라 했으며 도피하는 자는 군법으로 처단하고 그의 가산을 몰수하라 했다. …… 왜적의 침략이 다시 성해졌으므로 원수 김입견을 한양으로 보내 세자와 여러 비妃들을 보위케 했다.

－《고려사》 137, 신우 14년 5월 1일

우왕은 평양에 체재하면서 요동 원정군을 편성할 때, 왜적의 방어를 위해 경기의 병력은 제외시켜 동강東江(정주)과 서강西江(예성강)에 배치했고(《고려사》 56, 지리지, 왕경개성부), 이어 이광보를 추가로 서강으로 보내 방어를 강화했다(①, ②). 우왕이 동강과 서강에 왜적 방비를 위한 병력을 배치한 시기는 4월 12일이며, 왜적이 초도에 침입한 시기는 4월 21일이다(앞의 ①). 요동 원정에 따른 수도의 방어 공백을 미리 예상하고 일부 병력을 분산 배치한 것이다. 그리고 5월 1일 전라도에 왜적이 침입하자 진여의를 전라도와 양광도로 파견하여 군사를 징발하게 했고, 한양에는 김입견을 보내 세자와 왕비들을 보위케 했다(③). 이렇듯 우왕은 요동 원정을 전후하여 왜적의 침입에 대해 지속적으로 대응해나가고 있었다. 이런 점에서 일반적으로 알려진 것처럼 우왕은 음탕하고 방자한 행동만 일삼던 인물이 아니라 당시 정세나 전략에 대해서도 어느 정도 식견이 있는 인물이었다고 보는 편이 자연스럽다.

우왕의 이러한 대응책에도 불구하고 5월 13일 왜적은 남부 지역에 대규모로 침입하여 약탈을 자행했다. 이에 우왕은 5명의 원수를 파견해 방어케 했다.

> 양광도 안렴사 전리田里가 급보하기를 "왜적이 40여 군에 침입했으며 수비병이 약하여 무인지경을 드나들듯 한다"고 했다. 원수 도흥·김주·조준·곽선·김종연 등을 파견하여 방어하라 하고 한양에 있던 여러 비妃들을 모두 개성으로 돌아오게 했다.
> —《고려사》137, 신우 14년 5월 13일

사료를 통해 앞서 전라도와 양광도에서 실시한 군사 징발(③)이 원활히 이루어지지 못했음을 알 수 있다. 결과적으로 왜적에 대한 우왕의 대처는 미봉책에 불과했다. 우왕의 요동 원정 계획으로 인해 남부 지역이 상대적으로 더욱 부실화되었고, 왜적의 침입에 적극적으로 대처하지 못한 것이다.

위화도회군, 치밀한 계획 하에 이루어지다

당시 우왕 휘하의 부대는 크게 국왕 호위군과 왕경 방어군으로 나눌 수 있다. 국왕 호위군은 만일의 사태에 대비하여 큰 변란이 발생하더라도 우왕 주위에 주둔하고 있었을 것이다. 반면 왕경 방어군은 수도 방어에 큰 문제가 없을 경우 원정군의 예비대(후속지원) 역할을 수행하거나 우발사태에 동원되었을 것이다.

그런데 여기에서 주목할 점은 우왕이 5명의 원수를 왜적 방어에 파견한 사실이다. 이 5명의 원수와 휘하 병력은 어느 군 소속이었을까? 분명우발사태에 대응하던 왕경 방어군의 주력이 아니었을까? 만약 남부 지역에 왜적의 대규모 침입이 없었더라면 5원수 휘하의 병력은 개경 방어에 주력하거나 원정군의 예비대로서 운용되었을 것이다.

왜구 침입이라는 우발사태에 투입되었던 5원수 휘하의 병력은 어느정도였는지 추산해보자. 요동 원정군은 팔도도통사 최영 아래, 좌군도통사 조민수 그리고 우군도통사 이성계로 구성되었다. 이 중 중군中軍을지휘할 팔도도통사 최영은 출전하지 않았다. 이는 중군으로 편성될 군사력이 좌·우도통사에게 나뉘어 소속된 변형된 3군 체제라 할 수 있다(오종록 1991, 242).

좌군은 도통사 휘하 13원수, 우군은 도통사 휘하 17원수로 총 30명의원수가 편성되었다. 병력은 전투병 38,830명, 지원병 11,634명으로 총50,464명이었다(《고려사》 137, 신우 14년 4월 12일). 한 연구에서는 전투병38,830명을 중심으로 파악하여 원수 1명 휘하에 약 1,300명의 군사가소속되어 있었다고 언급한다(오종록 1991, 242). 그러나 기본적으로 전투병과 전투지원병(30퍼센트)은 함께 행동한다. 따라서 장수 1명당 소속 군인 수를 파악할 때에는 전투병 38,830명에 11,634명의 전투지원병도 포함하여 산정하는 것이 바람직하다. 즉 장수 1명당 평균 약 1,682명의 군사가 소속되어 있었다고 보는 편이 타당하다.

당시 우왕 휘하의 원수도 요동 원정군의 원수가 거느리던 군사와 비슷한 규모의 병력을 보유했다고 본다면, 원수 1명당 평균 1,682명이므로 5원수의 병력은 약 8,410명에 달한다. 이들이 바로 우왕의 주력 병력이었을 것이다. 이 원수들의 군사력이 위화도에 집결된 상황에서 이성계가 회군을 단행했던 것이다. 사료에는 원수들이 이성계의 회군 발의에 표면적으로는 이의가 없었던 것으로 되어 있다. 하지만 이는 대세에 따르는 분위기 때문일 수도 있다(박천식 1979, 76).

위화도회군 당시 적지 않은 병력이 우왕과 최영에 의해 통제되고 있었다. 먼저 원정에 나섰던 원수들을 살펴보자. 회군 시 모든 원수가 이성계 편에 서서 집단행동을 했던 것은 아니다. 행군 과정에서도 적지 않은 이탈자가 발생했다(《고려사》 137, 신우 14년 5월 13일). 따라서 회군 병력은 채 5만 명이 되지 않았을 것이다. 이성계의 우군과 조민수의 좌군이 동일하게 회군 병력을 반분하고 있었다고 가정할 경우, 이성계의 직속 병력은 2만여 명이었다. 공자攻者(③)와 방자防者(①)의 개념에서 본다면, 이성계의 우군(20,000명)만으로는 우왕 휘하의 군사(8,000명)를 쉽게 이기기 어렵다.

게다가 서해도西海道의 원수는 요동 원정군에 편성되지 않았다. 서해도 군사는 서경 원수 등에 소속되어 있었을 가능성이 높다(오종록 1991, 242). 서해도 지역은 개경·경기를 보좌하는 기능을 하며, 개경과 서경 사이에 위치하고 있다. 정치·행정·군사·경제·문화적으로 개경권과 밀접한 관련을 가지고 있다. 국왕이 종종 순행하고 왕실과 관련된 불교사원이 서해도에 다수 조영된 점은 이 지역이 국왕·왕실과 긴밀한 관계를 지닌 곳이었음을 뒷받침한다(김창현 2008). 따라서 서해도의 군사력은 요동 원정군과는 달리 우왕에게 직속되어 있었을지도 모른다. 서해도의 적지 않은 병력이 개경 수비에 동원될 가능성도 배제할 수 없었던 것이다.

이뿐만이 아니다. 앞서 언급한 것처럼 군부 모두가 이성계를 지지한 것은 아니었다. 적지 않은 병력이 최영의 편에 서 있었다(박천식 1979,

76). 평안도 수군조전원수水軍助戰元帥 최유경은 최영의 군사와 행동을 같이하고 있었고, 이성원수泥城元帥 홍인계와 강계원수江界元帥 이억은 별도로 요동 선공부대로서 활동하고 있었다. 이들은 먼저 요동으로 들어가 공략을 시작했고, 이에 우왕이 기뻐하며 비단을 주었다고 한다(《고려사》137, 신우 14년 5월 11일). 봉천선도원수 이광보도 후방의 서강에 주둔하고 있었다.

요동 원정군과는 별도로 움직이던 이성원수 홍인계와 강계원수 이억의 병력이 우왕의 원군援軍으로서 측후방을 공격할 수 있었다. 수군조전원수 최유경과 봉천선도원수 이광보의 병력이 기습상륙전을 감행할 수도 있는 상황이었다. 앞서 한양에서 개경으로 돌아온 김입견 부대도 우왕 휘하의 부대였다.

만약 이러한 우왕 영향력 하의 병력들이 개경으로 들어가 농성하고, 그동안 지방의 병력까지 동원하게 되면 회군의 성공확률은 낮아질 수밖에 없다. 게다가 양광도로 남하했던 왕경 방어군 주력 5원수 휘하의 군사들까지 귀환하게 된다면, 이성계는 더욱 불리한 상황으로 몰릴 수밖에 없는 급박한 상황이었다.

물론 이성계도 이러한 문제를 충분히 예상하고 있었던 것으로 보인다. 사전에 회군을 치밀하게 계획한 정황이 여러 곳에서 발견되는 것은 이러한 추정의 타당성을 뒷받침한다. 위화도회군은 사전에 계획된 것이 아니라 장맛비에 기인한 우발적 사태였다고 파악하는 견해도 있다(변희룡 1998). 그러나 최영은 요동 원정에 출정한 장군들의 처자를 가두려 했다(《고려사》113, 〈최영전〉). 출정군의 불만을 감지한 결과로 보인다. 뒤에서 좀 더 자세히 살피겠지만 동북면의 종군하지 않은 자들이 회군 소식을 듣고 밤낮으로 달려왔던 점 또한 그들이 사전에 이성계와 회군에 대해 논의한 결과로 판단된다(김당택 2005, 146).

그렇다면 이성계는 회군의 성공을 위해 어떤 계획을 세웠을까? 먼저 병력 문제부터 살펴보자. 회군의 성공을 위해서는 충분한 병력의 보유가 필수적이었다. 자신 휘하의 우군뿐만 아니라 좌군 조민수의 협력이 절대적으로 필요했다. 이성계는 그런 조민수의 협력을 얻는 데 성공한다. 이인임 일파의 제거 시 간신히 살아남았던 조민수는 요동 원정을 책임지고 있었다. 요동 공격을 하지 않을 경우 이성계와 함께 최영에게 제거될 수밖에 없는 공동운명체였다. 따라서 결국 회군에 동조할 수밖에 없었던 것으로 여겨진다(강지언 1993, 67). 이성계는 조민수와 회군에 대한 사전협의도 상당히 긴밀하게 진행했다. 조민수 휘하의 부대가 이성계 휘하의 부대와 마찬가지로 빠른 속도로 회군하여 개경전투에 적극적으로 임했던 것은 이러한 추정이 허황되지 않음을 입증한다.

또한 이성계는 사전계획을 통해 앞서 언급한 동북면 군사들의 동조도 얻어낸 것으로 보인다. 위화도에서 동북면의 함주·청주 등은 400~500리 떨어져 있다. 평양·개경과 비슷한 거리다. 위화도에서 곧장 남하한 이성계의 행군 속도를 감안해보면, 이성계 측에서 동북면으로 사람을 보내 회군을 알리고 그곳의 병력을 모아서 다시 개경으로 집결시킨다는 것은 시간상으로 거의 불가능하다. 그러므로 요동 원정군의 남하 속도에 맞춰 개경으로 달려온 동북면의 군사들과는 회군 이전에 이미 협의가 있었던 것으로 여겨진다(王頲 1999, 89).

그러나 이들의 군사적 협력만으로는 부족했다. 회군 자체가 왕명을 거역한 것이기 때문에 대의명분을 획득하는 일이 쉽지만은 않은 상태였다. 군사적으로도 우왕 세력을 압도한다고 볼 수 없는 상황이었다. 회군의 성공 여부를 쉽게 장담하기 어려웠던 것이다. 이러한 맥락에서 볼 때 이성계가 위화도에서 두 차례에 걸쳐 회군 허가를 요청한 것은 회군을 정당화하기 위한 일종의 명분 쌓기가 아니었을까 싶다(김당택 2005, 147).

그렇다면 이성계는 왜 5월 22일을 회군 시점으로 삼았던 것일까? 이와 관련하여 우왕 휘하의 5원수가 남하한 시점을 주목할 필요가 있다. 앞서 살펴보았듯이 우왕은 5월 13일 양광도에 왜적이 대대적으로 침입해 오자, 왕경 방어군 주력인 도흥·김주·조준·곽선·김종연 등 5원수 휘하의 병력을 남하시켰다. 5월 13일 왜적 침입 소식을 전해 듣고 부대를 편성하여 남하를 준비할 경우 통상 일주일 정도의 부대 정비 시간이 소요되었을 것이다. 즉 빨라도 5월 20일 이후에야 5원수의 부대는 남하를 시작할 수 있었을 것으로 추정된다.

이성계가 요동 원정 철회를 요청한 날짜가 5월 13일과 22일이었던 점을 상기해보자. 5월 13일 양광도에 왜적이 침입해 오자 이성계는 1차 회군 허가 요청을 했고, 5월 22일 왕경 방어군 주력이 남하했을 무렵에 2차 회군 허가 요청을 했다. 그리고 22일 회군 허가 요청 직후 바로 급속도로 남하했다. 즉 왜적이 침입해 오자 회군 허가 요청을 통해 왕경의 상황을 확인하고, 이후 왕경 방어군 주력이 남하하자 재차 회군 허가 요청을 하는 동시에 병력을 급속히 남쪽으로 돌린 것이다. 이는 이성계의 회군 병력이 사전에 이미 회군을 완벽히 준비해두지 않으면 어려운 움직임이다.

이를 우연의 일치라고 보기는 어렵다. 이성계의 무장으로서의 자질로 보아 충분한 정보 수집과 의견 수렴을 거쳐 회군을 결단했던 것으로 판단된다. 이성계는 원, 홍건적, 여진족, 왜구 등과의 무수한 전투에서 승리했다. 전장 분석과 상황 판단에 아주 능했음을 쉽게 짐작할 수 있는 전과를 올린 것이다(오종록 2004 참조). 이상의 논의를 종합해보면, 위화도

회군은 이성계의 정확한 정세 판단에 따른 준비된 행동이라 할 수 있다.

개경전투 시작되다

5월 22일 회군을 시작한 이성계군은 6월 1일 개경에 도착하여 6월 3일 최영군과 본격적인 전투를 시작했다.

> ① 을사(3)일에 이성계가 숭인문 밖 산대암에 진주하고 지문하사 류만수를 파견하여 숭인문으로 진공하고 좌군은 선의문으로 진공했는데 최영이 역습하여 좌우군 부대들을 모두 물리쳤다. ② 류만수가 출발할 때 이성계가 곁에 있던 사람들에게 "만수는 눈이 크고 광채가 없어서 담이 작은 사람이다. 이번에 반드시 패할 것이다"고 말했는데 과연 그렇게 되었다. ③ 그 때 이성계는 안장을 내려 말을 풀어놓고 있었는데 류만수가 도망하여 돌아왔다. 좌우의 부하들이 그것을 보고했으나 이성계는 들은 체도 않고 여전히 장막 안에 누워 있었다. 그래서 부하들이 재삼 보고한 연후에야 서서히 일어나 식사를 한 뒤 안장을 갖추고 말을 준비하라고 명했다.
> – 《고려사》137, 신우 14년 6월 3일

요동 원정군은 회군하여 개경 인근에 진을 쳤다. 우군은 개경의 동쪽 즉 숭인문 밖에, 좌군은 개경의 서쪽 즉 선의문 밖에 주둔했다(①).* 개경 일대의 사원은 군대 주둔지나 훈련 장소로 활용되었는데, 개경 도성 밖

---

* 숭인문과 선의문은 모두 개경의 나성羅城에 있다(김창현 2002).

의 사원들은 성벽이나 망루 그리고 식수원을 보유하면서 개경의 보호시
설로서 기능했다(박윤진 1998). 이성계의 군대는 회군하여 개경 일대의
이런 사원에 주둔했던 것으로 보인다.

　요동 원정군은 분명 개경 수비군보다 더 많은 병력과 물자를 보유하고
있었다. 그럼에도 좌우군 모두 최영의 부대에게 패하는 등 나성 진입 과
정은 원활치 않았던 것 같다. 왜 나성 진입이 곤란했을까? 급속행군을
위해 무거운 무구류나 장비류는 미처 휴대하지 못한 상태에서 도착 후
바로 공격에 나섰기 때문이 아니었을까? 공성장비를 새로 제작할 시간
적 여유조차 없었기 때문이 아니었을까?

　개경의 나성은 궁성, 황성 그리고 일반 거주지인 오부방리五部坊里[*] 등
을 포괄했던 성곽이다. 개경의 성곽체계는 나성의 완성으로 정비되었다
(신안식 2000). 나성은 북쪽의 송악산(489미터), 서쪽의 오공산(204미터),
남쪽의 용수산(177미터), 동쪽의 덕암봉(108미터)과 부흥산(156미터)의 능
선을 이용하여 쌓았다. 둘레 23킬로미터, 동서 5.2킬로미터, 남북 6킬로
미터다(신안식 2000, 194; 정학수 2005, 173).

　나성의 성곽 밑에는 해자를 파서 적의 침입을 저지하고, 성 위에는 나
각羅閣을 두어 외부의 동태를 살필 수 있게 했다. 《고려사》에는 나성의
높이가 27척尺, 두께가 12척이라 되어 있다(《고려사》56 〈지리지〉 왕경개성
부). 10~14세기 송원 시기 중국은 1척을 주로 30.72센티미터로 사용했
다(김상보 1994, 7). 당시 1척을 약 30센티미터로 환산해보면 높이 27척은
8.1미터, 두께 12척은 3.6미터에 달한다.

---

[*] 개경의 행정조직은 부部·방坊·리里로 편성되었으며, 이 제도가 완결되었을 때 부가 5개, 방이 35
개, 리가 344개였다고 한다(박용운 1996, 58).

나성이 완성되자 금강석처럼 굳건한 성이라는 의미로 금강성金剛城이라는 노래를 지어 성의 완공을 축하했다고 한다. 1218년 요遼의 잔당인 금산왕자金山王子가 서해도와 충청도까지 침범했지만 개경으로는 들어올 수 없었는데 이 또한 나성 때문이었다고 한다(전경숙 2010, 425~426). 즉 나성은 개경 방어에서 난공불락의 핵심 방어선이었던 것이다.

이성계는 류만수를 선봉으로 보내 이런 나성의 숭인문을 공격케 했다. 하지만 이성계는 류만수가 패할 것을 미리 알고 있었다(②). 사료의 언급처럼 이성계가 관상을 통해 장수를 보는 안목이 있었다고 이해할 수도 있다. 그렇지만 우군의 사령관으로서 패할 것을 알면서 선봉으로 보냈다는 것은 무언가 석연치 않은 점이 있다. 선봉은 가장 신뢰하면서도 능력이 탁월한 장수에게 맡기는 것이 보통이다. 전투 초기 기선을 제압하는 데 유용하기 때문이다. 선봉이 무력하게 패하고 돌아오면 본대의 사기가 저하되는 것은 충분히 예상할 수 있는 일이다. 그런데도 패배할 관상을 가진 장수를 선봉으로 내보냈다? 이해가 가지 않는다. 더 이상한 점은 류만수가 패배하여 돌아왔을 때 이성계가 보인 대처다. 이성계는 말안장을 풀어놓은 상태에서 별다른 반응을 보이지 않았다. 촉각을 다투는 전장에서 장수들의 출정 재촉에도 아랑곳하지 않은 채 여유를 부리며 출정 준비를 했다(③). 이성계는 왜 이러한 이상 행동들을 했던 것일까?

① 이성계가 숭인문으로 들어가서 좌군과 호응하여 진군하니 성 지키던 군사들이 아무도 반항하는 자가 없었으며 서울 성 안 남녀들이 앞을 다투어 술을 가지고 나와서 환영하며 군사들을 위로하고 장애물을 제거하여 길을 열어주었으며 노약자들은 성 위에 올라가 기쁨에 넘쳐 소리쳤다. ② 조민수가 흑색 대기大旗를 앞세우고 영의서교永義署橋에 이르자 최영의 군사에게 쫓겼다. 바

로 이때 이성계가 황룡 대기를 세우고 선죽교를 지나 남산男山에 올랐는데 먼지가 하늘에 닿고 북소리가 땅을 진동했다. ③ 최영의 부하 안소가 정병을 영솔하고 먼저 남산을 점거하고 있었으나 이 군기를 바라보고 궤멸하여 도주했다. 최영이 대세가 다되었음을 알고 달려 화원花園으로 돌아갔다.

－《고려사》137, 신우 14년 6월 3일

①을 보면 앞서 류만수가 패했던 숭인문으로 이성계가 순조롭게 진입하고 있다. 사서 기록에는 아무런 저항이 없었다고 전해지나, 수비군들이 있던 것으로 보아 전혀 저항이 없었다고 보기는 어렵다. 비록 류만수가 패했다고는 하지만 이성계 본진의 병력이 대기하고 있었기 때문에 숭인문 수비군은 이성계 본진의 동향을 예의주시하고 있었을 것이다. 그런데 류만수가 패하여 돌아올 즈음 이성계는 말의 안장을 풀어놓음으로써 출정 준비를 하지 않은 것처럼 위장했던 것이다. 이에 숭인문의 수비는 분명 이완되었을 것이며, 류만수가 공격했을 때보다 훨씬 적은 수가 방어하고 있었을 것으로 추정된다.

이성계가 '숭인문으로 들어가 좌군과 호응했다'고 하는 것으로 보아, 좌군이 먼저 선의문을 통해 나성에 진입해 있었을 가능성이 높다. 요동 원정군의 좌우군은 동시에 개경의 나성을 공격했는데, 서쪽의 좌군은 전력을 다해 선의문 공격에 나서 진입에 성공했지만 동쪽의 우군은 선봉이 패해 달아나버렸다. 이에 병력이 부족한 수비군 입장에서는 동쪽의 이성계군이 공격 태세를 갖추지 않고 있는 것을 확인한 후, 동쪽 병력을 서쪽 방어로 전환했던 것으로 판단된다. 이 틈을 타 이성계는 방어가 소홀해진 숭인문을 순조롭게 통과하여 나성으로 진입할 수 있었던 것이다.

이성계와 밭 가는 노인이 대화를 나누는 이성계 관련 설화도 이러한 추정을 뒷받침한다. 설화에 따르면, 밭 가는 노인은 회군을 부정적으로 보면서 이성계의 미련함을 책한다. "동문은 열렸는데 동문으루 안들어가구 다른 문으루 들어갈랴구 애쓰니 그 미련허지 않느냐? 인제 그거여. 아 동문으로 들어오니깐두루 동문은 안 닫혔어. 그래 동문으로 들어가서 나랄 조롱하는 거지, 나랄 내노라구"(조희웅 1981, 900~901). 이 설화를 통해 당시 나성의 서쪽인 선의문으로 공격이 집중된 반면, 동쪽인 숭인문으로는 방어가 허술했던 정황을 짐작해볼 수 있다.

나성으로 먼저 진입한 조민수는 영의서교에서 최영의 군사에게 쫓기게 되었다(②). 영의서교는 교각으로서 《고려사》와 《고려사절요》에 언급되어 있지만 어떤 하천에 있던 교각인지는 확인 불가능하다(신안식 2010, 279). 조민수가 서쪽의 선의문을 통해 나성 안으로 진입한 점으로 볼 때 선의문과 남산 사이에 위치한 교각이었던 것으로 판단된다.

최영의 개경 수비군은 최초 나성 방어에 성공했고, 이후 영의서교에서 조민수의 부대를 공격했다. 이러한 점으로 보아 개경 수비군도 적지 않은 군사력을 보유했음을 알 수 있다. 당시 방어군은 여러 도道에 군사를 징발하여 들어와 원조하게 하고, 수레를 모아 골목 입구를 막아 방어태세를 갖추었다. 그리고 조민수 등의 관작을 삭탈하고, 지휘체계를 정비했으며, 거리에 방을 붙여 조민수 등 여러 장수를 잡는 자는 지위고하를 막론하고 크게 벼슬과 상을 주겠다고 포고하는 등 적지 않은 노력을 기울였다(《고려사》 137, 신우 14년 6월 2일).

그런데 최영의 주력군이 조민수의 부대를 공격하며 뒤쫓는 사이, 이성계의 부대가 선죽교를 지나 남산을 점령해버렸다(③). 남산은 최영 휘하의 안소가 방어하고 있었으나 주력군이 이탈했기 때문에 이성계의 부대를 막기에는 역부족이었던 것 같다. 조민수의 부대가 최영 부대에게 패해 쫓겼던 것은 최영 부대의 전투력이 강했기 때문일 가능성이 높다. 하지만 한편으로는 이성계의 남산 점령을 위한 의도적인 행동이었을 가능성도 전혀 배제할 수 없다.

개경, 함락되다

개경 도성의 정비는 태조 2년 발어참성拔禦塹城을 시작으로 현종대 나성의 건설로 일단락되었다. 그리하여 개경은 궁성–황성–나성의 3중성 체제를 갖추게 되었다. 궁성의 정문은 중국처럼 남쪽에 배치되었지만, 황성의 정문은 중국과 달리 동쪽에 배치되었다(김창현 2007, 105).

  황성의 정문인 광화문은 황성을 대표하는 특별한 존재라 매우 높은 위상을 지녔다. 개경 안팎의 여러 시설물들 중에서 위숙군圍宿軍이 가장 많이 파견된 곳이기도 했다(오영선 1992). 황성문에 총 4명의 위숙군이 배치된 반면, 광화문에는 총 12명의 위숙군이 배치되어 있었다(전경숙 2010, 426). 군사시설도 광화문을 중심으로 북쪽에 금오위·천우위·감문위의 3군영, 남쪽에 병부兵部·선군選軍 등이 분포되어 있었다(전경숙 2010, 424). 즉 개경의 방위시설들은 광화문과 남산 사이에 집중되어 있어, 감제고지瞰制高地*가 되는 남산이 개경 방어의 핵심 지역이 되는 것이다. 이성계가 남산 공격에 주력했던 이유는 바로 여기에 있었다.

  기존의 개경 도성도 연구(신안식 2010, 281)를 참조하여 개경전투 상황

---

* 감제고지는 적의 상황과 활동을 위에서 내려다보기 용이한 높은 장소를 말한다. 적을 관측하고 공격이나 방어계획을 수립하는 데 지대한 영향을 미치기 때문에 감제고지 선점은 전투에 결정적인 역할을 한다.

〈그림 5-2〉 개경전투 요도

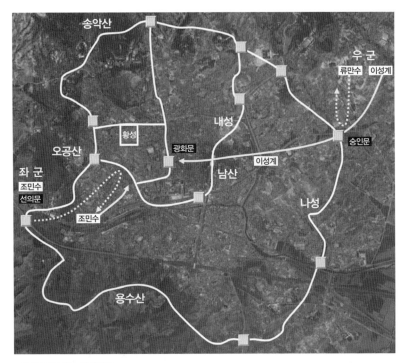

* 출처: 구글어스 위성지도.

을 나타내면 〈그림 5-2〉와 같다.

개경 도성 내의 공간은 서북쪽에 궁궐과 관아가 배치됨으로써 남산을 중심으로 동·서 구분선이 형성되어 있었다(신안식 2010, 273). 이성계가 점령한 남산은 해발 103미터에 불과하지만, 개성분지의 중심에 위치하여 개성분지 전체를 공제할 수 있는 가장 중요한 전략적 요충지였다.[*]

---

* 한국전쟁 당시 1950년 9월 말에서 10월 초에 진행된 개성탈환전투에서도 UN군이 개성의 남산을 점령함으로써, 개성 시내 전체를 공제할 수 있었다.

조민수의 부대가 흑색기를 사용하고 이성계의 부대가 황룡기를 사용한 것으로 보아, 좌우군의 신호체계가 사전에 협의되어 있었던 것으로 보인다. 개성분지 내에서 가장 높은 남산에 이성계의 황룡기가 나부끼자, 이를 신호로 조민수의 부대는 퇴각을 멈추고 공세로 전환했다. 그리고 이성계의 부대는 전략 요충지인 남산을 통해 최영의 수비군의 배후를 치며 협공을 가했다. 이에 최영의 수비군은 궤멸되었고 결국 최영은 화원으로 달아날 수밖에 없었던 것이다.

개경전투는 1차 나성전투와 2차 남산전투로 나누어 볼 수 있다. 1차 나성전투에서 이성계는 류만수가 패배한 후 출정 준비를 의도적으로 늦춤으로써 나성의 동쪽 수비군을 방심하게 했고, 동쪽의 수비군 주력이 서쪽으로 이동할 수 있는 계기를 마련했다. 결국 동쪽 수비군이 서쪽으로 이동하자 그 틈을 타 나성 진입에 성공했다. 2차 남산전투에서는 조민수의 부대가 최영의 부대에게 쫓기는 상황을 발생시켜 수비군 주력이 조민수의 부대쪽으로 이목을 집중하도록 했다. 그리고 그 틈을 타 이성계의 부대가 전략 요충지인 남산을 점령했다. 이후 이성계와 조민수의 부대가 개경 수비군을 협공하여 궤멸시키면서 개경전투는 막을 내린다.

위화도회군은 이성계의 철저한 사전 준비와 과감한 결단력을 바탕으로 이루어졌다. 그리고 개경전투에서는 기만·견제작전을 성공적으로 수행하여 만만치 않았던 최영의 수비군을 무너뜨릴 수 있었다. 결국 이성계는 회군의 신속성과 전투의 승리를 통해 조선 창업의 제1보를 내딛을 수 있었던 것이다.

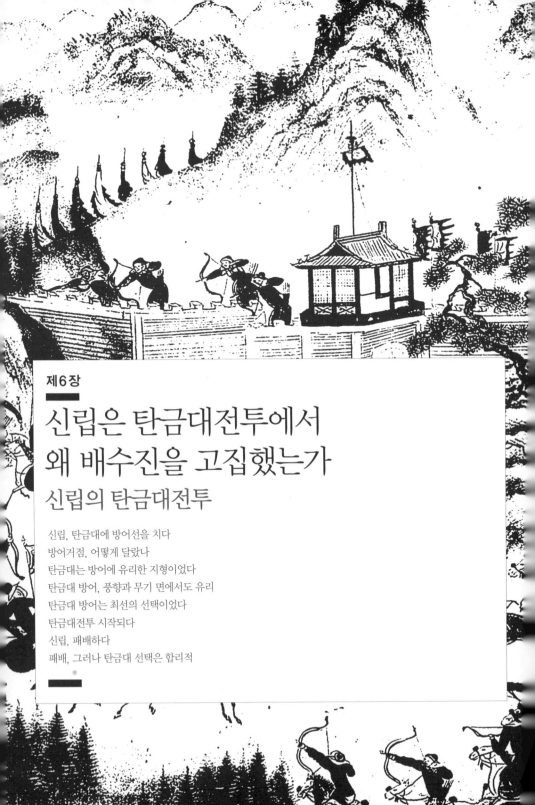

조선시대는 임진왜란을 기점으로 전기와 후기로 구분된다. 그 정도로 임진왜란은 조선에 막대한 영향을 끼쳤다. 일반적으로 임진왜란 당시 일본군에 전 국토가 유린된 것은 정쟁政爭만 일삼는 조선 정부와 무능한 조선군 때문이라고 말한다. 그 중에서도 충주에서 벌어진 탄금대전투의 패배는 조선군의 허약함을 여실히 보여주는 사례로 손꼽힌다.

1592년(선조 25) 4월 13일, 일본군이 쓰시마를 출발하여 부산으로 향하면서 임진왜란이 발발했다. 상륙한 일본군은 부산과 동래를 함락시킨 후 파죽지세로 북상했다. 일본군을 막기 위해 조선은 당대 최고의 무장으로 불리던 신립申砬을 앞세워 충주의 탄금대에 배수의 진을 친다. 그러나 4월 28일, 임진왜란 초기 최대의 전투였던 탄금대전투에서 신립이 이끌던 8,000명의 조선군은 일본군에게 패몰당한다. 일본군은 이 승리 후 5월 3일에 한양에 입성했고, 선조는 도성을 포기하고 북으로 피난을 가야만 했다.

신립은 1546년에 출생하여 1567년 무과에 급제한 후 선전관, 진주판관, 온성부사, 함경도 병마절도사를 거쳐 한성판윤으로 재직 중에 임진왜란이 발발하자 도순변사都巡邊使가 되었다. 그러나 탄금대전투에서 패배, 일본군이 한양에 무혈입성할 수 있도록 함으로써 조선군에 막대한 손실을 안긴다.

탄금대전투 패배의 가장 큰 요인은 잘못된 전장 선택이다. 신립은 조령의 험준함을 포기하고 탄금대에 배수의 진을 쳤다. 조령이 방어에 용이했음에도 평지인 탄금대를 일본군과의 결전 장소로 택한 것이다. 이에 대해서는 절대 다수가 부정적 인식을 가지고 있다. 류성룡은 "신립은 원래 날쌔고 용감한 것으로 이름이 높았으나, 전투의 계책에는 부족한 인물이었다"고 평했다(《징비록懲毖錄》). 정약용은 유배가는 길에 탄금대를 지나면서 "신립을 일으켜 얘기나 좀 해봤으면, 어찌하여 문을 열어 적을 받아들였는지?"라며 탄식했다(〈탄금대를 지나며過彈琴台〉). 명나라 장수인 이여송조차 조령을 지나면서 "이런 천혜의 요지를 두고도 지킬 줄 몰랐으니, 신립은 참으로 부족한 사람이다"라고 할 정도였다(《선조수정실록》 26, 선조 25년 4월 1일).

신립은 출전 시 선조가 직접 보검宝劍을 하사하며 편의종사권까지 부여한 당대 최고의 무장이었다. 《선조실록》에 따르면, 선조가 친히 신립을 전송하면서 보검을 하사하고, 신상처벌, 병력 동원, 군수물자 사용을 임의대로 할 수 있는 편의종사권을 부여했으며, 도성 사람들이 모두 나와 이를 구경했다고 한다(《선조실록》 26, 선조 25년 4월 17일).

이러한 인물이 누가 보더라도 탄금대보다 방어에 수월한 조령을 두고 탄금대를 전장으로 선택한 이유는 대체 무엇이었을까? 신립이 조령을 포기하고 탄금대에 진을 친 이유는 크게 세 가지로 요약된다. 첫째, 근접전 승리의 경험이다. 신립은 과거 여진족과 전투를 벌일 때 기병을 이용한 근접전에서 승리한 적이 있었다. 그 경험이 일본군과의 전투에서도

* 출처: 구글어스 위성지도.

근접전이 통할 것으로 판단하도록 했다. 둘째, 군사력의 열세다. 당시 조선군은 일본군에 비해 병력 수와 훈련도 등 모든 면에서 열세였다. 이 같은 열세를 병사들의 투지로 극복하기 위해 어쩔 수 없이 배수진을 쳤다(이홍두 2006, 274). 셋째, 기병 활용이다. 조선 초기 주적은 북방 이민족이었다. 조선군의 편제는 이들에 대한 방어 및 공격을 중심으로 이루어졌다(하차대 1990, 101). 기병과 보병이 동일한 비중으로 편성되긴 했지만, 실질적인 공격과 방어의 핵심은 북방 이민족의 침입에 효과적으로 대응할 수 있는 기병이었다(노영구 2002, 17). 남방의 왜구를 방어하는 데에도 기병은 매우 효율적이었다(최형국 2009, 6).

만약 탄금대에서 승리했다면, 신립의 배수진은 훌륭한 작전으로 평가되었을 것이다. 그러나 신립은 패배했다. 패배했기 때문에 조령에 진을 치지 않고 탄금대에 배수진을 친 것에 대한 수많은 의혹이 제기되었던 것이다(임철호 2001, 379).

이 장에서는 신립이 조령의 이점을 포기하고 탄금대에 배수진을 친 이유를 신립의 입장에서 좀 더 상세하게 살펴보고자 한다. 이를 위해 먼저 신립의 구체적인 방어계획은 무엇이었고, 탄금대가 기병 활용 외에 어떠한 이점이 있었는지를 알아본다. 이어 당시 탄금대의 지형과 기후가 신립의 방어계획에 어떠한 영향을 미쳤는지 확인한다. 마지막으로 실제 탄금대전투는 어떠한 방식으로 전개되었는지 검토한다. 이를 통해 신립이 조령을 포기하고 탄금대에 배수진을 친 이유에 대한 이해를 높이고자 한다.

신립, 탄금대에 방어선을 치다

임진왜란 발발 후 조선은 일본군에 대한 방어계획을 수립해야만 했다. 임진왜란 당시 조선의 방어체계가 완전히 무력화되어 있었다고 알려져 있지만, 이는 사실과 다르다. 임진왜란 초기 경상도 지역에서 연변의 통신체계와 제승방략에 의한 군사체계가 제대로 작동했다고 보기도 한다(이호준 2010).

방어계획은 크게 육군과 수군으로 나누어 수립되었다. 이 장의 목적이 신립의 탄금대전투 고찰이므로 육군의 방어계획을 좀 더 상세히 살피고자 한다. 조선으로서는 소백산맥을 연하는 추풍령, 조령, 죽령을 잇는 지역에 횡적인 방어선을 형성하여 일본군의 북상을 일단 저지할 필요가 있

<図림 6-2> 신립의 방어진지 이동 상황

* 출처: 구글어스 위성지도.

었다. 이를 위해 조선 조정은 일본군의 주요 북상로인 추풍령 방면에는 조경(우방어사)을, 조령 방면에는 신립(도순변사)을, 죽령 방면에는 성응길(좌방어사)을 파견하고, 대구에는 이일(순변사)을 보내 일본군을 저지하게 했다. 그 다음 신립의 주력군으로 하여금 조령의 험난함을 이용하여 강력한 방어선을 구축하도록 한 후 적의 예봉을 무디게 함으로써 전쟁의 주도권을 장악하고자 했다.

　류성룡은 모든 장수를 감독하는 도체찰사都體察使로 임명되었지만 전투에 직접 참가하지 않았다. 주력군 인솔은 한성판윤이었던 신립을 도순변사로 임명하여 맡겼다. 유사시 경장京將을 파견하여 지방군을 지휘하게 하는 제승방략制勝方略[*]의 체계가 활용된 것이다(서태원 2001, 324).

---

* 각 지방의 군사들을 집결시켜 배정된 지역으로 이동시켜 방어하는 전략.

이처럼 조선은 육군을 활용하여 일본군의 북상을 조령, 죽령, 추풍령에서 차단하고자 했다. 동시에 수군으로 왜선을 공격하여 일본군의 북상을 지연시키려 했다. 그리고 그 사이 근왕병을 편성하여 반격을 준비하고자 했던 것이다. 그러나 상주에서 이일이 패배하자 조선의 방어계획은 차질을 빚게 된다.

그렇다면 조선의 주력군을 통솔하던 신립은 어떤 방어계획을 세웠던 것일까?

적병이 충주忠州에 침입했는데 신립이 패하여 전사했다. **처음에 신립이 군사를 단월역丹月驛에 주둔시키고 몇 사람만 데리고 조령에 달려가서 형세를 살펴보았다.** 얼마 있다가 이일李鎰이 이르러 꿇어앉아 부르짖으며 죽기를 청하자 신립이 손을 잡고 묻기를 "적의 형세가 어떠했소?" 하니, 이일이 말하기를 "훈련도 받지 못한 백성으로 대항할 수 없는 적을 감당하려니 어떻게 할 수 없었습니다"라고 했다. 신립이 쓸쓸한 표정으로 의기가 저상되자 김여물金汝岉이 말하기를 "저들은 수가 많고 우리는 적으니 그 예봉과 직접 맞부딪칠 수는 없습니다. 이곳의 험준한 요새를 지키면서 방어하는 것이 적합합니다"라고 했다. 또 높은 언덕을 점거하여 역습으로 공격하자고 했으나 신립이 모두 따르지 않으면서 말하기를 "이 지역은 기마병騎馬兵을 활용할 수 없으니 들판에서 한바탕 싸우는 것이 적합하다"라고 했다. 그러고는 마침내 장계를 올려 이일을 용서하여 종군從軍하게 해서 공로를 세우도록 청하고 드디어 군사를 인솔하여 도로 충주성으로 들어갔다. …… 군사를 인솔하여 탄금대에 나가 주둔하여 배수진을 쳤는데, 앞에 논이 많아 실제로 말을 달리기에는 불편했다.
– 《선조수정실록》26, 선조 25년 4월 1일

적보다 열세인 상태에서는 주변의 지형을 적극적으로 활용하여 방어 계획을 수립하고, 아군에게 유리한 지형을 선점하여 적을 아군이 원하는 장소로 끌어들이는 것이 중요하다. 이일이 신립에게 조령을 이용하여 방어하자고 말했던 것은 일본군에 비해 열세이던 조선군의 현실을 고려한 건의였다. 하지만 신립은 기병을 활용할 수 없다는 이유로 이일의 건의를 묵살하고 탄금대에 배수의 진을 쳤다.

조령은 북쪽 마역봉(925미터)과 남쪽 조령산(1,026미터) 사이에 위치한 642미터 높이의 고개로, 부산으로 상륙한 일본군이 한양으로 가기 위해 반드시 넘어야 하는 소백산맥의 주요 거점이다. 부산과 한양으로 연결하는 최단 거리의 고개이자, 요충지인 소백산맥 남쪽의 상주와 북쪽의 충주를 연결하는 가교 역할을 했기 때문에 방어상 핵심 지역이었다. 더구나 기병이 산악전보다 평지전에서 반드시 유리하다고 단정할 수도 없다. 오히려 산악전에서 기병을 적절히 활용할 경우 보병보다 상당한 전과를 올리기도 한다. 그런데도 신립은 조령 방어를 포기했다. 왜 그랬을까? 나중에 좀 더 자세히 살펴보겠지만 조령이 너무 험준해서 기병을 적극적으로 활용하기에는 무리가 있다고 판단했기 때문으로 보인다.

만약 신립이 적정을 정찰하지 않은 상태에서 기병 중심의 방어계획을 수립했다면, 탄금대의 배수진은 명백한 실책이라고 할 수 있다. 그러나 신립은 단월역에 병력을 주둔시켜 놓은 상태에서 조령으로 정찰을 다녀왔다. 이일의 보고를 통해 일본군의 정보를 접수하고, 조령을 직접 정찰하여 일본군의 상황을 파악한 후에야 탄금대로 이동했던 것이다.

당시 외방의 군사는 모이지 않고 도성에는 전후하여 대부분의 장정들이 거의 징발되었으므로 도원수 역시 군사가 없었다. 상주에서 패배한 보고가 이르고 신립 또한 비밀히 아뢰기를 '적의 기세가 매우 드세니 도성으로 후퇴하여 지키도록 하소서'라고 했다.

─《선조수정실록》26, 선조 25년 4월 14일

사료에서 확인할 수 있는 것처럼, 원래 신립은 도성으로의 후퇴를 건의했다. 그럼에도 전투는 탄금대에서 벌어졌다. 아마도 당시 신립의 건의는 받아들여지지 않았던 듯하다.

방어거점, 어떻게 달랐나

도성으로의 후퇴가 불가한 시점에서 신립은 충주 일대에서 일본군을 가장 효과적으로 방어할 수 있는 장소를 선정해야만 했다. 이일의 상주 패배 후 신립이 고려할 수 있는 방법은 조령, 단월역, 충주성, 탄금대를 중심으로 하는 차후 방어계획의 수립이었다.

그렇다면 방어 시 충주 일대 주요 지점은 각각 어떠한 장단점을 가지고 있었을까? 첫째, 조령을 중심으로 하는 방어다. 기본적으로 소백산맥의 조령은 천혜의 험지이기 때문에 방어에는 상당히 유리했다. 충주에서 조령까지의 거리는 약 30~40킬로미터 정도. 도보로 10시간 이상 행군을 해야 도달할 수 있는 거리다. 《선조실록》과 《선조수정실록》에 따르면, 신립은 4월 26일에 충주에 도착했고, 4월 27일에는 단월역 일대에 주둔하면서 조령을 정찰했으며, 4월 28일에 탄금대전투를 벌였다. 신립이 조령을 방어거점으로 삼을 계획이었다면 조령으로 이동할 시간적 여유는 있었다. 그러나 신립은 자신의 장기인 기병을 제대로 활용할 수 없다는 점을 들어 조령 방어를 포기했다.

분명 단순 방어만 놓고 보면 조령은 유리한 조건이었다. 하지만 보급과 고립의 문제가 대두될 가능성도 고려해야 했다. 조령 정상부를 중심으로 진을 칠 경우 추후 보급에 불리할 수 있으며, 추풍령과 죽령을 통해 우회한 일본군에 의해 후방이 차단되어 고립될 가능성이 있었다. 조령에는 현재의 관문이 있는 새재 외에 큰 새재, 작은 새재, 하늘재 등 몇 개의 통로가 더 있다. 훈련과 병력이 열세인 병사들을 데리고 이곳을 한꺼번에 막기에는 상당한 무리가 따른다(이현종 1996, 23).

일본군의 제1군은 고니시 유키나가小西行長 휘하의 18,700명으로 동래-대구-상주-조령 방면으로, 제2군은 가토 기요마사加藤淸正 휘하의 22,800명으로 동래-경주-군위-죽령 방면으로, 제3군은 구로다 나가마사黑田長政 휘하의 11,000명으로 다대포-김해-성주-추풍령 방면으로 북상했다. 가토 기요마사군은 원래 죽령을 넘어 북상하려 했지만, 실제로는 고니시 유키나가군의 뒤를 이어 조령을 통해 충주로 진군했다. 고니시군이 조령 밑에서 고전을 면치 못했다면, 가토군은 계획대로 죽령을 통해 우회했을 가능성이 높다. 그랬을 경우 조령 정상부에 진을 친 조선군은 고립되어 앞뒤에서 협공당하는 처지에 놓였을 것이다.

신립의 조선군이 조령에 방어선을 치고 일본군의 북상 속도를 늦췄다면 한양 주변으로 조선군이 집결하고 편성하는 시간을 벌어줄 수 있었을 것이다. 그러나 "당시 외방의 군사는 모이지 않고 도성에는 전후하여 대부분의 장정들이 거의 징발되었다"(《선조수정실록》26, 선조 25년 4월 14일)라는 기록에서 보듯이 조선군의 동원은 제대로 이루어지지 않았다. 이러한 상황에서 신립은 자신이 보유한 병력을 최대한 보존하여 일본군과 결전을 치러야만 했다.

둘째, 단월역을 중심으로 하는 방어다. 단월역 일대는 지대가 그리 높지는 않지만 뒤에 적당한 높이의 산지가 있고 앞에는 달천이 흐르고 있어 자연해자 역할을 한다. 조령을 지난 일본군이 충주로 진입하려면 반드시 거쳐야 하는 요지다. 남쪽에서 충주로 진입하는 주요 교통로는 단월역을 경유하는 길이다(《그림 6-2》의 ①). 그러나 대림산 우측과 남산의 좌측 사이에 난 소로(《그림 6-2》의 ②)로도 충주 진입이 가능하다.* 사료에 따르면, 4월 27일 단월역 앞에 진을 치고 있던 신립에게 한 병사가 "적이 벌써 충주로 들어왔다"고 알려왔다. 이 보고를 듣고 신립은 곧바로 그를 베었다고 한다(《선조실록》26, 선조 25년 4월 17일). 이는 군령의 위엄을 보여주는 실례이지만, 단월역을 경유하지 않고 충주로 진입하는 또다른 길이 있음을 알려주는 방증이기도 하다.

험난한 조령을 넘은 일본군이 이 정도 소로를 넘지 못하지는 않았을 것이다. 한반도에서 전쟁을 수행하기 위해 한국어 회화집을 만들 정도였던(김시덕 2012, 70), 그리고 조선인 포로들을 길잡이로 이용하고 있던 일본군이 소로의 존재를 몰랐을 가능성도 거의 없다. 일본군의 일부가 이 소로를 이용하여 충주성을 직접 공격하거나 단월역에 진을 친 조선군의 배후를 공격한다면, 조선군은 불리한 상황에 처할 수밖에 없었다. 이러한 상황을 막기 위해 단월역과 우측 소로를 모두 지키고자 한다면, 원래부터 일본군보다 소수였던 신립의 부대는 병력이 분산되어 방어력이 더욱 약화될 수밖에 없었다.

셋째, 충주성을 중심으로 하는 방어다. 충주성은 성곽이기 때문에 일반 야지보다 기본적인 방어력이 높을 수밖에 없으며, 병력을 집중할 수

---

* 이 소로는 《대동여지도》를 비롯한 근세 지도에서도 확인이 가능하며, 현재 등산길로 사용되고 있다.

있는 이점이 있다. 그러나 고정적인 진지이므로 기병의 다양한 진법을 활용하는 데에는 일정한 제약이 따를 수밖에 없다. 조선군은 탄금대전투 당시까지는 수성보다 기병 중심의 야전을 선호했고, 신립 또한 그러했다. 탄금대전투 패배 후 조선군의 진법체계는 야전에서 수성 쪽으로 변화하게 된다. 수성전술을 구사했던 권율의 행주성대첩은 그러한 변화를 반영한 전투다(이홍두 2009, 288).

게다가 동래전투에서 보듯이 당시 일본군의 공성 능력은 상당한 수준이었다. 충주성을 중심으로 수성전술을 구사하더라도 승리를 장담하기 어려웠던 것이다. 일본군이 충주성을 직접 공격하지 않고 외곽을 포위할 경우 특별한 구원군이 편성되어 있지 않던 조선군의 입장에서는 충주성에 고립될 가능성이 높았다. 또한 일본군의 일부가 충주성을 견제하면서 대치하는 사이 축차적으로 북상한 일본군 주력부대가 그대로 한양으로 진격할 경우 곤란한 상황에 처할 수도 있었다.

넷째, 탄금대를 중심으로 하는 방어다. 탄금대는 기본적으로 배후가 강으로 둘러싸여 있어 후방의 습격에 대한 염려가 없고, 훈련이 제대로 되지 않은 병사들을 한 곳에 집중시킬 수 있는 이점이 있다. 그러나 험한 배후 산지가 없어 방어가 용이하지 않고, 퇴각로가 없기 때문에 전투에서 패하고 나면 병력을 수습할 여지가 없다. 아울러 일본군이 접근로를 틀어막고 대치할 경우 추후 보급이 제한될 수밖에 없고, 고립 가능성도 상당히 높았다. 이상의 논의를 정리하면 〈표 6-1〉과 같다.

〈표 6-1〉 각 방어거점의 장단점

구분	방어 지형	기병 활용	병력 집중	추후 보급	고립 가능성
조령	유리	불리	유리	불리	있음
단월역	유리	제한	불리	보통	보통

충주성	보통	제한	유리	보통	있음
탄금대	보통	유리	유리	제한	있음

이렇게 볼 때 조령, 단월역, 충주성, 탄금대 모두 방어에 장단점이 존재했으며, 특별히 우월한 방어지점은 없었다고 할 수 있다. 앞에서도 여러 번 언급했지만 기본적으로 조선군은 일본군에 비해 병력이 열세였다. 신립의 조선군은 약 10,000여 명에 불과했지만, 일차적으로 조령·죽령·추풍령으로 북상하던 고니시 유키나가군은 18,700명, 가토 기요마사군은 22,800명, 구로다 나가마사군은 11,000명이었다. 5만 명을 상회하는 막강한 병력이었다. 조선군으로서는 병력을 분산하여 각개격파를 당하기보다는 결집하여 결전을 치르는 편이 그나마 승산할 가능성을 높이는 것이었다.

신립은 여진족과의 전투에서 두각을 드러낸 당대 최고의 무장이었다. 그런 그가 뚜렷한 이유 없이 탄금대에 배수진을 쳐서 조선군의 몰살을 유도했다고 보기는 어렵다. 오히려 각 방어거점의 장단점을 살핀 후 탄금대가 방어에 가장 유리하다고 판단했을 것이라는 추론이 적절하지 않을까 싶다.

탄금대는 방어에 유리한 지형이었다

그렇다면 당시 탄금대는 어떤 지형이었을까? 어떤 지형이었기에 신립이 방어거점으로 선택했던 것일까? 탄금대 일대의 지형을 보면 탄금대의 배후에는 남한강과 달천이 흐르고 있고, 전방으로는 넓은 개활지가 펼쳐

〈그림 6-3〉 탄금대의 지형과 일본군의 예상 공격로

* 출처: 네이버 위성지도.

져 있다. 탄금대와 충주성 사이에는 충주천과 그 지류가 개활지를 가로
지르고 있으며, 충주 시가지 이외에는 대부분 경작지로 이용되고 있다.

신립이 배수진을 쳤던 시기는 지금과 많이 달랐을 것이다. 임진왜란 당
시의 탄금대 지형을 정확히 알 수는 없다. 〈그림 6-3〉은 대략적으로나마
당시의 탄금대 일대의 지형을 살피기 위해 현재의 지도와 1918년 조선총
독부에서 발간한《1:50000 지형도》내 탄금대 일대를 비교한 것이다.

일제 강점기 탄금대 일대의 지형(〈그림 6-3〉 오른쪽 상단 지도)을 보면,
탄금대 배후의 남한강과 달천 이외에 탄금대 앞쪽의 충주천과 오른쪽의
호수들이 매우 발달해 있었다. 또한 탄금대 주변에 모래밭이 넓게 분포
했다. 불과 100년 전의 지형임에도 현재와 상당히 달랐던 것이다. 임진

왜란 발발은 600여 년 전이므로 강안 주변의 퇴적작용이 훨씬 적었을 것이다. 따라서 남한강, 달천, 충주천 등과 그 지류의 깊이나 폭은 현재보다 깊고 넓었을 것으로 보인다.

이렇게 추정할 경우 도보로 충주성에서 탄금대로 이동할 수 있는 길은 지금도 이용되고 있는 '탄금대로'가 유일하다. 물론 과거의 지형을 명확히 추정할 수는 없지만, 대체적으로 볼 때 탄금대는 해안선에 가까운 섬이 사주나 사취에 의해 육지와 연결되는 육계도陸繫島의 형태를 띠고 있었던 것으로 보인다. 탄금대 주위에 '섬들'이라는 지명이 남아 있는 것은 이러한 추정을 뒷받침한다.

육로를 따라 북상한 일본군은 기본적으로 선박을 보유하지 않았으므로, 탄금대를 공격할 경우 탄금대의 동쪽 방향으로 진입할 수밖에 없었을 것이다. 사실 탄금대는 일본군이 한양으로 진군하기 위한 주요 공격 루트가 아니었다. 일본군이 단순히 서울로 북상하기 위해서는 단월역에서 서쪽으로 달천을 건너면 된다(〈그림 6-1〉 참조). 일본군이 탄금대의 조선군을 무시하고 북상할 가능성도 배제할 수 없었던 것이다. 그러나 충주는 중부 지방의 교통 결절지로서 일본군이 한양으로 북상하기 위해서는 반드시 확보해야만 하는 곳이었다. 충주를 장악하지 못할 경우 보급로가 차단되어 추후 병력과 군량 수송에 막대한 지장을 초래하기 때문이다. 충주 장악을 위해서는 탄금대가 일본군의 주요 공격루트가 될 수밖에 없었다. 신립도 일본군이 탄금대에 주둔한 조선군을 무시하고 북상할 수 없음을 인지하고 있었을 것이다.

정리하면, 임진왜란 당시 탄금대는 주 접근로가 동쪽 한 곳으로 제한되고 주위가 자연해자로 둘러싸여 측후방의 기습에 대한 염려가 거의 없는 곳이었다. 측후방에 대한 방어를 모두 동쪽 진입로 한 곳으로 집중시켜 열세이던 조선군의 전투력을 강화시킬 수 있는 곳이 바로 탄금대였다. 탄금대에서 신립은 전면에는 직접 통제가 가능한 기병을 중심을 배치하고, 그 후면에 각지에서 모여든 병력을 배치했을 것이다. 오합지졸 가운데 그나마 운용이 가능한 기병의 활용과 급히 징집된 병력의 심리적 안정을 위해서는 이러한 탄금대의 지형이 조령보다 효과적이었을지도 모른다. 자신이 원하는 장소로 적을 유인하여 전투를 치르는 것은 장수의 주요 덕목 중 하나다. 신립은 우세한 적을 탄금대로 끌어들여 전투를 펼친 것이다.

탄금대 방어, 풍향과 무기 면에서도 유리

신립이 탄금대를 방어거점으로 선정하는 데 있어 고려되지 않은 점이 하나 더 있다. 바로 풍향이다. 전근대 전투에서 풍향은 지형과 함께 결정적인 역할을 하기도 한다. 원거리 무기의 사거리를 제한하거나 연장시키고, 명중도를 낮추거나 높이는 데 막대한 영향을 미치기 때문이다.

　예컨대 17세기 초 명明의 후금에 대한 반격전쟁에 참여한 조선군은 포수砲手를 중심으로 편성되어 있었다. 조선 포수들은 초기 전투에서는 큰 역할을 했지만, 강한 바람이 불어 사격이 어려워지자 크게 패하고 말았다(노영구 2012, 261). 1624년(인조 2) 이괄의 난 당시 한양 도성을 점령한 반군과 이를 진압하기 위한 관군이 도성 서북의 안현鞍峴(무악재)에서 대치했을 때도 풍향은 전투에 결정적인 영향을 미쳤다. 관군과 반군 모두 항왜降倭*를 활용하여 조총을 사용했는데, 처음에는 동풍이 불어 서북

---

* 항왜는 임진왜란 이후 항복한 일본군이라는 의미로, 규모는 정확히 알 수 없으나 대략 5천 명이 넘었

방향으로 안현을 공격하던 반군이 유리했다. 그러다가 갑자기 풍향이 서풍으로 바뀌면서 안현에서 방어하던 관군에게 유리해졌다. 결국 풍향이 바뀐 시점을 계기로 안현전투는 관군의 승리로 끝이 났고, 이괄의 반란은 진압되었다.

임진왜란에서도 풍향은 조선군의 주력 무기인 활과 일본군의 조총에 지대한 영향을 미쳤다. 그렇다면 당시 충주의 풍향은 어떠했을까? 풍향은 계절별, 지역별 편차가 큰 편이기 때문에 과거의 풍향을 단정짓기는 어렵다. 다만 현재의 풍향을 바탕으로 당시의 풍향을 추정해보기로 한다.

내륙 도시들은 일반적으로 봄에 바람의 속도가 가장 높게 나타나는데, 2월부터 6월까지 바람이 크게 분다. 충주 또한 이와 다르지 않으며, 4월에 가장 큰 바람이 분다(윤재옥 2001, 112). 1951년부터 2008년까지 관측된 충주의 풍향계수는 서풍 > 남서풍 > 북서풍 순이며(황규석 2011, 153), 여름철과 겨울철 모두 서풍이 주풍향이다. 즉 충주는 계절과 상관없이 서풍이 가장 많으며, 특히 봄철에 서풍이 강하게 부는 것을 알 수 있다. 충주는 동쪽에서 서쪽으로 흘러가는 남한강 바로 아래에 있다. 이러한 지형 특성 때문에 충주는 항시 서풍이 불어오는 것으로 보인다.

풍향과 함께 고려해야 할 것이 있다. 바로 풍향에 영향을 받는 당시 조선군과 일본군의 원거리 무기다. 여러 연구들(김양수 2003; 노영구 2012)을 참조하여 조선군과 일본군의 원거리 무기를 사거리별로 나타내면 〈표 6-2〉와 같다.

던 것으로 추정되고 있다. 육상전투력이 상당히 뛰어났던(제장명 2007, 104~108) 항왜의 중요성은 이미 임진왜란 당시부터 인식되어 군사 다방면에 활용되었다(한명기 2006, 232).

구분	승자총통	조총	편전
최대 사거리	766m	500m	380m
유효 사거리	·	100~200m	80m
명중 사거리	·	50m	30m

승자총통勝子銃筒은 조선군의 대표적인 원거리 무기로서, 선조 초기에 경상병사 김지가 만들어 여진족을 물리칠 때 큰 효과를 발휘했던 소형 총통이다(민승기 2004; 강신엽 2004). 임진왜란 때 이순신과 권율 장군도 주요 화기로 사용했으며, 최대 사거리는 766미터에 달했다(김양수 2003, 17). 그러나 가늠자와 가늠쇠가 없었고, 1분에 1회 정도 밖에 발사할 수 없었으며(노성환 2009, 502), 명중률도 그리 높지 않았다.

편전片箭은 일반적인 장전長箭에 비해 길이가 짧고 사거리가 긴 화살을 의미하는데, 380미터까지 쏠 수 있었다고 한다. 편전은 애기살로도 불리며, 일반적인 화살의 절반 정도인 30센티미터 남짓이다. 대나무를 쪼개서 만든 통아 속에 편전을 넣고 사용했다.

조총은 일본군의 전체 무기체계에서 차지하는 수치적 비중은 그리 높지 않았으나, 전술적 중요성은 도입 초기부터 상당히 주목되었다. 조총은 기존의 활보다 훨씬 원거리에서 사격할 수 있었다. 구경에 비해 총열이 길어 추진력이 강하여 총탄이 곧바로 날아가고 관통력이 높았을 뿐만 아니라 조준기로 인해 명중률도 높았다(노영구 2012, 114). 사거리가 100~500미터인데, 명중률이 높은 거리는 100미터 이내였다(김양수 2003, 21).

서풍이 불 경우 원거리 무기는 조선군에게 유리하게 작용한다. 조선군의 승자총통과 활의 사거리가 길어지고 상대적인 명중률이 높아지는 반면, 일본군의 조총과 활의 운용은 제한되기 때문이다.

탄금대 방어는 최선의 선택이었다

그렇다면 탄금대전투 당시 원거리 무기들의 각 사거리와 풍향(윤재옥 2001, 115)은 구체적으로 어떠했을까? 이를 그림으로 표시하면 〈그림 6-4〉와 같다.

앞서 언급한 것처럼 임진왜란 당시 탄금대 일대의 지형은 동쪽을 제외한 나머지 지형이 강이나 호수로 둘러싸여 있어서, 주 접근로는 동쪽일 수밖에 없었다. 탄금대의 조선군은 지형상 측후방의 기습 우려가 적은 상황이었다. 이에 가장 전면에 기병을 배치하고, 그 뒤로 창병과 궁병을 배치하고, 가장 후면에는 승자총통을 배열했을 것이다.

당시 조선군은 활과 화기 등 원거리 무기와 주력군이던 기병을 결합시킨 전술을 쓰고 있었다(하차대 1990). 북방 유목민족의 침입에 대비하여

〈그림 6-4〉 원거리 무기의 사거리와 탄금대의 풍향

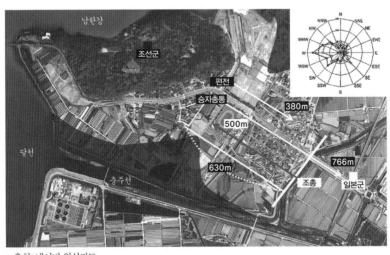

* 출처: 네이버 위성지도.

만들어진 이 전술은 전투가 발생하면 창을 든 기병이 먼저 공격을 개시하고, 후면에 창을 든 보병이 후미를 보호했으며, 좌우 측면은 기사병騎射兵이 엄호하고 적에게 기습을 가할 때 이들이 먼저 적의 측면을 파고드는 방식이었다(최형국 2009, 15).

신립은 1583년(선조 16)에 발생한 니탕개尼湯介의 난을 진압하면서 이미 승자총통을 사용하여 효과를 본 경험이 있었다. 따라서 탄금대전투에서도 비록 살상력이나 명중률이 낮더라도 승자총통을 적극적으로 활용하려 했을 것이다. 먼저 승자총통으로 적의 대오를 흩트린 다음 기병으로 적을 몰아세우는 전술을 준비한 듯하다. 기병의 공격이 여의치 않을 경우에는 다시 방어진으로 돌아와 궁병의 엄호를 받을 수 있는 전술체계였다.

일본군이 탄금대에 주둔한 조선군을 공격하기 위해서는 개활지를 지나야 한다. 개활지 통과 후에는 조선군의 승자총통이나 활의 공격을 효과적으로 엄폐할 수 있는 충주천의 지류까지 진출해야 한다. 조선군의 승자총통은 최대 사거리가 766미터로 조총의 500미터보다 길었지만, 명중률과 살상력이 떨어졌다.[*] 따라서 일본군이 충주천의 지류까지 진출하는 데에는 크게 지장이 없었을 것이다.

문제는 충주천 지류의 둔덕에 엄폐한 다음, 탄금대를 공격하기 위해 다시 둔덕 앞쪽으로 나아갈 때다. 일부 부대가 둔덕을 따라 조총으로 엄호를 하겠지만, 흐트러진 진영을 다시 정비하기 위해서는 적지 않은 시간이 소요된다. 마치 도하작전을 하는 부대처럼 적의 공격에 노출되기 쉬운 상황이 연출되는 것이다. 그런데 탄금대에서 충주천 지류까지의 거

---

[*] 이런 승자총통에 대해 류성룡은 소리만 요란할 뿐 명중하지 않아 조총보다 낫다고 할 수 없다고 말하기도 했다(《서애선생문집西厓先生文集》 16, 〈서임진사시말목아배書壬辰事始末木兒輩〉).

리가 약 630미터로, 조선군 활의 최대 사거리에서 벗어나 있다. 조선군이 충주천 지류를 넘은 일본군들이 진열을 정비하는 틈을 타 공격하려 할 경우 오히려 조총의 사거리에 들어가는 위험을 감수해야 한다.

일본군은 조총부대가 충주천 지류 둔덕을 따라 엄호하는 사이 공격부대가 강 둔덕 위로 올라가 진열을 정비할 거리적 여유를 가질 수 있었다. 이후 일본군의 공격부대와 조총부대가 모두 강 둔덕 위로 올라와 병행 공격을 한다면, 훈련도가 높고 병력 수가 많은 일본군이 유리해질 수밖에 없었다. 일반적으로 일본군은 적과의 대치 상태에서 조총병이 먼저 사격하고 물러나 재장전을 하면, 이어 궁병이 활을 쏘면서 조총병의 사격 장전 시간을 메웠다. 조총병이 지속적으로 사격하여 적의 전열이 흐트러지면, 기마병이 돌격하고 창병이 그 뒤를 따라 백병전을 벌이는 전법을 구사했다(박재광 2006, 34).

여기에서 변수로 작용하는 것이 바로 풍향이다. 탄금대전투가 벌어진 시기는 4월 28일로 음력임을 감안하더라도 서풍이 강하게 불어오던 시기임에 틀림없다. 조선군 활의 최대 사거리는 연장되는 반면, 일본군의 조총 최대 사거리는 줄어드는 시기였던 것이다. 조선군은 순풍을 이용하여 기사騎射뿐만 아니라 보병의 화살도 일본군이 전열을 정비하는 곳까지 날려 보낼 수 있게 된다. 일본군은 역풍으로 조총의 사거리나 명중률이 떨어질 수밖에 없는 상황에 놓이게 된다. 그렇다면 조선군이 궁병의 엄호 하에 기병을 이용하여 적의 전열을 흐트러뜨리거나 공격하는 것이 한결 수월할 수 있다.

탄금대 일대는 논과 수렁이 많아 기병의 기동이 곤란했다(《선조수정실록》26, 선조 25년 4월 1일). 이 때문에 신립이 기병을 제대로 활용할 수 없어 전투에 패했다고 보는 견해도 있다. 그렇지만 신립이 사전에 이러한 지형임을 모르고 진을 쳤다고 보기는 어렵다. 탄금대 일대가 논과 수렁이 많아 기동이 곤란한 것은 조선군뿐만 아니라 일본군에게도 적용되는 사안이다. 일본군의 주력이 보병이기는 했지만 공격하거나 퇴각할 경우 기동에 제한을 받을 수밖에 없다. 측후방 기습이 제한된 지형을 역풍 속에서 공격해야 하는 일본군을 상대로 기병을 잘 활용한다면 조선군의 승리도 결코 무리가 아니었던 것이다.

요컨대 지형과 기상을 감안하면 신립이 조령, 단월역, 충주성을 모두 포기하고 탄금대에 배수의 진을 친 것은 결코 무모한 시도가 아니라 당시 상황에서는 최선이 아니었을까? 게다가 단기 방어가 아니라 장기 방어를 위해서는 탄금대 지역이 타지역보다 한층 유리했을 수도 있다. 수적 우위를 보인 일본군이 충주 주변 일대를 점령하더라도 선박을 보유하지 못한 상태에서 탄금대를 효과적으로 공격할 수 있는 루트는 정면밖에 없었다. 반면 조선군은 초기에는 방어에 어려움이 따르겠지만, 추후 남한강을 통한 보급로를 유지할 수 있었다.

충주에서 남한강을 따라 10여 킬로미터를 하류로 내려가면 엄정면 목계리에 '목계나루'가 있다. 조선시대 중부 지방 주요 산물의 집산지로 남한강변의 수많은 나루터 중 가장 번성한 나루였다. 인근에 있던 가흥창可興倉에서는 충청도 일원은 물론 경상도에서 집산된 세곡을 보관하고 있었다. 남한강을 통해 군수물자와 병력을 지속적으로 공급받는다면, 임진왜란 전체의 흐름에서 일본군의 북상은 지체되고 조선군의 활동은 유리한 국면으로 전개되었을 것이다.

탄금대전투 시작되다

탄금대전투 당시의 상황을 기록하고 있는 《선조수정실록》을 살펴보자.

① 이달(4월) 27일에 적이 이미 조령을 넘어 단월역에 이르렀는데, 목사 이종
장李宗長과 이일이 모두 척후로 전방에 있다가 적에게 차단당하여 정세 보고
가 단절되었으므로 신립이 또 알지 못했다. ② 이튿날(28일) 새벽에 적병이 길
을 나누어 대진大陣은 곧바로 충주성으로 들어가고, 좌군左軍은 달천達川 강
변을 따라 내려오고, 우군右軍은 산을 따라 동쪽으로 가서 상류를 따라 강을
건넜는데 병기가 햇빛에 번쩍이고 포성이 천지를 진동시켰다. ③ 신립이 어찌
할 바를 모르고 곧장 말을 채찍질하여 주성州城으로 향하여 나아가니 군사들
은 대열을 이루지 못하고 점점 흩어지고 숨어버렸다. 성중의 적이 호각 소리
를 세 번 발하자 일시에 나와서 공격하니 신립의 군사가 크게 패했으며, 적이
벌써 사면으로 포위하므로 신립이 도로 진을 친 곳으로 달려갔는데, 사람들이
다투어 물에 빠져 흘러가는 시체가 강을 덮을 정도였다.
 - 《선조수정실록》 26, 선조 25년 4월 1일

먼저 ①을 보면, 신립은 단월역에 척후를 배치하여 적정을 살피고자
했음을 알 수 있다. 그러나 척후가 일본군에게 차단되어 적의 정확한 규
모나 이동 상황을 파악할 수 없었다. 척후를 활용하지 않아 적에 관한 정
보 수집이 제대로 이루어지지 않은 점은 탄금대전투 패배의 원인 중 하
나다(강성문 1999, 125). 단월역의 조선군 척후가 고립된 것은 일본군 일
부가 대림산과 남산 사이의 우회로를 이용하여 단월역의 배후를 차단했
음을 시사한다.

다음으로 ②를 보면, 일본군은 좌군, 중군, 우군의 세 부대로 나누어 진군했음을 알 수 있다. 사료에 따르면 일본군의 세 부대는 동시에 이동한 것처럼 보이지만, 충주성을 공격한 중군과 달리 달천을 따라 움직인 좌군과 동쪽 산기슭을 따라 움직인 우군은 크게 우회했다. 좌군과 우군의 이동로를 보면 조선군에게 발각되지 않기 위해 의도적으로 우회한 것으로 여겨진다. 따라서 '병기가 햇볕에 번쩍이고 포성이 천지를 진동시킨 것'은 충주성을 공격한 중군일 가능성이 높다.

마지막으로 ③을 보면, 일본군의 중군이 충주성을 공격하여 점령하자 조선군은 기병 중심으로 충주성을 향해 공격을 감행했고 뒤따르던 보병은 대열에서 뒤쳐졌음을 알 수 있다. 신립을 뒤따르던 병사들이 흩어지고 숨어버렸다고 기록된 부분에서 조선군의 공격 의지가 약했다고 추정할 수도 있을 것이다. 하지만 이는 기병의 돌격 속도를 보병이 따라가지 못해서 발생하는 일시적 혼란일 수도 있다. 조선군 기병이 적과의 우세한 접전을 벌일 경우 뒤따르던 보병이 합류할 가능성이 높기 때문이다.[*] 따라서 보병이 기병에 뒤쳐진 것은 흩어진 것이 아니라 속도차에 따른 자연스러운 결과다. 그러나 이때 일본군이 일시에 나와 포위공격하자 신립의 군대는 패배했다.

신흠申欽의 기록은 이러한 추정을 뒷받침한다. 신립을 따라 탄금대전투에 참가했기 때문에 당시 사실을 누구보다 가장 가깝게 기록했을 가능성이 높은 신흠(정출헌 2010, 154)은 당시 상황에 대해 다음과 같이 말했다. "적이 우리 군사의 좌측으로 돌아 나와 동쪽과 서쪽에서 끼고 공격

---

[*]《오위진법五衛陳法》〈용겁지세일勇怯之勢一〉에 따르면, 공격할 때 기병은 말을 달리고 보병은 구보로 돌진한다고 기록되어 있다.

〈그림 6-5〉 탄금대전투의 전개 과정

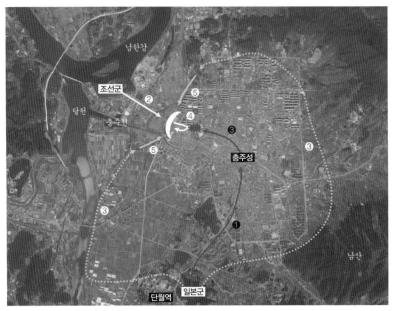

* 출처: 구글어스 위성지도.

해 오는 바람에 우리 군대가 크게 어지러워졌다."(《상촌선생집象村先生集》
56, 〈제장사난초함패지諸將士難初陷敗志〉) 신흠에 따르면, 조선군은 일본군
이 좌측으로 돌아 나오는 것을 미처 인지하지 못해 진영이 흐트러졌다.
척후부대가 차단된 상태에서 일본군의 좌군과 우군의 이동을 조선군이
미처 파악할 수 없었던 것이다.

신립, 패배하다

《선조실록》에서는 탄금대전투에 대해 "적이 복병伏兵을 설치하여 아군의

후방이 포위되어 대패했다"고 기록하고 있다(《선조실록》 26, 선조 25년 4월 17일). 포르투갈의 선교사로서 일본에서 오랫동안 활약했던 루이스 프로이스는 좀 더 상세하게 "고니시 유키나가가 조선인들이 놀라지 않도록 아무 깃발도 올리지 말고 의기意氣를 잃은 것처럼 하면서 진격시켰고, 추후에 깃발을 일제히 펄럭이게 하여 공격했다"고 기록했다.[*] 이를 통해 볼 때 일본군의 중군은 충주성을 요란하게 공격하여 조선군의 이목을 집중시키고, 좌군과 우군은 충주성을 크게 우회하여 매복하고 있다가 조선군의 전열이 흐트러진 상태에서 일제히 공격했음을 알 수 있다.

프로이스의 기록에 따르면, "조선군은 진을 정비하고 달 모양으로 전투대형을 펼쳤으며, 일본군이 소수인 것을 보고 일본군의 중앙을 공격하면서 포위하려 했다"고 한다(국립진주박물관 2003, 211). 달 모양의 전투대형은 조선 전기 전투대형의 하나인 언월진偃月陣으로 보인다(최형국 2009, 26). 조선군이 포진한 상태에서 상대적 소수인 일본군을 포위공격하고자 했고, 이때 일본군은 조선군의 좌우 측면을 공격하여 조선군을 무너뜨렸던 것이다. 매복한 일본군의 좌군과 우군은 조선군의 시야가 제한된 곳을 이용하여 은밀히 이동한 것으로 보인다.

《선조실록》에 따르면, 선전관 민종신은 선조에게 적이 새재를 넘어와 밤중에 돌격해 왔기 때문에 탄금대전투에서 패배했다고 했다(《선조실록》 26, 선조 25년 5월 10일). 이를 통해 볼 때 일본군의 좌군과 우군은 중군과 달리 야음을 이용하여 은밀히 매복하고 있었을 가능성이 높다. 만약 일본군의 전군이 한꺼번에 진군해 왔다면 신립은 섣불리 공격에 나서지 않

---

[*] 루이스 프로이스에 관한 기록은 국립진주박물관에서 발간한 《프로이스의 『일본사』를 통해 다시 보는 임진왜란과 도요토미 히데요시》(부키, 2003)가 참고가 된다.

앉을 것이다. 신립은 적의 규모를 오산하여 선제공격에 나섬에 따라 패배했던 것이다.

요컨대 신립이 탄금대에 배수진을 친 것은 방어계획상 큰 문제가 없었다. 하지만 척후를 차단당해 적의 규모를 제대로 파악하지 못한 상태에서 적극적으로 공격에 나섰기 때문에 패배했다. 신립이 일본군의 중군을 선제공격하지 않았다면 오히려 패배하지 않았을지도 모른다. 원래 계획대로 탄금대에서 방어진을 고수했다면 훨씬 효과적이었을 것이다.

그렇다면 신립은 왜 방어를 하지 않고 일본군을 선제공격했을까? 분명 신립은 일본군의 병력이 축차적으로 증가하리라는 사실을 알고 있었을 것이다. 증병이 예상되는 적과 싸울 때 가장 효과적인 방법은 무엇일까? 아군의 사기는 높이고 적군의 사기는 떨어뜨리는 것이다. 신립은 이 같은 맥락에서 대규모 병력이 집결하기 전에 선발대 격으로 충주성을 공격한 일본군의 중군을 먼저 제압하여 사기를 올리려 했던 것으로 보인다.

일본군은 4월 13일 부산에 도착한 후 4월 28일 충주에서 전투를 벌여 충주성을 점령했다. 하지만 배후의 탄금대에 조선군이 진을 치고 있었기 때문에 휴식을 취하지 못하고 또다시 공격에 나서야만 했다. 15일간 직선거리로 따졌을 때도 230킬로미터가 넘는 먼 거리를 강행군해 왔음에도 쉴 틈이 없었던 것이다. 일본군이 조선군의 규모가 만만치 않은 것을 보고 주저하자 고니시 유키나가가 사기를 진작시키기 위해 병사들을 격려했다는 기록(국립진주박물관 2003, 211)은 당시 일본군의 상태가 어느 정도였는지를 짐작하게 해준다.

신립은 충주성을 공격한 일본군의 규모가 그리 크지 않은데다 지친 상태였으며 풍향도 순풍이라 기병을 활용하여 적극적으로 공격에 나섰다. 그렇다면 일본군의 좌군과 우군의 매복이 없었을 경우 신립의 선제

공격은 성공할 수 있었을까? 신립군은 일반적으로 충청도 병사 8,000명을 중심으로 구성된 것으로 알려져 있다. 그러나 신립이 한양에서 충주로 내려올 때 인솔해 온 병력도 수천 명에 달했다고 전해진다. 《선조수정실록》에 따르면 신립이 거느린 병사는 도성의 무사와 활을 잘 쏘는 자가 수천 명이었으며, 인근 고을에서 거둔 군사가 8,000명이었다고 한다(《선조수정실록》26, 선조 25년 4월 1일). 여기에 앞서 상주에서 패배한 이일의 경상도 병사도 일부 합군했다. 이일이 상주에서 병사를 불러 모았을 때는 수백 명에 불과했으나, 추가로 모집하여 대오를 편성할 때는 총수가 6,000여 명이었다고 한다(《선조수정실록》66, 선조 28년 4월 1일). 따라서 당시 신립이 통제했던 병력은 10,000명 이상이었던 것으로 추정된다. 탄금대전투 이후 조령을 담당하던 훈련주부訓鍊主簿 신충원이 "신립은 조령을 지키지 않고 달천[탄금대]에 주둔하여 한 차례의 접전으로 1만군사를 잃어버렸다"고 상소문을 올린 점도 이를 방증한다(《선조실록》28, 8월 14일).

한편 큐슈의 병력을 중심으로 구성된 고니시 유키나가의 일본군 제1군은 18,700명이었다. 그런데 단월역을 점령한 후 부대를 나누어, 고니시 유키나가가 중군을, 소 요시토시宗義智가 좌군을, 마츠우라 시게노부松浦鎭信가 우군을 담당했다(서인한 1987, 50). 당시 고니시군의 병력 구성을 구체적으로 살펴보면 〈표 6-3〉과 같다.

중군인 고니시의 병력이 7,000명, 좌군인 소의 병력이 5,000명, 우군인 마츠우라의 병력이 3,000명이다. 나머지 병력은 예비대 내지는 전투지원대의 역할을 수행했을 것이다. 일본군 규모에 대한 왜곡 현상은 이러한 부대 편성 때문에 나타났다. 충주성을 공격하여 점령한 일본군의 중군 7,000명은 충주성에도 일정 부대를 남겨두어야만 했다. 이에 조선

<표 6-3> 고니시 유키나가군의 병력 구성

장수명	병력수	합계
고니시 유키나가小西行長	7,000명	18,700명
소 요시토시宗義智	5,000명	
마츠우라 시게노부松浦鎭信	3,000명	
아리마 하루노부有馬晴信	2,000명	
오무라 요시아키大村喜前	1,000명	
고토 스미하루五島純玄	700명	

* 출처: 中村榮孝(1969, 104); 국립진주박물관(2003, 191~192) 참조.

군 10,000여 명은 상대적 병력 우위를 점할 수 있었던 것이다.

　일본군이 중군, 좌군, 우군을 최초 부대 구성에 따라 편성했는지는 알 수 없다. 그러나 부대의 효율적 지휘를 위해 건제를 유지하고 있었을 가능성이 높다. 또한 탄금대전투 이전에 몇 차례 전투를 치렀기 때문에 실제 병력은 7,000명보다 다소 줄어들었을 것이다.

　일본군이 충주성을 함락할 경우 진영은 흐트러질 수밖에 없다. 신립은 일본군이 충주성을 점령한 전후가 결정적 전투 시점이라고 확신했던 것 같다. 기병 활용에 자신이 있던 신립은 순풍을 타고 공격을 감행했다. 이는 이전에 북방의 여진족을 공격할 때에도 자주 사용하던 전술이었다(이홍두 2000; 노영구 2002; 최형국 2009). 신립은 1583년 경원부慶源府가 여진족에게 포위되자 경기병을 거느리고 구원했으며, 또 훈융진訓戎鎭이 포위되자 구원을 나가 적을 활로 공격하며 성안의 병사와 더불어 공격했다(《선조수정실록》 17, 선조 16년 2월 1일). 이후 종성鍾城의 요새가 포위되자 경기병을 거느리고 구원에 나서 적을 물리치기도 했다(《선조수정실록》 17, 선조 16년 5월 1일). 이렇듯 신립은 적이 성을 포위공격하며 전열이 흐트러져 있을 때 기병으로 돌격하여 적을 물리치는 전법에 아주 능숙했다.

전면의 기병이 먼저 돌격을 하고, 뒤에 위치한 보병도 전진해나갔다. 하지만 기병과 보병의 속도차에 의해 조선군의 진영이 흐트러졌다. 고니시는 이때를 놓치지 않고 좌군과 우군에게 공격 신호를 보냈다. 조선군의 좌우 측면에 매복해 있던 일본군의 공격이 시작되었다. 조선군 기병과 대치하려던 중군과 충주성에 있던 잔류병도 총공격에 나섰다. 좌우측익이 공격당한 조선군은 여지없이 무너졌다. 탄금대로 되돌아가는 방법밖에 없었다. 그러나 이미 전세가 기운 상태에서 배수진을 쳐놓았기 때문에 더 이상 재기할 수 없었다.

패배, 그러나 탄금대 선택은 합리적

신립이 탄금대전투에서 패배함으로써 조선의 중앙군 주력은 상실되었다. 탄금대전투 패배는 임진왜란의 전개에 상당한 영향을 미쳤다. 임진왜란 이후 조선의 군제에도 큰 변화를 주었다. 임진왜란 이전의 공병제가 임진왜란 이후에는 사병제로, 번상番上병제는 장번長番병제로, 기병 중심은 보병 중심으로 변화되었던 것이다(김종수 2012).

탄금대전투의 패배 원인으로 신립이 밤낮으로 잠을 잤다(《대동야승大東野乘》, 〈기재사초寄齋史草 하下〉), 신립의 군율이 해이했다(《선조실록》140, 선조 34년 8월 28일), 장수와 병사 간의 소통이 제대로 되지 않았다(《선조실록》65, 선조 28년 7월 24일), 신립이 술에 취해 있었다(《선조실록》185, 선조 38년 3월 23일), 신립이 포악하고 일본군을 업신여겼다(《선조수정실록》26, 선조 25년 2월 1일) 등 장수로서의 자질을 언급한 견해도 많이 제시되었다. 그렇지만 이는 대부분 사실과 거리가 멀다. 신립은 20여 년에 걸쳐 무장으로서 대부분의 전투에서 승리를 거두었고 군인으로서 자세가 흐트러지지 않았다. 도망치거나 유언비어를 퍼뜨리는 병사는 가차없이 참수했으며(《선조수정실록》17, 선조 16년 2월 1일; 《선조실록》26, 선조 25년 4월 17일), 하극상을 일으킨 병사 또한 참수하는(《선조실록》22, 선조 21년 10월 15일) 등 군령을 엄히 하고 사기 저하를 막는 데 주력했다. 이런 점에서 탄금대 패전의 과오만 부각시켜 무능한 장수로 몰아세우는 결과론적 인식은 지양해야 할 것이다(이헌종 1996, 84).

물론 적정을 제대로 파악하지 못해 일본군에게 포위를 당한 점, 기병 중심으로 돌격을 감행하여 스스로 진영을 무너뜨린 점, 배수진을 침으로써 퇴각로를 스스로 없애 부대 재편성을 불가능하게 한 점 등은 장수로서 비난받을 수밖에 없다. 특히 당대의 여러 인물들이 신립이 조령을 포기하고 탄금대를 선택한 것은 잘못이었다고 평가했던 점은 신립의 실책을 더욱 두드러지게 한다.* 무엇보다 탄금대전투에서 패배한 점은 장수로서 비난받아 마땅하다.

그러나 그렇다 하더라도 신립의 장수로서 자질이나 전략전술 능력이 부족했다고 단언하기는 어렵다. 신립의 장수로서의 자질이나 탄금대에 배수진을 친 것 자체까지 한꺼번에 매도해서는 곤란하다. 한양으로의 철수를 거부당한 상태라 충주 일대에서 방어해야 했던 점, 탄금대의 지형이 방어와 기병 활용에 유리했던 점, 충주의 주풍향이 서풍이어서 원거리 발사무기에 유리했던 점 등을 감안하면, 신립이 전투 장소로 탄금대

---

* 이 장의 서두에서 언급한 것처럼 류성룡은 《징비록》에서 신립의 탄금대 선정을 비판했다. 하지만 그보다 탄금대전투 패배에 더욱 크게 작용한, 그래서 시급하게 해결해야 할 문제로 남방의 제승방략의 폐해를 언급하며 결국 진관체제鎭管體制로 복귀할 것을 주장하기도 했다(《선조수정실록》49, 선조 27년 3월 29일).

를 선정한 것은 나름대로의 판단기준에 따른 합리적 선택이었다. 요컨대 신립은 당대 최고의 장수였고, 지형과 기상을 고려하여 탄금대에 배수진을 쳤으며, 일본군의 선봉대를 섬멸하고자 과감히 공격에 나섰던 인물이었다.

정여립의 군사 전략

1589년(선조 22) 조선을 발칵 뒤집어놓은 사건이 발생했다. 정여립鄭汝立이 역모를 꾸미다가 발각된 것이다. 이 시기는 임진왜란이 일어나기 3년 전으로 임진왜란의 발발과도 간접적으로 연결되어 있다. 정여립은 선조의 왕권을 부정하고 무력으로 체제 전복을 꾀하다가 사전에 발각되어 자결했다. 역모에 연루되어 희생된 사람도 무려 1,000여 명이었다.

정여립 역모 사건은 역모 사실에 대한 진위 문제, 관련자들의 처벌 문제로 조선 후기 내내 논란의 대상이 되었다. 현재 역사학자들 역시 이 사건에 대해 서로 다른 해석을 내놓고 있다. 다만 정여립의 역모 사실 자체는 대체로 인정한다. 과연 정여립은 어떠한 계획을 통해 무력으로 쿠데타를 일으키려고 했을까?

정여립의 무력 기반

정여립은 전라도 전주 출신으로 비교적 이른 나이에 과거에 급제하여 벼슬을 했다. 중앙 정계의 청요직清要職인 홍문관 수찬 등을 지내면서 율곡 이이에게 재능을 인정받는 등 당시 관료 사회에서 상당한 명망을 얻었다. 그러나 이이 사후 어떤 연유인지는 알 수 없으나 스승격인 이이를 배반했다는 혐의를 받고 선조로부터 심한 배척을 받았다. 정여립을 중용하려는 움직임도 있었지만 선조는 번번이 거부했다. 정여립 역시 선조 아래서는 아무것도 이룰 수 없음을 절감하고 고향인 전주로 낙향했다. 역모가 일어나기 4년 전인 1585년의 일이었다.

정여립은 고향인 전주에서 평소 그를 추종하는 인사들을 규합하여 조정의 시사를 논하는 한편 강학과 무예를 연마했다. 아마 이때부터 선조를 중심으로 하는 왕조체제의 모순을 직시하고 그것을 타도하기 위해 본격적인 준비 작업을 펼쳤던 것으로 보인다. 이러한 활동을 구체화하고 자신의 무력 기반을 확보하기 위해 조직을 만들기까지 했다. 바로 대동계大同契였다. 대동계에 대해서는 관련 사료가 거의 없어 규모와 운용의 뚜렷한 실상을 파악하기 어렵다. 《연려실기술》에 따르면, 대동계 구성원들은 매달 15일(보름)에 한 차례씩 회합하여 글을 배우고 활쏘기, 말타기, 칼과 창을 쓰는 법을 배웠다. 필요한 자금과 음식은 정여립이 직접 마련했다. 대동계의 구성원들은 반상班常과 공사천예公私賤隷가 함께 포함되어 있어 신분의 귀천을 따지지 않았다고 한다.

1587년 손죽도(전남 여수)로 왜구가 쳐들어왔다. 이른바 정해왜변이다. 침입한 왜구는 꽤 규모가 커서 조정에서 방어사로 변협과 신립을 보내야 했을 정도였다. 《선조수정실록》에 따르면, 이때 전주부윤인 남언경이 군사들을 제대로 편성하지 못해 정여립에게 도움을 청했다. 이에 정여립이 군사들을 모으고 부서를 나누었는데, 채 하루가 되지 않아 마무리되었다. 당시 장령將領들은 모두 정여립이 조직한 대동계 소속이었다. 적이 물러가고 군사를 해산할 때 정여립은 장령들에게 "훗날 변고가 있으면 너희들은 각각 부하들을 거느리고 일시에 와서 기다리라"고 하고, 군부 軍簿 1건을 직접 가지고 갔다고 한다. 대동계가 준군사조직으로서 상당히 탄탄한 기반을 가지고 있었음을 엿볼 수 있는 대목이다.

정여립과 황해도

정여립은 고향인 전주를 중심으로 왕조체제를 전복하기 위한 준비를 해나갔다. 그렇지만 그가 자신의 계획을 실현하기 위해 가장 공을 들인 지역은 황해도였다. 황해도는 조선 개국 이래 명나라의 사신과 조선의 대명 사대외교 사절이 왕래하던 길목이라 다른 어떤 지역보다 공물 및 각종 부역의 부담이 심했다. 그로 인한 백성들의 불만도 점차 누적되고 있었다. 명종 때 일어난 임꺽정의 반란은 그러한 불만에 불을 지펴 민심을 크게 흉흉하게 만들었다. 선조대에 와서도 크게 달라지는 것이 없자 백성들의 국가를 원망하는 목소리는 갈수록 높아졌다. 백성에 대한 위무활동의 시급함이 여러 차례 개진될 정도였다.

게다가 황해도는 도성을 점령하기 위한 군사 전략상의 가치가 높은 지역이었다. 우선 황해도는 수도 한양과 거리가 가까웠다. 훗날 인조반정 시 황해도와 인접한 장단에 있던 이서의 군대가 신속하게 남하하여 도성에 진입할 수 있었던 것도 이런 거리상의 이점 때문이었다. 또한 정여립의 쿠데타 세력이 남쪽인 전주와 황해도에서 동시에 거병한다면 도성에 대한 남북 협공 전략이 성립되는 셈이었다. 물론 이런 점들은 직접적인 증거 기록이 없는 단순한 추정에 불과하다. 그렇지만 황해도에 대한 여러 정황 등을 감안하면 정여립의 무력 쿠데타를 위한 합리적인 군사 전략의 일환으로 이해할 여지가 있다.

정여립은 1588년과 1589년 사이에 황해도 지역의 지방관으로 가기 위해 중앙 정계의 인맥을 움직였다. 직접 황해도 지방으로 가서 지방관의 공적 권위에 가탁해 불만세력을 조직화해서 유사시에 군사력으로 활용하려는 계획 때문이었던 것으로 보인다. 이는 자신의 세력 기반인 대동계를 황해도까지 확대하는 것을 의미하기도 했다.

정여립의 황해도 지방관 발탁 시도는 결국 좌절되고 말았다. 그러나 황해도 지방의 전략적 가치가 높았기 때문에 이 지역에 대한 공작은 계속되었던 것 같다. 새로운 인물이 등장하여 새로운 시대가 열린다는 참설을 황해도에 지속적으로 유포했으며, 정여립의 수하들이 전주와 황해도를 부지런히 오갔다는 기록도 남아 있다.

정여립이 자결한 이후 성혼이 사건을 조사하면서 올린 상소에는 황해도의 백성들이 정여립 불사설不死說을 언급하며 군사가 일어나지 못한 것을 아쉬워할 정도였다는 내용도 보인다. 실제 정여립이 거병한다는 고변告變은 전주가 아닌 황해도에서 먼저 올라왔다. 이는 황해도에서 정여립에게 동조했던 인물들이 그만큼 많았다는 사실을 방증한다.

쿠데타의 성공 가능성

정여립의 무력 쿠데타가 사전에 발각되지 않고 계획대로 진행되었다면 성공할 수 있었을까? 결론부터 말하자면 성공 가능성은 어느 정도 있었다고 여겨진다. 물론 정치적인 측면은 논외로 하고 군사적인 측면만으로 국한시킨다면 말이다.

가장 큰 이유로 정여립이 무력 쿠데타를 계획할 당시 조선의 군사력이나 방어 실태가 매우 취약했다는 점을 들 수 있다. 조선은 건국 이래 200년간 큰 전쟁 없이 평화가 이어졌기 때문에 군사 문제에 대해서는 안일하게 대처했다. 게다가 16세기 이후 양인 개병제皆兵制가 돈으로 군역을 대신하는 수포제收布制로 변질되면서 국방을 담당하는 군인의 숫자가 매우 부족해지기까지 했다.

임진왜란 초기 조선군이 전투다운 전투를 해보지도 못한 채 20일 만에 수도 한양을 내주었던 것은 이 같은 사정을 그대로 보여준다. 도성 방어의 경우도 군적상으로만 병력이 존재할 뿐, 실제 병력은 군적에 등재된 숫자의 10분에 1에 불과한 수준이었다. 도성 외곽의 경비 또한 허술했다. 인조반정 때 반정군이 1,000여 명에 불과했다는 사실을 통해서도 도성 방어의 실태를 짐작할 수 있다.

물론 조정과 지방의 대처 방식에 따라 쉽게 진압당했을 수도 있다. 다만 정여립이 거병하여 신속하게 움직였다면 도성을 점령하는 것이 결코 불가능한 일만은 아니었다고 판단된다. 결과적으로 정여립의 무력 쿠데타 계획은 사전에 발각되어 실제 군사 행동으로 이어지지는 못했다.

이 대목에서 한 가지 의문이 든다. 왜 정여립은 휘하의 대동계를 움직여 저항하지 않았을까? 아마 그것은 대동계라는 조직의 운용 문제와 관련이 있을 것 같다. 이 문제와 관련해서 약간의 시사를 얻을 수 있는 기록이 있다. 사건 당시 정여립의 잔당을 토벌하고 민심을 수습하다가 서울로 올라온 전라도 관찰사 이광과 선조의 대화가 담긴《선조수정실록》이 그것이다.

선조가 "역변이 발각될 당시 군사와 무기가 있었을 것인데 끝내 찾아내지 못한 것은 무엇 때문인가?" 하니, 이광이 대답하기를 "정여립이 평소에 유자儒者로 자처했으니 병사를 모으고 무기를 사들이고 싶어도 형편상 불가능했을 것입니다. 따라서 미리 비축하지 않았던 것입니다" 했다. 이에 선조가 "그렇다면 역적이 맨주먹으로 난을 일으킨 계획이었던가?" 하니, 이광이 답하기를 "역적들의 간사한 꾀를 전부 헤아리기는 어려우나 우리나라 안에 있는 병기 고는 대부분 방어할 만한 성벽이 없습니다. 따라서 적이 초기에 농기구를 들고 일어나더라도 한 고을의 병기고를 불시에 덮친다면 무기가 저절로 충분해질 터인데 미리 준비할 필요가 있겠습니까" 하니 선조도 그 말을 그럴 듯하게 여겼다.

위의 대화 내용을 토대로 추론해보면 정여립의 대동계는 상비조직이 아니었다. 즉 일반 군대처럼 무기를 갖추고 항상 대기 상태에 있으면서 즉각 출동할 수 있는 성격의 조직이 아니었던 것이다.

평소 정여립이 유학자로 행세했다는 점에서 대동계 조직은 노출을 꺼려 지하 점조직으로 운용되었던 것으로 보인다. 이들은 각지에 흩어져 점조직을 관리하다가 유사시에 정여립의 명령에 따라 거병하여 빠르게 선공先攻하는 전략을 세운 듯하다. 그러나 정여립이 전혀 예측하지 못한 쿠데타 고변으로 쫓기게 되면서 대동계 조직을 제대로 동원할 수 없었던 것이다.

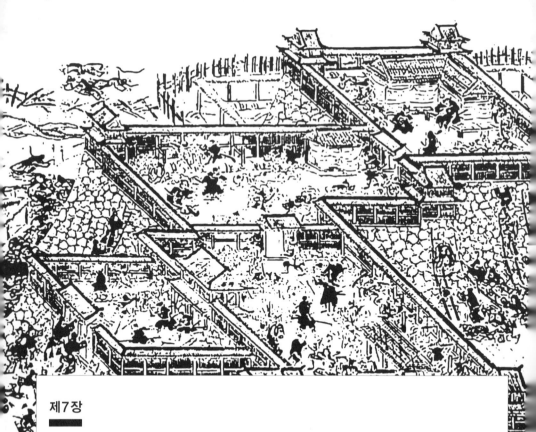

일본 큐슈의 후쿠오카시福岡市 박물관에서 소장 중인 〈조선출병도병풍朝鮮出兵圖屏風〉에는 울산왜성전투 당시의 모습이 잘 묘사되어 있다(기타지마 만지 2008, 223). 우리나라에서는 울산성전투도 병풍으로 알려진 〈조선출병도병풍〉에는 성을 포위한 대규모 조명연합군과 성곽 안에서 말을 잡아먹는 일본군 병사들의 모습이 대조적으로 그려져 있다.

울산왜성전투를 기록한 일본의 군기軍記에는 당시 일본군이 심각한 식수난과 식량난으로 인해 피가 섞인 물을 마시거나 종이를 씹어 먹고 흙벽을 끓여 먹었다는 기록이 남아 있다. 물을 마신 자의 소변을 받아먹었다는 기록도 있다(노성환 2011 참조). 전투가 한창 진행 중인 상황임에도 병사들이 말을 잡아 허기를 달랜 것은 이러한 정황을 잘 반영하고 있다.

울산왜성 포위전에서 가토 기요마사加藤清正는 시종 군량 부족과 식수마저 끊긴 열세 속에서 최악의 고전을 경험했다(손종성 2003, 123). 정유재란 당시 가장 전투력이 뛰어났다고 평가되는 가토 기요마사가 울산에서 조명연합군에 포위되어 고전을 면치 못했던 것이다.

1592년 임진왜란을 일으켰던 일본군은 명나라의 원병과 조선군의 반격으로 전선이 소강상태에 빠지고 화의가 진행되자 일단 남쪽으로 물러났다. 그러나 화의가 결렬되자 1597년 정유재란丁酉再亂을 일으키며 다시 침략해 왔다. 1596년 12월과 1597년 정월 사이에 일본군의 선봉인 고니시 유키나가小西行長와 가토 기요마사는 동래, 부산, 울산 등지에 교두보를 재구축했고, 3월 중순부터 일본군의 주력부대 141,500여 명이 조선으로 건너왔다(손종성 2003, 114).

일본군은 부대를 좌우군으로 나누고 경상도와 전라도로 진격했다. 진주, 남원, 전주를 차례로 공격하며 북상했다. 충청도로 진입한 일본군은 청주, 천안 등지를 공략하며 직산까지 진출했다. 명군 주력부대와 조선군이 직산에서 일본군의 북상을 저지했고, 조선의 수군은 명량에서 일본군을 패배시켰다. 이후 일본군은 후퇴하여 남동해안을 중심으로 거점을 구축하고 방어에 주력했다.

고니시 유키나가는 서쪽의 순천에서, 가토 기요마사는 동쪽의 울산에서 왜성을 축조하며 방어태세를 갖추었다. 왜성은 주로 강이나 바다에서 200~300미터 거리의 독립된 구릉에 지어졌는데, 지형을 교묘하게 활용하여 방어진지를 구축했다(황호현 2008, 242). 일본군은 수로를 활용하여 연락과 보급 및 철수를 용이하게 했으며, 각 왜성을 유기적으로 배치하여 방어력을 극대화하고자 했다.*

그렇다면 가토 기요마사가 왜성 축조지로 울산을 선택한 이유는 무엇일까? 조선시대 울산 지역은 경상도에 설치된 두 개의 병영 중 하나인

---

* 왜성은 각 지역에서 수탈한 문화재를 일시 보관하고 포로로 삼은 인력을 임시 수용했다가 일본으로 수송하기 위한 목적도 있었다(김문길 2004, 42~43). 아무튼 임진왜란과 정유재란 당시 일본군이 축성한 성으로 유구遺構(옛날 토목건축의 구조와 양식을 알 수 있는 실마리가 되는 자취)의 흔적이 남아 있는 성은 30여 개이며, 발굴조사에 따라 추가로 발견될 가능성이 있다(천득염 2001, 234).

〈그림 7-1〉 울산왜성

* 출처: 울산광역시 중구청 문화공보실.

좌병영의 소재지로 군사적 요충지였다. 일본군 입장에서는 부산을 북동 쪽 방면에서 보호할 수 있는 곳이었다. 동시에 경주를 공격할 수 있는 교두보 역할을 할 수 있는 지역이었다. 게다가 서생포왜성의 방비를 더욱 강화할 수 있는 주요한 거점이었다(우인수 2003, 167~168).

울산왜성을 포위하다

일본군의 북상을 저지한 조명연합군은 방어에서 벗어나 일본군의 거점을 적극적으로 공격하기로 한다. 이에 순천의 고니시 유키나가를 공격하자는 전라도 공격론과 울산의 가토 기요마사를 공격하자는 경상도 공격론이 대두된다. 결국 일본군의 주요 근거지인 부산 및 서생포와 가깝고 일본군의 대표적인 무장인 가토 기요마사가 있던 울산왜성이 첫 공격 목표로 선정되었다. 이에 따라 필요한 군량 조달과 공급에 치밀한 계획과 조치가 취해졌다. 다행히 풍작 덕분에 조선 국내의 수확량만으로 필요한 5만 명분의 군량을 모두 조달할 수 있었다(손종성 2003, 121~122).

약 5만 명에 달하는 명군과 조선군의 연합군은 세 길로 나누어 울산으로 이동했다. 문경새재를 거쳐 남하한 조명연합군은 12월 20일 무렵 경주에 도착하여 적진을 정찰하고 도상계획을 수립하는 등 전투준비를 완료했다. 가토 기요마사도 요충지를 수비하도록 지시하는 한편 각 진에 구원병을 요청했다(최효식 2003, 364).

원래 울산왜성에서 30킬로미터 떨어진 서생포왜성에 주둔하고 있던 가토 기요마사는 도요토미 히데요시의 지시를 받고 서생포왜성을 구로다 나가마사黑田長政에게 넘겨준 후 울산왜성을 새로이 축조했다. 울산왜성 축조는 수많은 대장장이나 장인匠人들을 동원하여 밤낮을 가리지 않고 강행되었다(기타지마 만지 2008, 222).

울산왜성의 성곽은 여러 겹의 소곽小郭이 단을 이루며 축조되었다. 석성으로 쌓은 주곽부와 토성으로 쌓은 외곽부로 구성되었다. 주곽부는 해발 약 50미터인 산꼭대기에 본환本丸(혼마루)을 두고, 본환 북쪽 아래 해발 35미터 지점에 이지환二之丸(니노마루)을 배치했으며, 그 아래 서북쪽 해발 25미터 지점에 삼지환三之丸(산노마루)을 두었다. 주곽부의 남쪽에는 군수물자 및 병력 수송을 위해 항시 배를 댈 수 있는 선착장을 만들었다(이철영 2013, 27). 조명연합군이 초반 외곽 전투에서 승리했음에도 끝내

<그림 7-2> 일본군 배치도

* 출처: 구글어스 위성지도.

성을 함락시키지 못한 것은 이러한 울산왜성의 견고한 구조 때문이었다.

울산왜성은 남쪽으로 태화강이 흐르고 동쪽으로는 동천강이 흘러내려 자연해자 역할을 했다. 본환의 남쪽은 현재와 달리 태화강이 확장되어 있어 선착장을 설치할 수 있었다. 가토 기요마사는 서북쪽 성황당과 동북쪽 반구정에는 방어진지를 구축했고, 반구정에서 울산왜성까지는 토루를 연결하여 쌓고 그 앞쪽에는 해자를 설치했다(이철영 2013, 25~30).

1597년 12월 22일, 전투가 시작되었다. 울산왜성전투는 이때부터 이듬해인 1598년 1월 4일까지 10여 일간 지속되었다. 조명연합군의 좌군은 반구정의 적진을 공격했고, 중군은 병영길을 통해 곧장 적진을 공격했으며, 우군은 태화강의 적진을 포위했다. 유격장 모국기茅國器는 절강

지역의 정예병을 이끌고 외부 성책을 돌파하여 쳐들어갔고, 유격장 진인陳寅도 외부 성책을 돌파했다(우인수 2013, 4~5). 결국 일본군은 외곽진지를 모두 포기하고 울산왜성으로 후퇴했다.

울산왜성은 외곽 성책과 달리 견고하게 쌓여 있었기 때문에 조명연합군이 쉽사리 극복할 수 없었다. 조명연합군은 몇 차례 공격을 시도한 후함락이 여의치 않자, 울산왜성을 철저히 포위하여 고립시켰다. 성 주위의 우물을 메우고 교통로를 차단했다. 이에 왜성에 고립된 일본군은 추위, 식수난, 식량난 등으로 고전을 면치 못했으며, 탄약을 비롯한 보급품의 고갈로 전멸 위기까지 몰렸다.

울산왜성의 위급한 상황이 전해지자 인근의 일본군들이 속속 서생포왜성으로 모여들었다. 약 13,000명에 달할 정도로 많은 수였다. 이 병력은 서생포왜성에 주둔하던 병력과 함께 울산왜성으로 출발했다. 그 외에해로로 순천에서 출발한 고니시 유키나가의 병사 2,000명이 울산 근해에 모습을 드러냈다. 우키다 히데이에宇喜多秀家와 모리 히데모토毛利秀元의 병력 20,000여 명도 부산을 떠나 북상했다. 일본의 구원군들이 조명연합군을 도리어 역포위하여 공격할 태세를 갖추자(우인수 2013, 5), 조명연합군은 1598년 1월 4일 포위를 풀고 경주로 철수했다.

조명연합군의 규모는 어느 정도였나

울산왜성전투에 참가한 조명연합군의 총 병력은 명군 40,000여 명과 조선군 10,000여 명 등 50,000명 이상이었던 것으로 알려져 있다(손종성 2003, 121). 그런데 1790년에 간행된 황경원의 《강한집江漢集》에는 울산왜성전투에 투입된 병력이 40,000명이라고 기록되어 있다. 일반적으로 아군의 병력을 과장하는 경향을 감안하면, 40,000명이라는 언급은 조명연합군이 채 50,000명이 되지 않았음을 시사한다. 물론 당대의 기록이 아니라 후대의 기록이어서 오류나 축소가 있을 수 있다. 그렇지만 저술이 이루어지던 당시 40,000명이라고 인식하고 있었다는 점에 주목할 필요가 있다.

《선조실록》에 따르면, 1593년 평양성전투를 앞두고 명군은 먼저 43,500명이 참가했고 추가로 8,000명이 도착하여 총 병력이 51,500명에 달했다고 한다. 그런데《재조번방지再造藩邦志》에는 이 시기 활약한 명군이 44,102명으로 되어 있다. 그렇다면 추가로 도착한 명군 8,000명은 실제 전투에 참가하지 않는 전투지원병으로 볼 여지가 있다. 즉 명군은 총 병력이 5만여 명으로, 약 44,000명의 전투병과 약 8,000명의 전투지원병으로 구성되었던 것으로 추정된다.

경략經略이 장군 마귀麻貴로 하여금 경리經理 및 좌우 사람들과 협동하여 충주 조령鳥嶺에서 안동을 향하여 경상도로 나아가 오로지 가토 기요마사를 공격하게 하면서, 고니시 유키나가가 서면에서 와서 구원할까 두려워하여, 중협中協으로 하여금 의성을 향하여 동쪽으로 구원하게 하고, 좌우 양협兩協으로 전라도 사이의 험한 곳을 지키게 하고, 또 3협三協 중에서 마병馬兵 1천 5백 명을 골라 조선 군사와 함께 천안·전주·남원을 경유하여 내려오면서 크게 기와 북을 벌이고 순천 등지를 공격한다고 속여서 고니시 유키나가를 견제하게 하니, 육로는 대강 준비되었으나 해군만은 자주 격문을 보내도 진군하지 않았다. 경리가 대군을 거느리고 잇달아 진군할 적에 스스로 수하의 용맹한 군사 수백 명을 거느리고 가벼운 복장으로 달려서 조령을 통과하니 12월 8일이고 마 제

독 이하 여러 장수의 거느린 바가 합하여 44,800명이었다. 제독이 문경에 이르러 삼로三路의 대장을 불러 비밀리에 군무軍務를 의논하는데 도원수 권율도 앉아 있었다.

－《재조번방지》4

《선조실록》에는 평양성전투 당시 명군의 병력 수는 구체적으로 기록되어 있으나, 울산왜성전투에 참가한 병력 수는 기록되어 있지 않다. 정유재란 당대의 기록에 가까워 신빙성이 높은 신경의 《재조번방지》(1693년 간행)와 신흠의 《상촌집象村集》(1630년 간행)에 따르면, 울산왜성전투에 참가한 병력은 44,800명이었다고 한다. 명군의 전투병이 약 44,000명이었던 점을 감안하면, 문맥상으로 울산왜성전투에 참가한 44,800명 전원을 명군으로 볼 여지도 있다. 그러나 명군 가운데 일부는 경상도와 전라도 사이의 험지를 방어했고, 또 일부는 전라도 방면으로 남하했다. 그러므로 명군 전체가 울산왜성전투에 참여했다고 단정짓기는 어렵다. 일부 부대는 보급로와 교통로를 중심으로 잔류시켜 전라도 방면의 일본군을 견제해야 했으므로 울산으로 전체 병력을 투입시키기는 곤란했을 것이다.

이와 관련하여 전라도 방면으로 남하하던 명군에 조선군이 포함되어 있었던 점과 경상도 방면으로 남하한 명군에 조선군의 권율이 포함되어 있었던 점을 주목할 필요가 있다. 이는 다음의 사료를 통해 좀 더 명확해진다.

명나라 장수가 남하할 적에 우리나라의 병마兵馬를 삼영三營으로 나누어 소속시켜서 명나라 장수와 협조하도록 딸려 보냈다. 제1영은 충청도 병마절도사

이시언李時言으로 2,000명을 거느리게 했는데 평안도 군병 2,000명을 소속시켰고, 제2영은 경상좌도 병마절도사 성윤문成允文으로 2,000명을 거느리게 했는데 방어사防禦使 권응수權応銖의 군병 200명, 경주부윤慶州府尹 박의장朴毅長의 군병 1,000명, 함경·강원도 등의 군병 2,000명을 소속시켰고, 제3영은 경상우도 절도사 정기룡煥起龍으로 1,000명을 거느리게 했는데 황해도 군병 2,000명과 경상도 방어사 고언백高彦伯의 군병 300명을 소속시켰다.

—《선조실록》94, 선조 30년 11월 10일

《선조실록》에 따르면, 울산왜성전투에 참가한 조선군은 모두 11,500명이다. 이들이 명군에 소속된 시기는 11월 10일이다. 《재조번방지》에 따르면, 경상도로 남하한 명군이 조령을 통과한 시점은 12월 8일이다. 따라서 경상도로 진입한 명군에는 앞서 편입된 조선군이 포함되어 있었다고 할 수 있다.

그렇다면 조령을 통과하여 남하한 44,800명은 명군의 병력이 아니라 조명연합군의 총병력이라고 봐야 자연스럽다. 이들은 조선군이 11,500명, 명군이 33,300명으로 구성되었던 것이다. 따라서 조명연합군의 병력은 50,000명 이상이 아니라, 《재조번방지》나 《상촌집》에 기록된 것처럼 44,800명으로 보는 편이 타당하다.

울산왜성 공격, 수월한 작전이 아니었다

《손자병법》에 "아군의 병력이 10배면 적을 포위하고[十則圍之], 5배면 적을 공격하며[五則攻之], 2배가 되면 적을 분산시킨다[倍則分之]"라고 되어 있다(《손자병법》〈모공편謀攻篇〉3). 사기와 훈련 정도, 지형과 기상, 무기와 장비의 수준 등에 따라 충분히 다르게 적용될 수 있지만 일반적으로 공격하는 병력과 수비하는 병력의 비율은 3:1이 적당하다고 본다.

울산왜성의 축성은 오타 가즈요시太田一吉의 책임 하에 진행되었다(최효식 2003, 357). 축성에 동원된 일본 측 인원은 16,400명으로 알려져 있는데(渡邊弟之助 1946, 82~100), 이들은 근처에 있던 읍성과 병영성을 헐어 그 석재를 사용했다(최효식 2003, 357). 동원 인원 거의 대부분이 일본군이므로 16,400명을 일본군의 총 병력으로 보아도 크게 무리는 없을 것이다.

그렇다면 울산왜성전투는 공격하는 조명연합군 44,800명과 방어하는 일본군 16,400명의 대결이었다고 할 수 있다. 조명연합군과 일본군의 규모가 약 2.7배 차이가 나므로, 일반적인 공자와 방자의 3:1 구도가 성립한다.

① 경리와 도독은 성의 북쪽에 주둔했고, 고책은 동쪽에 주둔했으며, 오유충은 남쪽에 주둔했고 이방춘은 서쪽에 주둔하고 있다. 이여매와 파새는 강변에서 서생포의 왜적을 차단하고, 조승훈과 파귀는 부산의 왜적을 차단하고 있다.
–《선조실록》96, 선조 31년 1월 3일

② 왜선 10여 척이 태화강의 하류인 남강에 정박하고 있었는데, 경리가 절병浙兵 2천 명과 기병 1천 명으로 강안을 방비하게 했습니다.
–《선조실록》96, 선조 31년 1월 6일

위의 기록은 모두 울산왜성 포위작전을 수행하던 당시의 병력 배치 상황을 보여준다. 조명연합군은 울산왜성을 포위하는 동시에 병력을 분파하여 일본군 구원병의 길목을 차단했다. 정확한 수를 단정짓기는 어렵지만 ②의 기록을 참조할 때 5,000명 내외가 투입되었던 것으로 추정된다.

적 구원병의 길목 차단은 포위작전에서 대단히 효과적인 전술임에 틀림없다. 외곽으로 파견된 병력도 넓은 의미에서 보면 포위작전을 수행한 병력에 포함된다. 그렇지만 울산왜성을 직접 공격하는 데에는 시간적 혹은 공간적 제한이 따를 수밖에 없다. 그리고 그로 인해 본대의 병력이 줄어드는 것은 감수할 수밖에 없다.

정리하면 울산왜성전투는 약 4만 명의 조명연합군이 약 16,000명의 일본군을 직접 공격한 전투다. 이 경우에는 공자와 방자의 차이가 약 2.5배로 줄어든다. 조명연합군이 여전히 병력 우위를 보이는 것은 사실이나, 포위공격을 하기에 그렇게 여유로운 숫자로 보기는 어렵다. 게다가 조명연합군은 조선군과 명군의 연합체이므로 지휘체계가 일관되게 확립되지 않았고 양자 사이의 의사소통 문제가 발생할 소지가 있었다. 당시 조명연합군이 포위공격을 위한 압도적인 병력과 전력을 보유했다고 보기는 어려웠던 것이다. 다음 사료는 이 같은 점을 더욱 분명하게 드러낸다.

모든 군사가 성을 함락시키고 진격하여 토굴을 공격했으나 토굴이 겹겹으로 되어 있고, 석축石築이 견고하고 험하기가 비길 데 없어 격파하지 못했습니다. 시험삼아 대완구大碗口를 쏘아보았으나 산비탈이 가파르고 높아서 포석砲石이 장애를 받아 곧바로 쏠 수가 없어 종일토록 함락시키지 못했습니다.
-《선조실록》96, 선조 31년 1월 1일

사료에서 말하는 성은 외성을, 토굴은 바로 울산왜성 자체를 의미한다.[*] 조명연합군은 화포를 사용하여 성벽을 부수고자 했으나 왜성의 비탈이 높아 각도가 잘 나오지 않았다. 울산왜성은 해발 50미터에 불과하다. 하지만 상당한 경사면을 가지고 있다. 조선 영조 시기에 편찬된《학성지鶴城誌》에 따르면, 울산왜성은 증성甑城이라 불렸으며 울산읍성을 뜯어다가 옮겨 쌓은 것이라 한다(이창업 2006, 205). 증성은 현재 학성공원이 위치한 필봉의 모양이 마치 시루를 엎어 놓은 것 같다고 하여 붙여진 이름이다.

중국이나 한국이 성벽을 거의 수직으로 곧게 쌓아올리는 데 반해, 왜성은 어느 정도 기울기를 가진다. 아래쪽은 비교적 완만한 기울기로 들여쌓고 위쪽은 상대적으로 급하게 쌓아올리는 방식이다. 이는 적당한 기울기를 줌으로써 높은 성벽을 안정시켜 붕괴를 막기 위함이다(이철영 2010, 40~41). 즉 동일한 두께의 성벽이라면 왜성이 중국이나 한국의 성에 비해 붕괴 확률이 낮았던 것이다.

조명연합군의 사기가 일본군을 압도하고 있었을지는 몰라도, 일반적으로 단병기 사용에 관한 숙련도는 일본군이 더 높았다. 그리고 지형과 성곽이 공성전을 감행해야 하는 조명연합군에게 그리 유리하지 않았다. 조총을 효율적으로 사용하던 일본군에 비해, 조명연합군은 공성무기가 미비했고 고지대에 위치한 왜성을 향해 화포도 제대로 사용할 수 없는 상태였던 것이다. 이러한 맥락에서 볼 때 조명연합군의 울산왜성 공격은 처음부터 수월한 작전이 아니었다.

---

[*] 당시 왜성은 성벽을 따라 그 위에 흙벽을 쌓아 총안구를 만들어 놓았기 때문에 토굴이라 불렸다.

울산왜성의 일본군, 상당한 군수물자를 비축해두다

12월 26일, 그런데 이와 같이 되어서는 곡물과 물이 고갈되어 사람들이 죽어
가는 것은 필연적인 것이다. 벌써부터 한 사람, 두 사람 쓰러져서 죽어가기 시
작하는 것을 본다. 이 성안에서 곤혹스러운 것은 세 가지로 국한된다. 추위,
배고픔, 갈증이 바로 그것이다.

－《조선일일기朝鮮日日記》

큐슈 오이타현 안요지安養寺의 승려인 케이넨慶念은 정유재란 시 의사
로서 종군하여《조선일일기》를 작성했다(신용태 1997). 케이넨은 조명연
합군이 울산왜성을 포위하고 있던 상황에서도 계속해서 일기를 썼다. 위
의 기록은 12월 26일 일기로, 본격적인 전투가 시작된 나흘 후의 기록이
다. 포위된 울산왜성 안의 일본군이 심각한 추위, 식량난, 식수난을 겪고
있었음을 짐작하게 해준다.

〈표 7-1〉은《선조실록》에 기록된 당시 울산의 날씨와《난중일기》에 기
록된 서남해안의 날씨를 비교한 것이다. 울산왜성전투가 발생한 동남해
안과 이순신이 주둔하던 서남해안 사이에 온도차가 있었음을 보여준다
(최두환 2011, 84). 지리적 특성으로 인해 위도가 더 높은 울산의 날씨가
서남해안보다 오히려 더 따뜻했던 것이다.

〈표 7-1〉 울산왜성전투 기간의 날씨

일자	23	24	25	26	27	28	29	30	1	2	3	4
선조실록			비	비	비							
난중일기	눈	눈	눈	눈	눈	맑음	맑음	눈	맑음	맑음	맑음	맑음

조선군은 울산왜성 외곽을 포위하기 위해 비교적 넓게 포진했고, 노지에 숙영을 해야 했기 때문에 비바람에 그대로 노출되었다. 반면 일본군의 경우 성곽 안에 주둔하고 있었기 때문에 비바람을 어느 정도 피할 수 있었고, 밀집도가 높아서 조선군보다 상대적으로 유리한 상황이었다. 따라서 추위를 제외한 식수난과 식량난이 일본군에게 가장 큰 문제였다고 할 수 있다.

케이넨의 12월 22일 일기에는 '아침 식사를 할 무렵 그(조명연합군) 공격이 맹렬해졌다'고 기록되어 있다. 비록 포위된 상황이긴 했지만 일본군도 전투 초기에는 제대로 된 식사를 하고 있었던 것이다. 케이넨은 25일에는 '비가 몹시 심하게 내려서 모든 사람들이 갈증을 해소할 수 있었다', 28일에는 '식수와 식량은 한층 더 줄어들어 그 무엇도 곤혹스럽고 어렵게 보였다'고 적고 있다. 즉 26일에는 식량과 물이 완전히 고갈된 상태는 아니었다. 따라서 26일에 1~2명이 쓰러진 것은 식량이나 식수의 고갈 때문이 아니라 전투 후유증이나 병약함 때문이었다고 보는 편이 타당할 듯하다.

앞서 언급한 것처럼 포위전은 12월 23일부터 이듬해 1월 4일까지 지속되었다. 시간이 지날수록 포위된 측의 상황은 악화되기 마련이다. 그런데 케이넨의 일기를 보면 12월 28일 이후부터는 단 한 차례도 식수나 식량이 부족하다고 언급되지 않고 있다. 물론 그로 인한 사망자 기록도 없다. 이를 통해 볼 때 당시 울산왜성에 고립된 일본군이 식수와 식량 때문에 곤란을 겪은 것은 분명하나, 생각보다 그렇게 심각한 상황은 아니었다고 여겨진다.

제가 처음 안동에 도착했을 때 고을 수령이 왜적의 진영에다 곡식을 운반해주었다는 말을 듣고 그것을 사실로 여겨 의심했습니다. 울산을 격파한 뒤 왜적들의 군량을 보니 모두가 왜적의 토산土産 쌀이었고 조선의 쌀은 없었으므로 비로소 그것이 사실이 아님을 알았습니다.

–《선조실록》 96, 선조 31년 1월 20일

위의 기록은 울산왜성전투가 끝난 1월 20일에 명나라 장수인 진유격陳遊擊이 선조를 만나 당시 전투 상황과 앞으로의 대책에 대해 논의하는 과정에서 한 말이다. 울산을 격파한 뒤에 일본군의 군량을 획득한 것으로 되어 있지만, 울산왜성은 함락된 적이 없다. 일본군은 주곽부인 울산왜성 이외에, 태화강과 면한 남쪽을 제외한 3면에 보루와 해자를 둘러서 약 2.7킬로미터에 이르는 토축 외성外城을 구축했다. 이는 주곽부를 방어하는 목적도 있지만 병사들의 숙소나 식량창고의 기능을 했을 것으로 추정된다(이철영 2013, 42). 따라서 울산을 격파했다는 말은 울산왜성 주위의 지성支城이나 토루土壘를 함락시킨 것으로 봐야 한다.

여기에서 주목할 것은 본성이 아니라 지성이나 토루에도 일본군의 군량이 비축되어 있었다는 점이다. 게다가 이 군량은 조선에서 약탈한 것이 아니라 일본 본토에서 수송해 온 것이었다. 어찌된 일일까? 일본군은 울산왜성을 장기 주둔을 위한 거점으로 활용하려 했다. 그러한 맥락에서 군량미 비축은 당연한 일이었다. 이와 관련하여 다시 케이넨의 일기를 살펴보자.

① 11월 20일, 그 중에서도 특히 무서운 자들은 배가 정박한 부두에서 내부 깊이 들어간 진영까지 무거운 짐을 봉래산蓬萊山과 같이 가득 싣게 하여 끌고 와서, 마침내 본 진영에 도착하면 전혀 쓸모없는 소는 필요없다 하면서 곧바

로 죽이고는 가죽을 벗기고 먹어치워 버린다.

② 12월 23일, 성문의 문이 아직 없어서 명나라 군대가 난입하여 맹렬하게 벽위 돌담 밑에서 불화살을 쏘아댄다. 더욱이 주코쿠中國 지방의 무리들, 아사노 사쿄다유淺野左京大夫님, 히센노카미飛驒守님의 물건들이 수없이 많아서 부하들 또는 무사들의 침구와 의복을 넣은 상자 등 여러 가지의 재보에 불이 붙었다. 모두 남김없이 타오르는 연기 때문에 눈을 뜰 수도 말을 걸 수도 없었다. 그 불 때문에 성에 늦게 들어온 인부, 무사들은 수천 명이 타 죽었다.

－《조선일일기朝鮮日日記》

①은 울산왜성 공사가 한창이던 시기의 모습을 묘사한 것이다. 물자 수송을 마친 소를 일본군이 식량으로 잡아먹었다는 내용이 나온다. 케이넨이 당시 일본군 병사들의 악행을 보며 경악을 금치 못했던 심경이 엿보인다(기타지마 만지 2008, 224). ②는 조명연합군에 의해 울산왜성이 포위되어 공격을 당하던 장면을 자세히 묘사하고 있다. 수천 명이 불에 타 죽었다는 것은 과장인 듯하나, 조명연합군의 화공에 의해 인부와 무사들이 상당한 피해를 입었던 것은 분명해보인다.

두 기록은 당시 울산왜성에 엄청난 군수물자가 비축되어 있었음을 짐작하게 해준다. 비축 군수물자 중 가장 중요한 것은 장기 주둔을 위한 군량과 방어에 소요되는 탄약이다. 당시 일본군이 군량과 탄약을 얼마나 비축했는지 자세한 기록이 없어 명확히 알 수는 없지만 추정 가능한 사료가 있다. 류성룡의 《징비록》이다. 《징비록》에는 "성 위에는 여장女墻을 설치하지 않고 사면으로 빙 돌려 장랑長廊을 만들어 놓았는데, 지키는 군사는 모두 그 안에 있다가 밖의 군사가 성 밑에 이르면 총탄을 빗발처럼

마구 쏘았다"라고 되어 있다.[*]

《선조실록》에도 비슷한 기록이 나온다. 《선조실록》에 따르면, 12월 25일 조명연합군이 왜성을 공격했으나 탄환이 '비 오듯 하여' 사망자가 많았으며 명나라 장수 진유격도 총탄을 맞아 철수했다고 되어 있다(《선조실록》 96, 선조 31년 1월 6일조). 26일에는 도원수 권율이 나무 방패와 마른 풀을 지고 왜성 아래로 진격하여 적의 진영을 태우려 했으나, 적의 탄환이 '비 오듯 하여' 어쩔 수 없이 물러났다는 기록이 보인다. 29일에도 조명연합군이 적의 진영을 불태우기 위해 야간 공격을 감행했으나, 적이 조총을 '많이 쏘므로' 부득이 또 퇴진했다고 한다(《선조실록》 96, 선조 31년 1월 14일조). 또한 1월 4일에도 새벽부터 공격하자 적의 총탄이 '비처럼 쏟아졌는데' 쏠 적마다 명중되지 않은 것이 없어 끝내 성에 오르지 못한 채 싸움을 끝냈다고 되어 있다.

조명연합군의 울산왜성 포위는 1월 4일까지 진행되었고, 결국 1월 4일 최종 공격 후 포위를 풀고 철수하고 말았다. 그런데 일본군은 조명연합군이 철수하는 당일까지 조총을 '비 오듯' 발사했다. 최종 공격에서는 일본군의 조총에 맞은 명군의 수가 500명에 달했다. 울산왜성의 일본군은 포위가 끝나는 마지막 날까지 탄약이 떨어지지 않았던 것이다.

성읍은 반드시 외딴 산꼭대기, 강이나 바다의 언덕을 끼고 있는데, 산꼭대기는 편평하게 닦고 성 밖 사방을 깎아 제아무리 원숭이 같더라도 성에 오를 수

---

[*] 울산왜성에 여장 대신 설치된 긴 담장을 '도베이土塀'라 한다. 일본군은 비를 피하기 위해 도베이 상부에 반드시 판재지붕을 덮었으며, 방탄 효력을 높이기 위해 흙과 백토를 발랐다고 한다(이철영 2013, 33). 일본군은 비에 취약한 조총을 우천 시에도 도베이를 활용하여 효과적으로 사용할 수 있었다.

없이 만들었습니다. 성 밑은 넓게 쌓게 차차 위가 좁게 쌓아 올리고는 네 모퉁이에 높은 누각을 짓되 가장 높은 것은 삼층으로 짓습니다. 여기가 주장主將의 처소이며 군량과 군기軍器 창고도 다 이 누각 안에 두었습니다.

    —《간양록看羊錄》〈적중봉소賊中封疏〉

〈적중봉소〉는 적중에서 올리는 상소라는 의미다. 임진왜란 때 일본으로 잡혀갔던 강항姜沆이 일본에서 겪은 일들을 기록한 것인데, 특히 일본의 정세가 상세히 묘사되어 있다. 이에 따르면 일본의 성에는 장수가 거주하는 3층 누각이 있으며, 여기에 군량과 군사물자들을 보관한다.[*] 그런데 울산왜성에는 천수각 기록이나 천수대天守台 터가 없다. 처음부터 건축계획이 없었거나 조명연합군과의 전투로 인해 미처 만들지 못한 것으로 보인다(이철영 2013, 34). 하지만 울산왜성에 천수각이 존재하지 않았다고 하더라도 본환을 중심으로 상당한 군수물자가 비축되어 있었음에 틀림없다. 조총 탄약 공급에 전혀 문제가 없었던 점이 이를 방증한다.

일본군, 조명연합군을 기만하다

조명연합군은 울산왜성 내부의 상황을 지속적으로 파악했다. 이를《선조실록》을 통해 정리하면 다음과 같다.

---

[*] 본환에서 가장 높은 누각을 천수각天守閣이라 하는데, 그 높이가 3층, 5층, 7층까지 있으며 사방으로 총안구가 설치되어 있다(천득염 2001, 236).

① 12월 25일, 오늘 사로잡은 왜적 4명과 도망쳐 나온 여인들이 다들 '토굴 속에는 양식도 없고 물도 없어 형세상 오래 지탱할 수 없다'고 했습니다.

② 12월 25일, 경리經理가 사람을 시켜 영기令旗, 상공기賞功旗, 면사첩免死帖을 가지고 가서 투항하면 죽음을 면해주고 후한 상을 주겠다는 뜻으로 가토 기요마사를 효유曉諭하게 했다. 가토 기요마사가 '항복하고 싶으나 지금 조선에서 항복을 허용할지의 여부를 몰라 감히 즉시 항복을 못하고 있다. 만약 조선과 약속이 된다면 즉시 항복하겠다'고 했는데, 경리가 그것을 허락하지 않았다.

③ 12월 26일, 오늘 아침 우리나라의 잡혀갔던 어린아이 4명과 여인 2명이 도망쳐 나와서 '가토 기요마사 등 다섯 장수가 아직 성 안에 있는데, 군량이 이미 떨어진데다가 샘물도 없어 밤중에 몰래 성 아래에 있는 우물물을 길어가지만 졸개들은 마실 수가 없어서 성안에 있는 왜적들이 밤낮으로 걱정하고 있다'고 했습니다.

④ 12월 27일, 경리와 제독이 도망쳐 나온 피로인 4명을 잡아 심문했더니 '성중에는 양식도 없고 물도 없다. 왜적들이 혹 불에 탄 쌀을 주워 먹기도 하고 밤에 비가 오자 홑옷과 종이를 펴서 비에 적셔 가지고 짜서 마시는 자가 많았다. 청정은 서생포를 버리고 이곳에 온 것을 매우 한스럽게 여긴다'했습니다.

⑤ 12월 27일, 왜적 몇 명이 죽간竹竿에 편지를 끼워 깃대를 들고 성에서 내려왔는데, 경리가 주인走人을 시켜 가져다 보니 그것은 가토 기요마사의 부장副將이 경상좌병사慶尙左兵使에게 보내는 것이었습니다. 거기에 '가토 기요마사는 서생포에 있고 소장小將 등이 여기에 있는데, 조선의 장수 한 명을 뽑아 우리와 함께 서생포에 가서 강화를 맺으면 두 나라 사람들이 많이 죽게 되지 않을 것이다'고 되어 있었습니다.

⑥ 12월 30일, 항복한 왜적에게 물으니 '성중에는 양식도 없고 물도 없는데,

대장大將은 금가金歌·가토 기요마사 등 여섯 장수가 현재 있다. 군졸은 1만여 명이 있지만 모두 굶주리고 병들어 싸움을 하지 못하고 정예병은 1천 명을 넘지 못한다'고 했습니다.

⑦ 12월 30일, 왜적의 투서投書에 '강화하고 싶은데 성안에는 글을 아는 사람이 없다. 배 위에 중이 있으니 내보내준다면 가서 강화의 글을 짓고자 한다'고 했습니다.

위의 기록에서 울산왜성 안에서 농성하던 일본군이 심각한 식량난과 식수난을 겪고 있음을 알 수 있다(①, ③, ④, ⑥). 조명연합군은 탈출한 조선인과 포로로 잡은 일본군을 통해 성 내부의 상황을 파악할 수 있었고, 이를 바탕으로 회유와 공격이라는 화전양면 전술을 구사했다. 12월 25일에는 가토 기요마사에게 항복을 권유했고(②), 27일과 30일에는 일본군이 강화를 요청하기도 했다(⑤, ⑦). 이를 통해 농성 중인 일본군이 강화 쪽으로 어느 정도 기울었다고 보는 시각이 일반적이다(기타지마 만지 2008, 227).

조명연합군은 울산왜성 공격에 앞서 항왜降倭 여문여와 명군明軍 송호한 등을 먼저 울산으로 파견했다. 이들은 머리를 깎고 왜의倭衣를 입고 울산왜성을 정탐한 후 상세한 지도를 작성하여 돌아왔고(《재조번방지》 4, 정유 12월 21일), 이를 바탕으로 도상 작전계획이 수립되었다(최효식 2003, 364).

그러나 울산왜성 포위전을 진행할 당시에는 정탐을 위한 인원을 파견하기 어려웠다. 탈출한 조선인과 항복한 일본군의 심문을 통해 정보를 간접적으로 전달받을 수밖에 없었다. 이들은 하나같이 울산왜성은 식량난과 식수난을 겪고 있으며, 오래 버티지 못할 것이라 말하고 있다. 이들이 모두 한목소리를 내고 있으므로 실제 상황이 그랬을 가능성이 높다.

그러나 다른 한편으로는 의심해볼 여지가 있다. 첫째, 25부터 27일까지 3일간 폭우가 내려 식수난이 그렇게 심각하지 않았다는 점이다. 둘째, 마지막 날까지 충분한 탄약을 보유하고 있었고 식량도 완전히 고갈된 상태가 아니었다는 점이다. 셋째, 직접적인 정보 수집이 아니라 탈출자와 포로에 의한 간접적인 첩보였다는 점이다.

이러한 맥락에서 위의 기록들을 다시 살펴볼 필요가 있다. 12월 25일 가토 기요마사는 명나라 경리經理 양호楊鎬*의 항복 권유에 대해 '조선이 항복을 허용할지 모르겠다'는 애매한 답변을 했다. 임진왜란 때 명나라와 일본이 강화 교섭을 하면서 조선을 철저히 배제했던 점에서 볼 때 위의 답변은 핑계에 불과하다. 가토 기요마사가 조명연합군의 주체가 명나라임을 모를 리가 없기 때문이다.

그리고 12월 27일 가토 기요마사의 부장이 경상도좌병사 성윤문에게 보낸 편지에서 '가토 기요마사는 서생포왜성에 있다'고 했다. 그런데 가토 기요마사는 23일 밤 이미 울산왜성에 들어와 있었으므로(《선조실록》 95, 선조 30년 12월 29일), 편지의 내용은 거짓임에 틀림없다.

또한 12월 30일 일본군은 '성내에는 글을 아는 자가 없어 강화하기 위한 글을 작성할 수 없다'는 편지를 보내왔다. 1만여 명이 성 내에 있는데 글을 아는 자가 없었을까? 글을 작성할 수 있는 승려가 배 위에 있었을까? 모두 믿기 어렵다. 최소한 종군승려인 케이넨이 성 안에서 매일 일기를 작성하고 있었기 때문이다.

① 12월 24일, 왜선 10여 척이 태화강의 하류인 남강藍江에 정박하고 있었는

---

* 정유재란 시 명은 조선원정군의 사무를 책임지는 직책을 경리라고 했으며, 산동우참정山東右參政 양호를 임명했다(한명기 2010, 382).

데, 경리經理가 절병浙兵 2천 명과 기병 1천 명으로 강안을 방비하게 했습니다. 해가 진 뒤 경리가 왜적 5~6인이 성을 나와 도주한다는 말을 듣고 몸소 추격했습니다.

② 12월 26일, 또 오늘 도망쳐서 돌아온 사람들이 모두들 '토굴 속에 있는 왜적들이 현재 높은 사다리를 만들어 새벽에 도망치려 한다'고 했으며, 남강에 있는 왜선들도 진퇴進退가 일정하지 않습니다.

－《선조실록》 96, 선조 31년 1월 6일

12월 24일 야간에는 일본군 5~6명이 성에서 도망을 쳤는데, 이를 경리經理가 추격했다(①). 명나라의 사령관인 경리 양호가 직접 추격했다는 것은 도망친 자들이 보통 인물이 아니었다는 말이다. 《선조실록》에 따르면, 경리 양호와 제독提督 마귀麻貴가 '가토 기요마사가 태화강의 길로 도주했다는 말을 듣고 직접 추격했다'고 한다(《선조실록》 96, 선조 31년 1월 4일조). 구체적인 날짜가 언급되어 있지는 않지만 정황상 동일한 내용임을 알 수 있다. 그런데 가토 기요마사는 울산왜성을 빠져나간 적이 없다. 가토 기요마사의 도주는 거짓 소문이었던 것이다.

12월 26일, 탈출한 조선인들은 일본군이 새벽에 성을 빠져나갈 준비를 하고 있다고 했다. 사다리를 만들었다는 사실은 개별적인 탈영이 아니라 공개적이고 조직적인 탈출계획이 진행되고 있음을 암시한다. 그런데 일본군은 다음 날인 27일 새벽에 성을 빠져나가지 않고, 조명연합군에게 강화 요청을 해왔다. 조명연합군으로서는 성 내의 일본군이 조직적으로 몰래 탈출해야 할 만큼 급박한 상황에 직면해 있었고, 그것이 결국 강화 요청으로 이어졌다고 인식했음에 틀림없다. 26일 탈출한 사람들의 말을 전해 들었기 때문이다.

그러나 이상하다. 일반적으로 포로나 죄인의 경우 탈출이 어려운 곳에 수용되기 마련이다. 특히 적과의 전투 중이었으므로 내부 정보가 유출될 위험이 있는 이들에 대한 감시는 더욱 강화되었을 가능성이 높다. 게다가 조명연합군은 울산왜성의 견고함을 뚫지 못해 고전을 면치 못하고 있었고, 내부로 침투한 인원이 단 한 명도 없었다. 그런데 조선의 여인과 어린 아이들은 너무나 '쉽게' 울산왜성을 탈출하여 조명연합군에게 적정을 '친절히' 설명해주고 있다. 그리고 이구동성으로 일본군은 식량난과 식수난을 겪고 있으며, 오래 버티지 못할 것이라 한다.

이러한 상황을 어떻게 받아들여야 할까? 결론적으로 말하자면 일본군은 거짓 정보를 흘리며, 조명연합군의 작전에 혼선을 주었다고 판단된다. 아마도 울산왜성의 조선인들은 의도적으로 외곽부에 수용되어 있다가 감시가 소홀한 틈을 타 탈출한 듯하다. 일본군은 본환을 중심으로 정예병을 배치하고 주요 식량과 식수도 어느 정도 비축해두었을 것이다. 외곽부인 이지환과 삼지환에는 일부 조총병을 배치하고 다수의 비전투병과 포로들을 수용했던 것으로 추정된다. 결국 탈출한 조선인들은 본환의 상황을 모른 채 이지환과 삼지환의 비참한 상황만 보고했던 것이다.

① 12월 23일, (가토 기요마사가) 또 거듭 장구랑庄九郎을 보내 '어쨌든 성 안으로 들어오시오. 5~6일만 더 성에서 지탱할 수만 있으면 원군援軍의 병사들이 올 수 있을 것이오. 그렇게 되면 운이 트일 수도 있을 것이니 서둘러 성으로 들어오시오' 라고 아사노 요시나가淺野幸長에게 전했다.

– 《울산농성각서蔚山籠城覺書》[*]

* 《울산농성각서》는 아사노 요시나가의 가신家臣이 작성한 문서다. 아사노 요시나가는 울산왜성전투

② 12월 26일, 이지환二之丸 근처에 물장수가 와서 큰 소리로 물을 판다고 외쳤다. 이를 보고 물으니 물 한잔에 대금이 은 15문匁이라 했다. …… 그래서 극히 물을 먹고 싶은 자는 물먹은 사람의 오줌을 먹는 자까지도 있었다. 하여튼 물장수는 돈이나 은이 없는 자에게는 물을 일체 팔지 않았다. 물뿐 아니라 쌀장수도 왔는데, 쌀 5되에 금화 10문匁이었다.

－《조선물어朝鮮物語》*

①에 따르면, 12월 23일 조명연합군의 공세가 높아지자 가토 기요마사는 외곽 토루에 나가 있던 아사노 요시나가를 성으로 불러들였다. 특이한 점은 전령을 통해 '5~6일만 성에서 버티면 구원군이 도착할 것이다'라고 언급한 부분이다. 가토 기요마사는 구원 요청을 이미 해놓은 상태였기 때문에, 울산왜성에서 일정 기간만 버티면 농성에 성공할 수 있음을 인지하고 있었다. 만약 울산왜성 내에 식량, 식수, 탄약 등 군수물자가 전혀 비축되어 있지 않았다면, 아사노 요시나가에게 농성보다는 서생포왜성으로의 철수를 권고했을 것이다.

②에서는 농성 중이던 12월 26일 돌연 성 내에 물과 식량 장수가 나타난 기록이 나온다. 은 15문匁에 물 한 잔이면, 은 1근에 물 10잔 값이 되는 셈이다(최효식 2003, 384). 군기軍記의 경우 이야기의 흥미를 위해 허구적인 요소가 덧보태지기 때문에(박창기 1999, 37), 일부 혹은 상당부분 과장된 측면이 없지 않다. 따라서 물값이나 쌀값이 얼마나 비쌌나보다는

에 참여한 대표적인 무장으로, 도요토미 히데요시를 이모부로 두었기 때문에 지위가 가토 기요마사에 비해 결코 낮지 않았다(이철영 2013, 18).
* 《조선물어》는 오타 가즈요시太田一吉의 가신인 오코치 히데모토大河內秀元가 주군의 행적을 옹호하고자 작성한 문서다(김시덕 2012, 15).

이러한 사람들이 나타난 시점과 장소를 주목할 필요가 있다. 조명연합군에게 완전히 포위되어 식수난과 식량난을 겪고 있던 12월 26일에 갑자기 이지환에 장사치들이 나타났다. 일본말로 대화를 주고받은 것으로 보아 이들은 일본인임에 틀림없다. 그리고 외부가 차단된 상태였기 때문에 이들은 성 내부의 어딘가에서 나타난 사람들이라고 봐야 한다. 물과 식량을 들고 이지환에 갑자기 나타났다고 했으므로, 이들은 원래 이지환에 있던 사람들이 아니라 본환에서 온 사람들이라고 보는 편이 자연스럽다. 즉 본환을 중심으로 어느 정도 비축해두었던 식수와 식량을 배분하는 과정을 과장되게 묘사한 것으로 여겨진다.

일본군 수뇌부의 입장에서는 좁은 성 안에 1만여 명을 모두 수용할 생각은 애초부터 없었는지도 모른다. 농성을 위해 전투병 위주로 식량을 배분하고, 비전투병이나 포로들에게는 식량을 제한했음에 분명하다. 예상 외로 조명연합군의 공격이 거세지자 일본군은 거짓 정보를 흘리고 거짓 강화를 요청하여 시간벌기에 나섰던 것으로 보인다. 이는 《명사明史》에서 재차 확인 가능하다.

우리 군사가 위로 공격하다가 손상을 많이 입었다. 여러 장수들이 이를 두고 의논하기를 '왜는 물의 공급이 어렵고 군량을 잇기가 어려워지면 손도 못 쓰고 앉아서 곤란을 당하게 되니, 가토 기요마사를 싸우지 않고도 사로잡을 수 있다'고 했다. 양호 등도 이를 옳다고 여기고, 군사를 나누어 10일간을 밤낮으로 에워싸고 있었다. 왜군은 굶주림이 심하여 **거짓으로 항복을 약속했던 것을 모르고, 공격을 늦추어 주었더니** 얼마 안 되어 고니시 유키나가의 구원병이 많이 들이닥쳐 군대의 후방을 에워싸려 했다. 양호가 명령을 내리지 않고 말을 몰아 서쪽으로 달아나니, 여러 군사들이 모두 무너지고 말았다.

명나라 사령관이었던 양호는 울산왜성전투의 실패로 인해 탄핵되었다. 이에 조선에서는 최천건 등을 보내 양호를 옹호하기도 했다(최두환 2011, 90). 하지만 중요한 것은 양호가 모함을 받았는지 여부가 아니다. 당시 명나라에서 일본군이 거짓으로 항복했으며 그에 따라 공격의 고삐가 늦춰졌다고 인식한 점이 중요하다.

실제 조명연합군은 23일과 24일의 외곽부 공격을 성공적으로 마쳤지만, 25일 본성 공격 실패 후 26일에는 병사와 군마를 쉬게 하고 일부 병력만으로 공격케 했다(《선조실록》96, 선조 31년 1월 6일). 일본군은 이 시기를 전후하여 거짓 정보를 유포하고 거짓 강화 요청을 하여, 조명연합군의 긴장을 늦추는 데 성공한 것이다.

《울산농성각서》에 따르면, 24일 이후부터는 조명연합군의 철저한 공격이 없었다고 기록되어 있다. 그 후 일본군은 조명연합군이 스스로 유리하다는 인식을 가지게끔 유도하는 한편, 간헐적으로 조명연합군이 공격해 오면 비축한 탄약으로 가차 없이 격퇴해 버렸다. 결과적으로 이 같은 일본군의 기만전술은 성공적이었다.

울산왜성전투, 왜곡되다

〈조선출병도병풍〉의 〈울산왜성전투도〉를 보면, 일본군은 위태로워 보인다. 수천 명의 조명연합군이 겹겹이 성을 포위하고 수많은 사다리를 설치하여 성벽을 오르려 한다. 일본군 병사들의 전투에 지친 모습과 말을

〈그림 7-3〉 〈조선출병도병풍〉 중 〈울산왜성전투도〉

* 출처: 일본 큐슈 후쿠오카시 박물관.

잡아먹는 장면이 묘한 긴장감을 불러온다.

그러나 이는 사실과 거리가 멀다. 그림에서 조명연합군은 수천 명이 넘는 대부대로 묘사되어 있는 반면, 왜성 안에 있는 일본군은 수십 명에 불과하다. 하지만 앞서 살펴본 것처럼 울산왜성전투는 조명연합군 44,800명과 방어하는 일본군 16,400명의 대결이었다. 그리고 울산왜성은 그림에서처럼 평지성이 아니라 해발 50미터인 구릉에 축조된 성이다.

일본인들의 과장된 묘사는 이뿐만이 아니다.《요시카와 가보吉川家譜》에 따르면, 조명연합군에서 파견한 항왜 2명이 울산왜성 아래로 와서 회유했다. 그들은 조명연합군도 가토 기요마사의 용기를 잘 안다고 전제하고, '울산왜성 안에는 2만 명에 불과하고 조명연합군은 100만 명이 넘는데 어떻게 성중에 계속 있겠느냐'면서, 지금 성을 내준다면 생명을 보존해주겠다고 달랬다고 한다(최효식 2003, 385). 물론 사실이 아니다. 그렇다면 왜 그랬을까? 가토 기요마사 지휘 하의 일본군이 조명연합군의 '백만 대군'에 포위당한 극한 상황에서도 항복하지 않고 기적적으로 살아남았음을 강조하고자 했던 것이다. 이를 통해 가토 기요마사의 영웅적 '이야기'를 극적으로 포장하여 일본군의 위대함을 칭송하고자 했던 것이다.

임진왜란과 정유재란이 끝난 후 일본에서는 각 전쟁을 재평가하려는 움직임이 일어났다. 이러한 작업은 군기軍記라는 기록을 통해 이루어졌는데, 여기에서 각광을 받은 인물 중 하나가 가토 기요마사였다. 이 기록들은 일본 입장에서 자신들의 장수를 미화하려는 데 목적이 있었기 때문에 일본군 장수들의 활약상을 영웅화하는 경향이 강했다(노성환 2009, 246). 명의 임진왜란에 관한 담론도 여러 경로를 거치며 오독이나 개찬을 통해 일본화되었다(김시덕 2011, 236~237). 장수들의 공훈이 사실 그 자체를 넘어 군기 속에서 확대·재생산되었던 것이다(박창기 1999, 140~141).

조명연합군이 울산왜성을 함락시키지 못한 원인은 일본군의 구원군이 있었다는 점, 날씨가 한랭하고 불순했다는 점, 성을 효과적으로 공격할 준비가 불충분했다는 점 등이 거론된다(이형석 1974). 대체로 타당한 분석이다. 하지만 여기에 조명연합군의 공격 의지가 약했던 점도 추가로 언급되어야 한다. 조명연합군은 직산전투 승리 이후 일본군을 과소평가했고, 공성 준비가 부족한 상태에서 공격을 감행했다. 성벽과 방어가 상대적으로 약한 외성은 돌파할 수 있었지만, 울산왜성 자체 공격에서는 큰 전과를 올리지 못했다. 반면 일본군은 잦은 비 덕분에 식수 문제가 어느 정도 해결되었고, 비축해둔 식량으로 근근이 버틸 수 있었다. 이러한 상황에서 일본군의 기만작전으로 조명연합군의 공격 의지는 더욱 약화되었다.

조명연합군이 초반 승기를 타고 적극적으로 공세에 나섰으면 어느 정도의 피해는 있었겠지만 울산왜성을 함락시키고 가토 기요마사를 사로

잡았을지도 모른다. 일본군 포로와 조선인 탈출자들의 말을 듣고 울산왜성 내의 상황을 오판, 공세를 늦추면서 오히려 조명연합군이 식량난에 빠져버렸던 것이다.[*]

일본은 울산왜성전투에서 극한 상황을 극복한 점을 강조하며 미화했고, 조선은 가토 기요마사를 궁지로 몰아넣은 점을 강조하며 위안을 삼았다. 결국 일본과 조선의 시각 차이에서 울산왜성전투의 이미지는 서로 왜곡되고 말았다.

---

[*] 조명연합군이 수만 명 규모로 편성됨에 따라, 울산왜성전투 이전에 이미 군량 수급에 대한 우려가 있어 왔으며(《선조실록》 95, 선조 30년 12월 27일), 실제 울산왜성전투 직후에는 조명연합군의 군량 수급 문제가 본격적으로 대두되었다. 경주로 물러난 조명연합군은 당시 경상도의 군량으로는 10일을 버티기 힘든 상황이었으며, 한양의 군량 상황도 여의치 않았다고 한다(《선조실록》 96, 선조 31년 1월 13일).

영화로도 유명한 광해군은 임진왜란 이후 조선을 재건하기 위해 노력한 군주로 알려져 있다. 그러나 광해군은 이귀와 김류가 주축이 된 서인西人 세력에 의해 왕위에서 물러나고, 인조가 왕위에 오른다. 이것이 바로 인조반정仁祖反正이다.

1623년 이괄李适은 인조반정에 참여한 공을 인정받아 2등 공신이 되었으며, 한성부윤에 임명되었다. 이후 이괄은 도원수都元帥 장만張晩 휘하의 부원수副元帥이자 평안병사平安兵使로서, 평안도 영변寧邊에 주둔했다.

그런데 1624년 이괄과 그의 아들 이전李栴이 반란을 도모했다는 고변이 있었다. 무고임이 밝혀졌지만, 조정은 이괄의 아들 이전의 모반 사실 여부를 조사하기 위해 금부도사禁府都事와 선전관宣傳官을 영변으로 파견했다. 이괄은 본인도 무사할 수 없다고 여겨, 이들의 목을 베고 반란을 일으켰다.

1624년 1월 22일, 이괄은 한명련韓明璉·이수백李守白·기익헌奇益獻 등과 함께 남하를 시작했다. 반군은 평안도 순천·자산·중화, 황해도 수안·황주·평산을 거쳐 빠르게 남하했다. 도중에 관군과의 전투도 있었으나 승리했고 경기도 개성·벽제까지 이르렀다. 이에 인조는 충청도 공주로 피난을 갔고, 2월 9일 반군은 한양을 점령했다.

이괄은 선조宣祖의 열 번째 아들인 흥안군興安君 이제李瑅를 왕으로 추대했다. 그러나 2월 11일 한양 서북의 안현鞍峴에서 벌어진 전투를 기점으로 전세는 완전히 역전되었다. 도원수 장만은 군사를 수습하고 안현을 점령한 후, 반군과 결전을 벌여 승리했다. 이괄은 소수의 병력을 거느리고 경기도 이천으로 달아났다. 결국 이괄의 부하인 이수백·기익헌이 이괄과 한명련의 목을 베고 관군에 투항하면서 난은 평정되었다.

인조는 환도하여 반란 평정에 공을 세운 인물들을 포상하고 민심을 수습했다. 그러나 이괄의 난이 미친 영향은 상당히 컸다. 국내 반란이 수도를 점령한 것은 조선시대에서 전무후무한 일이었다(한명기 2013, 65). 그만큼 사대부와 백성들이 받은 충격은 클 수밖에 없었다.

반군과 관군 모두 서북 지역을 담당하던 군사였기 때문에 반란 이후 서북 지역의 군사력은 급격히 약화되었다. 여기에 반란 실패 후 한명련의 아들 한윤韓潤 등이 후금으로 달아나 국내의 불안한 정세를 알려주기까지 했다. 이는 1627년 발생한 정묘호란의 한 원인이 되었다(이성무 2011, 442).

이괄은 조선 후기 내내 역적의 대명사로 인식되었다. 그렇지만 그가 반란을 일으킨 원인이 기찰譏察 정치에 있었다는 점, 이괄의 반군이 도성에 입성할 때 백성들의 환영을 받은 점을 고려하면, 이괄의 난을 단순히 한 개인의 불만과 공명심에서 발생한 정변으로만 치부할 수는 없다(신병주 2010, 252~253).

반란이 일어났음에도 도성에서의 모병은 이루어지지 않았다. 인조의 공주 피난길에도 따르는 백성이 거의 없었다. 이괄이 입성하자 많은 자들이 이괄에게 귀부하려 하기까지 했다. 백성들이 이괄의 난을 인조반정이 일어났을 때와 비슷한 상황으로 인식한 것이다(우인수 1991, 6~7).

이렇듯 이괄의 난은 인조대는 물론 조선시대 전체의 흐름 속에서도 높은 비중을 차지한다. 그동안 이괄의 난은 주로 인조반정 및 인조대 정치세력의 동향 속에서 이해되어왔다(오수창 1985; 이기순 1989; 김용흠 2006). 반란의 원인, 반란을 평정하는 데 공을 세운 인물(이기순 1998), 이괄과 관련된 전설·문학작품 등을 중심으로 많은 연구가 진행되었다. 반란의 주요 원인과 관련해서는 정권 유지를 목표로 한 기찰 실시와 고변의 장려를 꼽는 시각이 많았다(김응호 2001, 260~262). 다시 말해 이괄의 난은 인조반정 이후 인조 정권이 인심을 확고히 얻지 못한 데에 근본 원인이 있었다고 본 것이다(신병주, 2009, 283). 근자에는 《호남모의록湖南募義錄》[*]을 통해 이괄의 난을 조망한 연구가 나와 반란의 전개 과정을 이해하는 데 도움을 주고 있다(김경숙 2012).

이괄의 난과 관련된 이러한 여러 성과에도 불구하고, 군사학적 관점에서의 연구는 다소 미흡하다. 도성 입성 이전에 상당수의 반군이 관군에게 투항했다(《인조실록》 4, 인조 2년 2월 23일). 이는 반군의 사기나 통솔에 적지 않은 영향을 미쳤을 것이다. 그러나 경기병 중심으로 빠르게 남하하여 도성을 함락하고 새로운 왕을 옹립하면서 반군의 입지는 새로운 전기를 맞이했다. 도성을 점령한 반군과 이를 진압하려는 관군 사이의 힘겨루기가 진행된 것이다.

안현전투는 이 같은 반군과 관군 사이의 힘겨루기를 결정지은 중요한

---

[*] 이괄이 수도를 점령하여 왕실은 남쪽으로 피난하게 되었고, 왕과 왕대비는 전국에 의병의 궐기를 호소했다. 이에 호남 지역에서 활발한 모의募義 활동이 전개되었는데, 이를 정리하여 간행한 것이 바로 《호남모의록》이다.

전투다. 반군이 도성 서북의 안현전투에서 관군에게 패배하면서 전세는 완전히 기울게 된다. 안현전투가 이괄의 반란을 평정하는 데 결정적 역할을 한 셈이다. 하지만 아쉽게도 안현전투는 그 중요성에 비해 그리 알려져 있지 않다. 특히 군사학적 관점에서 수도방위와 관련하여 적지 않은 시사점을 줄 수 있는 전투임에도 안현전투에 대한 이해는 낮은 수준이다.

이 장에서는 안현전투의 중요성을 감안하여 이괄의 난 전개 과정을 안현전투를 중심으로 재구성하고자 한다. 먼저 인조대 방어체계와 이괄이 빠르게 남하했던 상황을 검토하고, 관군의 부대 구성과 관군이 안현을 선점한 의미를 확인한다. 다음으로 안현전투의 구체적인 전개 과정을 살펴보고 당시 승리를 거둔 관군의 전술에 대해 고찰한다. 이를 통해 안현전투의 중요성을 재인식하고, 당시 조선군의 전략전술에 대한 이해의 폭을 넓히고자 한다.

국경 중심 방어에서 수도 중심 방어로

조선 전기의 방어체계는 전력의 핵심을 국경에 두는 '국경 중심의 방어체계'였다. 침입해 들어오는 외적을 국경에서 막아낸다는 것이 당대인들의 기본 시각이었다(김웅호 2005, 68). 이러한 방어체계는 200년간 큰 변화 없이 유지되다가 임진왜란을 계기로 문제점이 드러났다. 국경 부근의 방어가 뚫린 뒤에는 내륙에서 속수무책으로 적의 진군을 바라만 볼수밖에 없었던 것이다. 임진왜란 시 도성의 함락에도 불구하고 국경 중심의 방어체계는 기본 전략으로서 그대로 유지되었다. 다만 도성 주변,

특히 경기의 군사력을 강화하고 성곽을 축조하여 도성을 보호하려는 움직임이 나타났다(김웅호 2005, 69).

1623년 3월, 서인 일파가 광해군과 대북파大北派를 몰아내고 능양군綾陽君을 왕으로 옹립하는 인조반정이 일어났다. 인조반정은 정권을 장악하려는 일부 서인세력의 욕심에서 비롯되었다는 의심의 눈초리를 모면하기 어려웠다. 이는 반정 자체에 내재된 약점이었다. 재위 중인 군주를 폐위시키고 새로운 군주를 세운 행위는 항시 역쿠데타를 야기할 가능성과 빌미를 제공한다(우인수 1991, 4~5). 권력을 장악한 서인도 마찬가지 근심에 사로잡혔다. 역쿠데타를 대비하기 위해 군사력 강화에 관심을 가질 수밖에 없었던 것이다(최기성 1982, 165).

게다가 서인정권은 친명배금정책을 강화하면서 후금과의 전쟁에도 대비해야만 했다. 이에 따라 인조반정 이후 후금과의 충돌을 대비한 군사적 대비책이 여러 차례 논의되었다. 인조대 대후금 방어책은 근본적으로 군사적 역량이 부족했기 때문에 광해군대의 그것과 큰 차이가 없었다(한명기 1999, 361~373). 도원수 장만을 비롯한 정충신, 남이흥 등의 무장들은 조선의 군사적 열세를 인정하면서 정면대결보다는 수성과 방어에 치중해야 한다고 건의했다(《인조실록》1, 인조 1년 윤10월 25일). 이에 견고한 성에 웅거하여 공성하는 적을 화기火器로써 방어하는 수성 전술이 대후금 방어책의 주축이 되었다(허태구 2012, 93).

후금의 세력이 확장됨에 따라 조선 국경 방어의 중심은 함경도에서 평안도로 전환되었다(노영구 2005, 381). 인조는 장만을 도원수로 이괄을 부원수로 임명하고, 평안도 지역의 병력을 집중적으로 보강했다. 기존의 서로西路 지역 병력 3만 명을 중심으로 방어체계를 갖추도록 하고, 하삼도下三道의 번상 병력 5,000명을 부원수 이괄 휘하에 둠으로써 15,000명을 전략 예비병으로 확보했다(노영구 2010, 214). 그리고 호위청扈衛廳·어영청御營廳 등 새로운 군영을 창설하여 중앙상비군을 강화하고, 경기 지역의 지방군을 중앙군으로 개편했다.

인조반정의 중심인물인 이귀는 1623년(인조 원년) 7월 훈련도감訓練都監 외에 반정에 참가했던 사모군私募軍 500여 명에게 급료를 주고 도성 내에 상주하게 했다. 그리고 경기의 군사는 재정비하여 서북 변경의 방수를 면제시키고 오로지 도성만 호위하는 군사로 만들 것을 건의했다(《인조실록》2, 인조 원년 7월 15일). 이로써 사모군이 정규군으로 편제되는 이론적 근거가 마련되었고, 이는 호위청의 편성으로 이어지게 되었다(최기성 1982, 167).

어영청은 1623년에 설치되었으며, 이괄의 난 직후 인조의 공주 피난 길에서 훈련도감의 군사와 함께 어마御馬를 호위했다. 질적인 면에서는 가장 정예화된 조직이라고 할 수 있다(이성진 2008, 3). 이괄의 난 이후 인조가 환도한 뒤 총융청摠戎廳이라 명명되었다가 1628년 총융청에서 벗어나 하나의 군영으로 정착되었다(노재민 2011, 82).

이로써 인조 초년에는 훈련도감군 2,700명, 호위청군 500명, 어영청군 260명, 수원·장단·양주군 3,000명 도합 약 6,500명 정도를 수도권 방어를 위한 중앙상비군으로 유지할 수 있게 되었다(유재성 1996, 299~300). 다만 서북 지역에 배치된 군사가 약 45,000명이고, 중앙상비군이 약 6,500명이었던 점에서 여전히 국경 중심의 방어체계가 유지되었다고 할 수 있다.

그러나 이 같은 국경 중심 방어체계는 이괄의 난 이후 변화된다. 특히 수도권 방어에 큰 변화가 감지된다. 중앙상비군인 호위청, 어영청, 총융청의 군사가 대폭 증강된 것이다. 그 중에서도 어영청의 변화가 특징적이다. 1623년 260여 명에 불과했던 어영청의 군사는 꾸준히 증가하여 1646년에는 2만 명을 상회하게 된다.

<표 8-1> 어영청의 군사수 증감 현황

시기	인조원년 (1623)	인조2년 (1624)	인조8년 (1630)	인조13년 (1635)	인조17년 (1639)	인조21년 (1643)	인조24년 (1646)
군사	260여 명	600여 명	3,600명	5,250명	7,009명	10,000여 명	20,902명

* 출처: 노재민(2011, 84).

조선의 국경 중심 방어체계가 변화하게 된 결정적 계기는 이괄의 난이었다.* 이괄이 국경 지역의 군사를 이끌고 도성을 함락시켰기 때문이다(노영구 2010, 215). 이후 정묘호란과 병자호란까지 겪으면서 방어체계는 국경 중심에서 수도권 중심으로 뚜렷이 전환된다(김웅호 2005, 73~74).

수도권의 방어가 강화되면 상대적으로 변경의 방어는 약화될 수밖에 없다. 특히 이괄의 난 이후 서북 지역의 방어력이 급속히 위축되었다. 먼저 기본 병력의 감소를 살펴보자. 이괄의 난이 일어나자 서북 지역의 방어군은 반군과 관군으로 나뉘어 전투를 벌였다. 이 때문에 기본 병력이 감소할 수밖에 없었다. 여기에 서북 지역 방어군의 수도권으로의 이동이 더해졌다. 이괄의 난을 평정한 관군 일부가 수도권에 주둔하게 된 것이다. 이괄의 난 이후 수도권 방어를 우선적으로 추진함에 따라, 하삼도에서 올려보냈던 부방군赴防軍도 15,000명에서 1,500명으로 대폭 축소되었다(김웅호 2005, 71). 게다가 기찰 강화로 인한 군사력 약화까지 나타났다. 이괄의 난 이후 기찰이 더욱 강화되면서 이괄처럼 오해를 받기 싫었

---

* 이와 더불어 서울의 인구 증가와 상업도시로서의 발달에 힘입어, 서울은 반드시 지켜야 한다는 인식이 증가한 것도 크게 작용했다고 한다(노재민 2011, 76).

던 장수들은 훈련을 기피하기 시작했고 그에 따라 군사력은 더욱 약화되었다.

도성, 성곽 중심의 방어

이괄은 영변에 주둔하고 있던 군사를 이끌고 남하하여 도성을 점령했다. 당시 방어체계가 국경 중심이었다고 하더라도 도성은 조선의 수도라는 상징적 공간이다. 기본적으로 중앙상비군이 주둔하고 있는, 자체 방어력을 무시할 수 없는 곳이었다.

그렇다면 이괄은 어떻게 도성 점령이라는 결단을 내릴 수 있었을까? 이와 관련하여 먼저 이괄이 남하를 결심하던 당시 도성의 방어력은 어떠했는지 살펴보자. 한양의 도성은 약 12만 명이 동원되어 토성과 석성의 혼축으로 1396년(태조 5)에 완성되었다. 1421년(세종 3)에는 전체 구간이 석성으로 수축되었으며, 이후에도 지속적으로 관리·보수되었다(최종규 2012 참조).《세종실록》에 따르면, 도성의 높이는 험한 지역은 16척, 평지는 23척이었다고 한다(《세종실록》 15, 세종 4년 2월 15일).

태조 이성계는 고려 말 홍건적의 개경 함락과 왜구의 개경 위협을 직접 경험했으며, 자신이 개경을 수복하고 동녕부東寧府의 여러 성을 공격하여 함락시키기도 했다. 이에 도성 방어의 중요성을 인식하여 도성의 위치 선정과 축조 공사에 깊숙이 관여했던 것으로 보인다(김웅호 2012, 5~6).

도성을 축조하며《주례周禮》적인 방형方形의 정연한 성곽을 취하지 않은 것은 이론적인 측면보다 실질적인 방어상의 문제 때문이었다(장지연

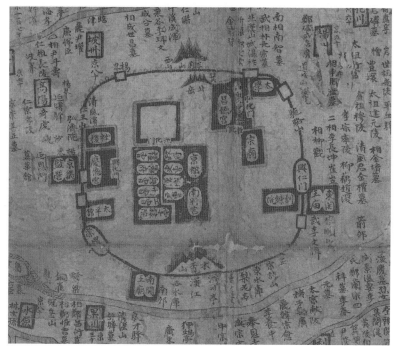

* 출처: 김수홍金壽弘, 〈조선팔도고금총람도朝鮮八道古今總覽圖〉(1673).

2000, 87). 한양의 도성은 개경의 내성과 나성의 중간 정도로, 18킬로미터가 넘는 규모다. 신생 수도로서 좀 더 많은 거주민을 수용하되, 방어 기능을 고려하여 개경의 나성보다는 작게 수축한 것이다(김웅호 2012, 6).

　도성 내외의 산을 이용하여 도성을 축성한 것에서도 군사적 고려를 엿볼 수 있다. 도성은 북쪽의 백악산(북악산, 342미터), 남쪽의 목멱산(남산, 265미터), 서쪽의 인왕산(338미터), 동쪽의 낙타산(낙산, 97미터)을 활용해 지었다. 도성 사방의 산은 풍수지리적인 목적도 있었겠지만 군사적 목적도 중요하게 작용했다. 기본적으로 거칠고 빽빽하게 자란 나무는 방호벽 역할을 했고, 유사시 군사 장비의 원료로 사용되거나 목책 등으로 활용될 수 있었기 때문에 지속적으로 관리되었다(김무진 2010, 464). 이렇듯 도성은 그 자체로도 방어력이 상당히 높은 구조물이었다.

그러나 성곽을 중심으로 하는 도성 방어는 여전히 적지 않은 문제점을 가지고 있었다(오종록 1988, 27~28). 세종대에 수축된 도성에는 옹성甕城과 장대將台 등의 시설이 갖추어지지 않았다. 완벽한 방어시설로서 기능하기에는 결함을 가지고 있었던 것이다(오종록 2004, 232). 게다가 15세기 전반만 하더라도 육군의 다수가 기병이었다. 이는 도성에서 적을 방어하는 것도 중요하지만, 그보다는 성 밖에서 기병부대를 활용하여 적의 침입을 막겠다는 인식이 강하게 자리잡고 있었음을 보여준다(오종록 2004, 236).

이러한 상황에서 이괄의 난 당시 도성 내 유일한 군영은 훈련도감뿐이었다. 이괄은 오랜 군 생활과 인조반정 당시 반정군을 이끌었던 점에서 도성 방어의 허와 실을 인지하고 있었음에 분명하다.

이괄, 남하하다

적[이괄]에게는 상·중·하 세 가지의 계책이 있다. 은과 인삼을 이용하여 모(문룡) 장군과 두터이 결탁하고, 청천淸川 이북에 근거하여 한 도道를 호령하는 것이 상책이요, 은밀히 노추虜酋(누르하치)와 결탁하여 형세에 기대는 것이 중책이요, 샛길로 질주하여 경성으로 곧장 향하는 것이 하책이다. 적은 필시 하책을 쓸 것이다.
　─《서정록西征錄》 및 《호남모의록湖南募義錄》

이괄의 난이 발생하자 안주목사 정충신은 이괄이 선택할 수 있는 계책으로 세 가지를 예상했다. 첫째, 가장 상책으로, 평안도 철산 일대에 주둔하고 있던 모문룡 즉 명과 결탁하여 세력을 확대하는 것이다. 둘째, 중책으로, 후금(누르하치)과 결탁하여 그 형세에 기대는 것이다. 셋째, 가장 하책으로, 지름길을 이용해 빠르게 남하하여 도성으로 향하는 것이다. 이를 통해 인조정권은 이괄이 모문룡과 결탁한 뒤 청천강 이북을 장악하는 것을 가장 두려워했음을 알 수 있다. 이괄의 난 당시 인조는 아직 명으로부터 조선 국왕으로서 책봉을 받지 못한 상태였다. 이에 이괄이 모문룡과 결탁할 경우 명 조정으로부터 이괄이나 이괄이 내세우는 인물이 조선 국왕으로 승인받을 가능성도 배제할 수 없게 된 것이다(한명기 2011, 271).

이러한 상황에서 이괄은 왜 '하책'을 선택하여 남하를 감행했던 것일까? 비록 이괄이 정예병을 거느리고 있었다고는 하지만 대의명분을 가지기 어려운 상태였다. 인조반정을 통해 새롭게 인조를 추대한 장본인이 그 인조에 대해 다시 반란을 일으킨 것이라 명분 확보는 기대하기 힘들었다. 그리고 명이나 후금과 결탁한다고 하더라도 그것은 상당한 시일이 소요될 수밖에 없는 사안이다. 그 사이 관군이 대열을 정비하고 모병 확대를 통해 병력을 늘린다면 이괄은 수세로 몰릴 수도 있었다. 더욱이 명이나 후금이 조선과의 이해관계를 저울질하며 이괄과 쉽사리 결탁하지 않을 경우, 이괄은 더욱 고립될 수밖에 없는 상황에 처하게 된다. 따라서 명이 인조를 책봉할지, 아니면 이괄 혹은 이괄이 추대한 자를 책봉할 것인지 여부는 중요한 의미를 갖는 사안이었다. 명으로서는 조선의 '반정'과 '반란'을 계기로 조선에 영향력을 크게 미칠 수 있는 기회를 잡게 된 것이다(한명기 2011, 271).

〈그림 8-2〉 이괄의 남하로

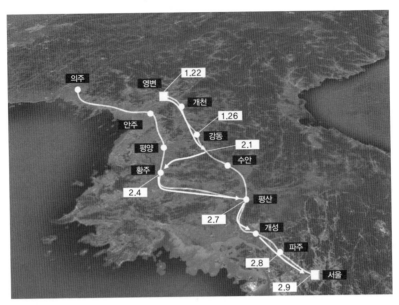

* 출처: 구글어스 위성지도.

결과적으로 볼 때 이괄이 선택한 도성 직공은 하책이 아니라 오히려 상책이었다. 이괄은 당시 조선의 방어체계와 국내외 정세를 감안하여 속도전을 결행했던 것으로 판단된다. 《인조실록》의 기록을 바탕으로 교통로를 고려하여 이괄의 남하 경로를 살펴보면 〈그림 8-2〉와 같다.

반군의 이동경로는 영변→개천→강동→황주→평산→개성→한양이었다. 반군은 관군이 그 위치를 파악하지 못할 정도로 교묘하게 그리고 신속하게 이동했다. 도원수 장만이 "적이 교활하게 샛길로 출몰하여 위치를 종잡을 수 없다"라고 첩보를 올릴 정도였다. 반군이 앞서가면 관군이 그 뒤를 따라 추격하는 형세였다(김웅호 2001, 262). 이괄의 난이 평정된 후 정충신도 "적이 길을 동으로 잡았다가 서로 잡았다가 하며, 때에 따라 변경하여 상황을 헤아리기 어려웠다"라고 했다(《인조실록》4, 인조 2년 2월 27일). 1624년 1월 22일에 거병한 이괄의 반군은 2월 9일 도성에 무혈입성했다. 채 20일이 되지 않아 수도를 점령했던 것이다.

관군의 부대 편성

이괄이 난을 일으킬 당시 거느리고 있던 군사는 약 12,000여 명에 달했다. 평안도의 병력과 전라도에서 올라온 부방군 12,000명 그리고 항왜 130여 명을 휘하에 두고 있었다. 도성을 점령할 당시 이괄의 군사는, 정확히 알 수 없지만 빠르게 남하한 점을 감안할 때 기병이 주력이었던 것 같다. 이는 《인조실록》에서 확인할 수 있다. 《인조실록》에 따르면, 이괄은 경기병으로 곧장 남하하려 했다(《인조실록》4, 인조 2년 2월 1일). 이괄의 난이 신압된 후 야전에서 기병의 중요성에 대해 재인식하면서 기병 양성에 대한 다양한 의견이 나타나게 되었던 점(노영구 2010, 216)도 이를 방증한다.

실제로 남하한 이괄의 군사 수는 어느 정도였을까? 《인조실록》에는 남하 도중 관군의 회유로 4,000명이 이탈했으며, 이괄은 수천 명을 거느리고 남하했다고 되어 있다(《인조실록》4, 인조 2년 2월 23일). 이탈한 4,000명은 보병 위주의 부대였을 가능성이 높다.

그렇다면 이괄의 난을 평정한 관군의 군사는 얼마나 되었을까? 2월 11일 관군과 반군은 도성 서북의 안현에서 결정적인 전투를 벌였다. 안현전투에 투입된 관군의 정확한 병력 수는 알 수 없지만, 안현전투 직전에 도원수 장만이 언급한 내용을 토대로 어느 정도 추정이 가능하다. 장만은 "남이흥 등이 거느렸던 군사는 이미 흩어져 미처 돌아와 모이지 못했으나, 그래도 박상이 거느린 800명, 황해 병사가 거느린 1,000명, 좌방어사가 거느린 500명이 있고, 신의 수하 정병도 수백 명이며, 의주의 군사 500명이 이미 숙천에 이르렀고, 남도의 군사 700명이 또 성천에 이르렀으니, 이들을 합세하면 또한 싸울 수 있습니다"라고 했다(《인조실록》 4, 인조 2년 2월 5일).

〈표 8-2〉 안현전투 당시 관군 수

부대	병력수		합계
장만 (도원수)	수백 명		약 4,000명
박상	800명	3,500명	
변흡 (황해 병사)	1,000명		
김완 (좌방어사)	500명		
의주 군사	500명		
남도 군사	700명		
정충신·남이흥	황주전투 패배 후 병력 수습		

《인조실록》에 명확히 기재된 박상, 변흡, 김완, 의주, 남도의 군사는 3,500명이다. 여기에 도원수 장만과 정충신·남이흥의 군사를 더하면 최소 4,000명에 달한다. 빠진 부원수 이수일의 부대까지 합하면 관군의 병력은 더욱 늘어난다.

관군이 패잔병을 수습하고 모병을 하여 병력을 더욱 강화시켰을 가능성도 있다. 도성을 점령한 이괄 또한 도성 내의 군사력과 장정들을 흡수하여 병력을 보충했을 가능성이 높다. 따라서 관군과 반군 어느 쪽도 압도적인 병력을 보유하지 못했던 것으로 보는 편이 자연스럽다. 요컨대 관군과 반군 모두 수천 명의 병력으로 대치했던 것이다.

그런데 이괄의 난이 평정된 후 포상을 받은 군사는 2,000여 명에 불과했다. 비전투병인 취수吹手 및 고수鼓手까지 포함된 수치다(《인조실록》7, 인조 2년 9월 19일). 관군 4,000명 가운데 최소 2,000명의 군사가 포상을 받지 못한 것이다. 물론 전투를 전후하여 이탈자가 발생하거나 전사자가 많았을 수도 있다. 그러나 안현전투에서 유리한 고지를 선점한 관군의 전사자는 거의 없었다. 《인조실록》에 따르면, 임금이 이르기를 "그날 한참동안 접전했으나 관군은 죽은 자가 전혀 없다고 하니 무슨 까닭인가?" 하니, 남이흥이 아뢰기를 "지형이 좋은 곳에 진을 쳤으므로 적의 포탄과 화살이 미치지 못하거나 넘어가버려서 그러했던 것입니다"라고 했다 《인조실록》5, 인조 2년 3월 3일). 게다가 앞서 도원수 장만이 언급한 관군 수에 부원수 이수일의 군사는 포함되어 있지도 않았다. 따라서 전투 간 이탈자와 사망자를 크게 산정하더라도 적지 않은 수의 관군이 포상을 받지 못했음을 알 수 있다. 왜 이런 일이 발생한 것일까?

이 정벌에서 원수(장만)가 공(이수일)에게 불쾌한 감정을 품고 있다가, 논공을 하는데 이르러 원수가 공을 3등에 두려 했다. 대신들이 말하기를 "사람의 이목에 듣는 바나 보는 바에 의하더라도 부원수의 공은 마땅히 제일에 있어야 하거늘 어찌 3등으로 떨어뜨리려 하오?" 했다. 원수가 강압하여 2등에 두도록 하니 여론이 다 한탄하며 억울하게 생각했다. 그러나 공은 태연하고 진솔한 마음이었으며 입으로 반란 평정을 말하지 않았으므로, 모두 대수장군大樹將軍과 같다고 칭찬했다. **공의 휘하 군사들이 논공에서 누락된 사람이 있어 창을 메고 격분하여 말씀을 아뢰어 하소연하려 하니** 공이 말하기를, "안현의 승리는 선왕의 혼령에 힘입은 것이다. 나와 원수는 공이 없기가 일반이다"라고 하며 적극 말렸다.

　　－《국조인물고國朝人物考》61 〈이수일비명李守一碑銘〉

위의 내용은 이수일李守一 비명碑銘의 일부다. 이수일의 비명은 이괄의 난 당시 왕을 공주로 호종한 이경여李敬輿가 작성했는데, 부원수였던 이 수일의 활동에 관해 상세히 기록하고 있다. 이 비명에 이수일이 1등 공 신이 되지 못하고 2등 공신이 된 것은 장만의 감정 때문이었다는 내용이 포함되어 있다. 물론 이수일 비명은 기본적으로 이수일 측의 입장이 상 당히 반영된 것이라 그대로 받아들이기는 어렵다. 그런데 뒤이어 이수일 휘하의 군사들이 논공에서 누락되어 하소연하는 장면이 나온다. 당시 이 수일 휘하의 군사들이 일정한 역할을 했음에도 불구하고 논공에서 배제 되어 불만을 토로하고 있는 것이다. 반군의 선봉과 싸워 2등 공신에 책 봉된 김경운과 이희건 휘하의 병력도 논공에서 누락되어 있음이 확인된 다(《인조실록》 8, 인조 3년 3월 18일).

관군의 도원수인 장만과 안현전투의 선봉에 나섰던 정충신과 남이흥 은 1등 공신이 되었다. 만약 장만과 이수일이 같은 전장에서 전투를 벌 이며 공을 세웠다면, 최고 지휘관의 한 명으로서 당연히 부원수인 이수 일도 1등 공신이 되어야 자연스러울 것이다. 그런데 관군의 부원수인 이 수일은 2등 공신이 되었다. 안현전투 후 이수일이 2등 공신이 된 점과 이 수일 휘하의 군사가 포상받지 못한 점은 무엇을 시사하는 것일까?

관군, 부대를 나누어 이괄을 치다

상이 아뢰기를 "안현의 전공은 누가 첫째인가?"라고 했다. 최현이 대답하기 를 "정충신·남이흥이 주모主謀했고, 유효걸·이희건이 역전力戰했으며, 변흡 은 뒤에서 베어 물리쳤습니다. 이수일은 정토淨土에 진치고 움츠려 나아가지 않자 원수가 크게 노하여 병방군관兵房軍官을 베려한 뒤에야 비로소 그의 군사를 나아가게 하여 진을 쳐 뒤를 포위했습니다"라고 했다.

－《인조실록》4, 인조 2년 2월 21일

안현전투 후인 2월 21일에 인조와 체부体府의 종사관인 최현이 나눈 대화 내용이다. 최현은 정충신과 남이흥의 공이 가장 높음을 언급하면서 이수일의 공은 폄하하고 있다. 위의 대화 내용만 본다면, 총지휘관인 장만과 안현 선점을 주도한 정충신·남이흥이 1등 공신에 책봉되는 것은 당연하다고 할 수 있다. 그런데 최현은 2월 27일에 파직되었다. 안현전투에서 반군의 편에 섰던 초관哨官 정박을 거짓으로 옹호했기 때문이다《인조실록》4, 인조 2년 2월 27일). 이러한 맥락에서 이수일에 관한 최현의 언행도 신빙성이 낮아질 수밖에 없다.

1627년(인조 4) 정묘호란으로 극심한 피해를 입은 조선은 남한산성의 방어력 강화를 위해 수어청守禦廳을 설치했다. 1632년(인조 10) 이수일은 12,700여 명의 병력으로 이루어진 수어청을 관장하는 수어사로 임명되었다《인조실록》27, 인조 10년 11월 1일). 유사시 국왕이 피신할 수 있는 거점이던 수어청의 책임자로 이수일을 임명한 것이다. 이수일의 군사 역량이 뛰어났음을 짐작할 수 있는 대목이다. 이런 그가 안현전투에서 아무런 역할을 하지 못했을까? 어딘가 석연치 않다.

원수가 여러 장수를 모아 놓고 후속 계획을 상의했다. **공이 눈물을 뿌리며 먼저 나와서 부하를 독려하여 먼저 출발했다.** 원수도 선봉 정충신·남이흥 등을 뒤따라 보내고, 공과 함께 안현을 점거했다. **두 장수는 왼쪽에 있고 공은 오른쪽에 있으면서 기각掎角의 형세를 이루어** 날 새기만 기다렸다. 과연 적이 대거 침범해왔다. 공이 북을 울리며 군사를 독려하여 한참 동안 합전하다가, **거느리고 있던 가볍게 무장한 군사를 모두 내 보내어 적의 중견中堅을 꺾었다.** 이들은 바로 항왜降倭로 우리를 위하여 목숨을 바치려던 자들이었다. 적세가 이로 말미암아 크게 꺾이어 드디어 패배했다.

－《국조인물고》 61 〈이수일비명〉

이수일의 비명에는 안현전투 직전의 부대 배치가 비교적 상세히 기록되어 있다. 비명에 따르면, 안현전투 당시 정충신·남이흥이 왼쪽에 위치하고 이수일이 오른쪽에 위치하여 '기각掎角'(서로 호응하여 적을 견제함)의 형세를 이루었다고 한다. 단순히 기록상으로 보자면 안현의 왼쪽과 오른쪽에 배치된 것으로 이해할 수도 있다. 그러나 이수일이 장만의 본대와 떨어져 먼저 출발했던 점과 장만 본대의 '선봉'이 정충신·남이흥이었던 점을 상기할 필요가 있다.

《인조실록》은 물론이거니와, 정충신의 비명에도 장만 본대의 선봉은 정충신과 남이흥으로 기록되어 있으며(《국조인물고》 61 〈정충신비명鄭忠信碑銘〉), 반군과의 초반 전투에서 이수일은 등장하지 않는다.《연려실기술練藜室記述》에도 정충신이 안현에 먼저 도달했고 이어 남이흥이 진을 쳤으며, 이수일은 이들을 뒤에서 옹호하는 후군後軍을 맡은 것으로 되어 있다(《연려실기술》 24 〈인조조고사본말仁祖朝故事本末〉).

장만 부대와 이수일 부대의 이동 목표가 동일한 장소였다면 먼저 출발한 이수일의 부대가 선봉이 되어야 마땅하다. 그런데 장만 부대의 목표 장소인 안현에서는 정충신·남이흥의 부대가 선봉이 되었다. 그리고 《연려실기술》에 따르면 반군의 선봉은 한명련이었으며, 중군中軍은 이괄이 지휘했는데, 반군의 선봉과 전투를 벌인 주체는 정충신·남이흥이었다.

따라서 먼저 출발한 이수일은 장만 부대의 선봉이 아니었음을 분명히 알수 있다.

한편 이수일의 비명에 따르면, 이수일은 반군의 '중견中堅', 즉 이괄의 중군을 공격했다고 되어 있다. 그리고 앞서 언급된 인조와 최현의 대화에서 '이수일은 적의 뒤를 포위했다'고 했다. 종합해보면 도원수 장만의 부대와 부원수 이수일의 부대는 따로 행동했음을 알 수 있다.

또한《연려실기술》에는 이수일·김기종金起宗 등이 '영상嶺上'*에서 마주하는[対坐] 잠깐 동안 적의 머리가 산처럼 쌓였다고 되어 있다. 김기종은 장만을 보좌하는 종사관으로 참가했으므로 안현전투 당시 장만과 같이 있었음에 분명하다. 따라서 이수일과 김기종이 대좌対坐했다는 것은 안현에 주둔하던 김기종을 향해 맞은편에서 이수일이 안현으로 이동한 사실을 반영한다.

안현 위에서 반군의 공격을 막던 관군의 부대는 남동쪽을 바라보고 있었고, 관군은 반군에게 안현을 내준 적이 없다. 이수일의 부대가 관군의 후방에 위치하고 있었다면 반군을 베면서 마주[対]보며 올라갈 수 없다. 다시 말해 이수일의 부대는 반군을 배후에서 베며 안현 위로 치고 올라갔을 가능성이 높다. 이수일의 부대는 장만의 관군과는 다른 방향에 위치하고 있었던 것이다.

지금까지 언급된 내용을 정리하면, 장만과 이수일의 부대는 각기 다른 장소로 이동하여 전투를 벌인 것으로 판단된다. 즉 장만의 부대는 정충신과 남이흥을 선봉으로 내세워 안현으로 곧장 진군하고, 이수일의 부대는 반군의 본대를 공격하며 포위할 수 있는 우회지점으로 이동했던 것이다.

---

* 안령상鞍嶺上, 즉 안현의 위를 의미한다.

결국 장만과 이수일이 이끄는 관군은 안현에서 이괄·한명련이 이끄는 반군과 결정적 전투를 벌였다. 안현은 도성의 돈의문(서대문)에서 볼 때 서북쪽에 위치하는데, 북쪽에서 내려오는 세력이 도성으로 가기 위해 반드시 장악해야 하는 곳이었다. 반대로 도성에서 북쪽으로 나아갈 때도 반드시 거쳐야 하는 요충지였다.[*]

도원수인 장만은 최초 도성을 넓게 포위하여 반군의 보급로를 차단하려 했다. 그러나 정충신은 안현을 선점하고 반군과 결전을 치르자고 주장했다. 남이흥이 정충신의 견해에 적극 동조하자, 장만은 안현을 선점하도록 명령했다. 이에 정충신은 김양언으로 하여금 기병 20명을 거느리고 산 정상의 봉화대를 장악케 하고, 평상시처럼 봉화를 올리도록 했다.

이확은 포수砲手 100명을 거느리고 상암裳巖 골짜기에 매복하여, 창의문彰義門으로 통하는 길목을 차단했다. 결국 2월 10일 밤 관군의 주력부대가 모두 안현에 무사히 도착했다. 대규모 부대가 이동했기 때문에 소음이 상당할 수밖에 없었지만, 이괄의 반군은 그동안의 승리와 도성 점령으로 자신감이 넘쳐흐른 나머지 관군에 대한 경계를 소홀히 했다(신병주 2009, 282).

게다가 때마침 동풍이 불어 도성에서는 관군의 움직임을 눈치채지 못했다(《연려실기술》 24 〈인조조고사본말〉). 서울의 경우 겨울에는 주로 서북서풍과 서풍이 불고, 다음으로 북동풍과 동북동풍이 분다. 다른 방향에서는 거의 바람이 불지 않는다(윤재옥 2003, 236). 다시 말해 서울은 겨울에 주로 서북풍이 불긴 하지만, 동풍도 적지 않게 부는 것이다. 동풍이

---

[*] 안현은 서울 서대문구 현저동에서 홍제동으로 넘어가는 고개로서, 길마재·무악재라고도 한다. 서울에서 북쪽의 의주義州로 나아가는 가장 빠른 길이며, 안산(296미터)과 인왕산(338미터) 사이에 위치하고 있다.

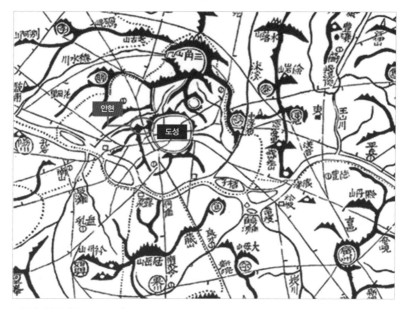

* 출처: 〈대동여지도大東輿地圖〉.

오랜 기간 지속될 가능성도 배제할 수 없지만, 동풍이 강하게 분 다음에는 어김없이 서북풍이 불어올 확률이 높을 수밖에 없다. 그런데 안현전투 전날에는 특이하게 동풍이 불었기 때문에 관군이 의도적으로 안현을 점령했던 것으로 볼 수 있다.

병력의 열세를 지형과 기상으로 극복하다

2월 9일 도성을 점령한 이괄의 반군은 2월 11일 안현전투에서 관군에게 결정적인 패배를 당하고 말았다. 안현전투를 기록한 다음의 사료를 살펴보자.

① 관군이 적과 안현鞍峴에서 크게 싸웠는데, 적병이 크게 패하여 도망쳤다. …… 원수 장만이 처음에 둘러싸고 지켜서 적을 지치게 하려 했는데, 정충신 이 말하기를 "지금의 계책으로는 곧바로 안현에 올라가 적과 싸우는 것만 못 합니다. 이것은 병법에 이른바 먼저 북쪽 산을 차지한 자가 이긴다는 것입니 다"라고 했다. 남이흥이 그 계책을 찬성했다. 이에 정충신 등이 밤을 틈타 안 현에 진을 쳤다. 적은 이미 거침없이 진격하여 대궐을 침범했으므로 대적이 없다고 스스로 믿고 싸우지 않아도 패주시킬 수 있다고 여겼다. 이튿날 아침 에 무리를 전부 출동시켜 성을 나와 길을 나누어 전진했는데, 험한 곳을 우러 러보고 공격하므로 포탄과 화살이 적중하지 못했다. 그리고 제장들은 또한 적 을 성에 들어오게 한 죄를 스스로 알고 죽기를 각오하고 힘껏 싸웠는데, 이미 지세가 험한 곳을 얻은 데다가 **하늘이 또 도와서 교전하는 처음에 풍세가 갑 자기 바뀌었다.** 관군이 승세를 타게 되자 사기가 절로 배나 되었다. 적이 드디 어 크게 패해서 달아났는데, 적병 400여 급을 베고 300여 인을 사로잡았다.
－《인조실록》4, 인조 2년 2월 11일

② 싸움이 한창 무르익어 갈 때 **문득 바람의 방향이 변하여 서북풍이 심하게 불어 적이 바람머리에 위치하게 되었으므로,** 먼지와 모래가 적병의 얼굴에 휘 몰아쳤다. 그러자 관군의 용기가 더욱 떨쳐 묘시卯時부터 사시巳時까지 크게 싸웠는데, 적의 장수 이양이 탄환을 맞아 떨어져 죽고 (한)명련은 화살을 맞고 물러섰다. 때마침 (이)괄이 자리를 바꾸려고 하는데 기旗가 움직여지자 남이흥 이 바라다보고 크게 외치기를 "이괄이 패했다"라고 했다. 이에 적이 군사들이 급히 달아나느라 서로 짓밟아 시내 골짜기에 떨어져 죽은 자가 이루 헤아릴

수 없었다. 이들 관군이 이긴 기세를 타고 소리지르며 추격하니 한 명이 열 명을 당해 내지 못하는 자가 없었다. 적의 군사는 죽음을 면할 겨를이 없어 민가에 달아나 숨기도 하고 혹은 길을 나누어 흩어져 달아나고, 혹은 마포·서강으로 달아나 물가에 다다라 죽는 자도 있었다. 백성들이 또한 돈의문과 서소문의 두 문을 닫고 막자 적이 들어가지 못하고 곧 숭례문으로 향했다.

－《연려실기술》24 〈인조조고사본말〉

①은 당시 안현전투를 묘사한 《인조실록》의 기록이며, ②는 《연려실기술》의 기록이다. 특히 《연려실기술》은 전투 자체를 상세히 다루고 있어 안현전투를 이해하는 데 많은 참조가 된다.[*] 사료에 따르면, 관군은 동풍이 부는 틈을 타 도성 서북의 안현을 선점했다. 이튿날 반군은 도성 문을 열고 나와, 관군의 수가 적은 것을 보고 지금의 독립문 일대를 지나 안현으로 진격했다. 바람이 여전히 동풍이었기 때문에 전황은 반군에게 유리했다. 그러나 바람이 방향이 갑자기 서북풍으로 바뀌면서 전세는 역전되었다.

승기를 잡은 관군이 반군을 몰아붙였고, 반군은 도성 쪽으로 달아났다. 전투를 관망하던 백성들은 도성 문을 닫아 반군의 입성을 저지했다. 이 안현전투에서 반군은 크게 패하여 더 이상 재기할 수 없었다. 이괄은 소수의 병력을 거느리고 경기도 이천으로 달아났다가 부하의 손에 살해당했다.

두 사료를 통해 관군이 안현을 선점하여 전략적 우위에 섰고, 바람의

---

[*] 《연려실기술》은 당시까지의 문집이나 야사류의 기록들을 적극 수집한 책으로 민의 시각이 일정부분 반영되어 있다는 점에서 의의를 갖는다(신병주 2008, 54). 《연려실기술》은 자료만 나열하여 독자의 이해를 돕고, 자신의 견해는 가급적 밝히지 않았다고 한다(신병주 2012, 30).

방향이 관군에게 유리하게 작용한 것이 안현전투에서 관군이 승리한 요인이었음을 알 수 있다. 관군의 승리가 풍향의 변화라는 우연적 요소에 의해 결정된 것처럼 보이기까지 한다. 그렇다면 정말 풍향의 변화가 전투에 결정적인 역할을 했을까? 관군의 전술운용 요소를 메트티씨 METT-TC, 즉 임무Mission, 적Enemy, 지형 및 기상Terrain, 가용부대 Troops, 가용시간Time available, 민간고려요소Civil consideration를 이용하여 확인해보자. 관군과 반군의 경우 임무와 적상황은 비슷하므로, 가용부대, 가용시간, 민간고려요소를 비교 요소로 상정할 수 있다.

첫째, 가용부대다. 안현전투에서 관군과 반군의 병력 규모는 거의 엇비슷했다. 그러나 반군은 항왜降倭를 적극 활용했다. 양계 지방에 부방赴防하러 왔던 항왜 130여 명이 이괄의 난이 발발하자 난에 적극 가담했다(한문종 2001, 175~181).* 이괄은 반란 당시 조총을 소지한 항왜들을 선봉에 배치했는데 상당한 위력을 발휘했다(한명기 2006, 231). 게다가 관군은 장만의 부대와 이수일의 부대가 분산하여 주둔함으로써 전투력의 집중 면에서 불리할 수밖에 없었다. 따라서 가용부대 면에서는 관군이 다소 열세였던 것으로 볼 수 있다.

둘째, 가용시간이다. 관군은 시간이 지날수록 패잔병 수습과 모병을 통해 병력을 강화할 수 있었다. 공주로 피난한 조정은 하삼도에서 적지 않은 모병 활동을 전개했다(김경숙 2012). 반면 반군도 새롭게 왕을 옹립한 상태였기 때문에 도성의 민심을 수습할 시간을 가지게 된다. 도성을

---

* 항왜는 특히 육상전투력이 상당히 뛰어나 육상 전투에 투입되었던 것으로 보인다. 《선조실록》에 "13명의 항왜가 명군을 거느리고 달자㺚子(몽골)에 들어가 달자 300여 명을 죽이는 대신 항왜는 불과 3명이 죽었다"라는 기록이 있고(《선조실록》 59, 선조 28년 1월 6일), 정경세가 남긴 《우복선생집 愚伏先生集》에는 "역적 이괄이 항왜 약간 명을 전열前列에 배치했는데 관군이 당해낼 수 없었다"라고 되어 있다(《우복선생집愚伏先生集》 5, 〈옥당론시무차玉堂論時務箚〉).

끼고 방어하는 입장이었기 때문에 관군보다 유리해질 가능성도 배제할 수 없다. 따라서 관군과 반군 모두 앞으로의 전세를 가늠하기 어려웠고, 가용시간은 넉넉지 않았다고 할 수 있다. 먼저 공격하여 승리하는 쪽이 주도권을 잡을 수밖에 없었던 것이다.

셋째, 민간고려요소다. 기록에 따르면, 이괄이 도성에 입성할 때 환영했던 백성들은 이괄이 패하자 도성문을 닫아버렸다. 《경국대전經國大典》에는 도성문은 인정人定(22시) 때 닫고 파루罷漏(04시) 때 열도록 규정되어 있는데, 도성문의 열쇠는 병조兵曹에서 관리했다고 한다(김웅호 2004, 111~112 참조). 따라서 백성들이 도성문을 닫았다기보다는 전투를 관망하던 관원이 도성문을 닫도록 명령했다고 이해하는 편이 자연스럽다. 전투의 추이를 관망하던 관원과 백성은 모두 중립적인 위치에 있었던 것이다.

이상의 내용을 종합하면 가용부대에서 다소 열세였던 관군이 지형과 기상이라는 요소를 통해 전력의 균형을 맞추었음을 알 수 있다. 그런데 여기에는 안현을 선점한 장만의 부대만 언급되어 있다. 즉 관군은 장만의 부대만으로 병력의 열세를 지형과 기상을 통해 극복했던 것이다.

안현전투의 복원

당시 한양 도성의 형태(최종규 2012 참조)와 안현전투의 전개 과정을 복원해보자. 이수일의 비명에 따르면, "두 장수는 왼쪽에 있고 공은 오른쪽에 있으면서" 기각의 형세를 이루었다. 그리고 장만의 부대와 이수일의 부대는 따로 주둔했다. '안현'은 안산鞍山에서 비롯된 말이므로, 북쪽에서 남하한 관군의 입장에서 안산을 중심으로 살피면 다음과 같다.

북쪽에서 남쪽을 바라보며 정충신·남이흥은 안산의 왼쪽에, 이수일은 안산의 오른쪽에 주둔한 것으로 이해하는 것이 자연스럽다. 즉 안산을 기준으로 왼쪽에 해당하는 지점은 정충신과 남이흥이, 안산의 우측 산록은 이수일이 주둔한 장소로 이해할 수 있다.

최초 장만은 반군을 넓게 포위하고자 계획했다. 이에 따라 장만은 안산 북쪽으로, 이수일은 안산 남쪽으로 이동했던 것 같다. 장만의 《낙서집洛西集》*에 부원수 이수일이 군사를 '영저嶺底', 즉 안현 아래에 주둔시킨 뒤 곧바로 진격하지 않았다고 되어 있는 점도 이를 방증한다(《낙서집》7).

장만과 이수일의 부대가 이미 분리되어 진군하는 과정에서, 정충신과 남이흥이 장만에게 좀 더 남하하여 안현을 점령하자고 건의했다. 장만과 이수일은 반군에 대한 방어계획을 수립하고, 부대를 나누어 안산의 좌우측 통로를 선점했다. 당시 동풍이 불어 관군이 안산 일대를 점령하는 것을 반군이 눈치채지 못했다. 이튿날 아침 반군은 관군의 병력이 적은 것을 보고 전 병력을 동원하여 장만 부대가 지키고 있는 안현으로 공격을 가했다. 물론 관군의 수가 적게 보였던 것은 이수일의 부대가 안산의 남측 산록인 신촌 일대에 분산·주둔했기 때문이다.

만약 이수일의 부대가 지금의 충현동 지역에 주둔했다면, 도성에서 거리가 가까워 이괄의 부대에게 발각되기 쉬웠을 것이다. 그렇다면 이괄의 부대는 지금의 독립문 방향으로 진군하지 않고, 이수일의 부대 쪽을 먼저 공격할 수밖에 없다. 안현 공격은 포위될 것을 뻔히 알면서도 스스로 포위망 안으로 들어가는 꼴이 되기 때문이다. 따라서 이수일의 부대는 안산의 남쪽 산록인 신촌 일대에 주둔한 것으로 추정해 볼 수 있다.

* 장만의 손자인 장보현과 증손자인 장세광이 〈가장초고家藏草稿〉를 바탕으로 발행했다.

〈그림 8-4〉 안현전투 요도

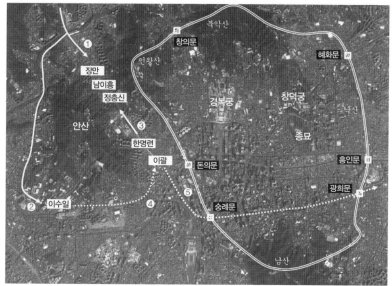

* 출처: 구글어스 위성지도.

　반군의 선봉은 한명련이 맡았고, 그 후방에는 이괄이 위치하여 전투를 지휘했다. 안현에서 치열한 공방전이 벌어졌으나 반군은 관군을 제압하지 못했다. 전투가 소강상태에 접어든 시점에서 풍향이 관군에게 유리하게 작용했고, 이수일의 부대가 이괄의 중군을 후방에서 타격했다. 이수일이 장만의 독촉을 받고 군사를 움직였다는 사실은 최초 이수일의 부대 목표가 공격이 아니라 길목을 차단하는 방어였음을 짐작케 한다.

　안현에서 장만의 부대가 관군을 막아내고 이수일의 부대가 반군을 배후에서 침으로써, 반군을 넓게 포위하는 형국을 갖추었다. 혼란에 빠진 반군은 우왕좌왕했고 전투는 급속히 관군 쪽으로 기울었다. 이괄의 중군은 일부가 이수일의 공격을 피해 남쪽으로 달아날 수 있었으나, 한명련의 선봉부대는 정충신과 남이흥 그리고 이수일의 부대에 의해 궤멸되었다. 《인조실록》에 따르면, 반군 400명을 목 베고 300여 명을 사로잡았다. 반군 수천 명 가운데 700명이 사망하거나 포로가 되었다는 점에서 반군의 선봉은 거의 궤멸되었다고 봐도 무방할 것이다. 관군은 무너진 반군을 추격하여 전과를 늘렸다.

〈표 8-3〉 관군의 전술운용 요소

METT-TC		내용	우열
임무	Mission	반군 격퇴	
적	Enemy	수천 명	
지형 및 기상	Terrain	안현 선점, 풍향 유리	우세
가용부대	Troops	분산 배치	열세
가용시간	Time available	동일	
민간고려요소	Civil consideration	중립	

정리하면 관군과 반군의 임무는 모두 적 격퇴로 동일하며, 적의 규모 및 가용시간과 민간고려요소도 비슷한 상황이었다. 따라서 안현전투의 결정적 차이는 지형 및 기상 그리고 가용부대였다.

관군은 반군과 부대 규모가 비슷했지만, 항왜를 이용하는 반군에 비해 전력이 열세였다. 게다가 장만과 이수일의 부대를 분산 배치하여 전력은 더욱 약화될 수밖에 없었다. 이를 안현이라는 고지를 선점함으로써 보완했다. 또한 안현에 주둔한 관군의 병력이 상대적으로 적었기 때문에 반군이 안현을 집중적으로 공격할 수 있도록 유도할 수 있었다. 장만의 부대만으로 전력을 균형을 이루고, 반군이 무악동 일대로 진입한 상황에서 바람의 방향이 유리하게 전개되었다. 이때 이수일의 부대가 배후를 타격함으로써 대승을 거둘 수 있었다.

따라서 안현전투는 단순히 풍향의 변화에 따른 '하늘의 도움'으로 승리한 것이 아니다. 부대를 분산 배치하여 적을 기만하고 포위공격을 감행한 '관군의 전술'이 승리에 큰 역할을 했던 것이다.

조선 후기 군사 실태

조선은 건국 초기 명나라에 대해서는 사대事大정책을 시행하고, 변방의 여진이나 왜 등과는 교린交隣정책을 추구했다. 내부적으로는 사병私兵을 타파하고 중앙군을 강화시켰으며, 지역방위체제로서 진관체제鎭管体制를 구축했다. 조선은 이 사대교린이라는 억제전략을 통해 200여 년간의 평화기를 보냈다. 그러나 결과적으로 보면 군사력 건설이나 운용 면에서 공세보다는 방어에 치중하는 수세적 방위전략에 익숙해지고 말았다.

조선 후기 군사력 확대

조선의 전술은 임진왜란을 계기로 기병 중심에서 보병 중심으로 변화했다. 이에 따라 이전에 군사로 편성되지 않았던 하위 계층까지 군인으로 충원되면서 조선군의 규모는 이전보다 급속히 증가했다. 임진왜란이 발생했던 16세기 말 조선군의 규모는, 실제 병력이라 볼 수는 없지만 어림잡아 정군正軍 10만 명과 보인保人 20만 명, 합쳐서 총 30만 명 정도였던 것으로 추정된다. 그런데 100여 년이 지난 18세기 초에 확보된 군액의 수는 정군과 보인을 합쳐 104만 명에 달했다.

　대규모 전쟁에 대비하기 위한 보병 중심의 전술과 무기체계의 채택, 국가의 중앙 통제력의 강화로 인해 파악된 양정良丁의 증대 등으로 군병의 수효가 급증했던 것이다. 무기 또한 조선 전기에는 군인들 스스로가 마련했지만, 조선 후기에는 군영 등에서 무기를 제조하여 군인들에게 지급되었다. 이에 따라 표준화된 무기가 제조되어 무기체계가 이전에 비해 통일될 수 있었다.

조선 후기 군비 실태

다시 평화기가 지속되고 사회 기강이 해이해짐에 따라 국방력 또한 병폐가 누적되었다. 첫째, 중앙군인 경오영京五營의 일부를 제외하고 지방 병영의 편성은 문서상으로만 존재했다. 편제표상의 인원은 대부분이 공석이었다. 병역을 이행해야 할 장정의 명단은 거의가 거짓으로 기록되었고, 중앙정부에 보고하는 병력 편성과 실제 군역자 수는 큰 차이를 보였다.

　둘째, 수십 년간 군사훈련이 실시되지 않았다. 조선시대의 군사훈련은 각 병영 별로 연간 봄과 가을에 두 차례 실시하는 것이 원칙이었다. 그러나 훈련 시기가 돌아올 때마다 흉년, 홍수, 가뭄, 질병, 농번기, 국상國喪, 청국 사신의 왕래 등의 이유로 거의 실시되지 못했으며 그것이 점점 관습화되고 말았다. 결국 전국적인 훈련은 제대로 진행되지 못했으며, 일부 지역에서 실시된 훈련도 형식적인 것에 지나지 않았다.

　셋째, 병기의 노후화가 심했고 유지상태가 극히 불량했다. 각 병영의 군기고에는 여러 종류의 무기들이 보관되어 있었으나 관리 책임자들의 업무태만으로 거의 쓸 수 없는 상태였다. 뿐만 아니라 각종 무기의 기록과 보고 내용도 수십 년간 군기의 종류나 수량 등에 일체의 증감이 없었다. 형식에 불과했던 것이다.

실학자들의 무기체계 인식

박제가朴齊家는《북학의北學議》〈병론兵論〉에서 조선의 무기체계와 군사시설이 매우 열악하다는 것을 총체적으로 지적했다. 다른 나라에 비해 부실한 원인을 무엇보다도 기술적 요소의 결핍으로 파악했다. 기술력을 바탕으로 국방력을 강화하자는 주장이었다.

이익李瀷은《성호사설星湖僿說》〈만물문萬物門〉에서 무기의 보존 실태가 열악함을 지적했다. 특히 화살 문제를 강조했다. 평상시 활쏘기 연습을 할 때 모두 촉이 없는 화살을 사용하고 있으며, 군대에서 사용하는 화살은 비싼 제작비용에도 불구하고 제대로 사거리가 나오지 않는다고 비판했다.

우정규禹禎圭는《경제야언經濟野言》〈군기정비지책軍紀精備之策〉에서 서울과 지방의 무기고에 보관되어 있는 창, 칼, 활, 총 등 각종 무기의 보존 실태가 매우 허술하며, 이를 단속하는 데 많은 문제점이 있음을 지적했다. 그는 무기가 무용지물이 되는 근본적인 원인으로 관료의 뇌물수수와 같은 비리로 인해 소홀해진 점검을 꼽았다.

정약용丁若鏞은《목민심서牧民心書》〈병전육조兵典六條〉에서 조선의 무기체계가 오직 활과 화살에만 집중되어 왔으며, 그나마도 매우 허술하게 운용되고 있다고 비판했다. 또한 우수한 품질의 제품이 아니며 대개가 불량품에 불과하다고 지적했다. 이에 정약용은 무기체계 전반에 걸친 개선론을 제기하기에 이르렀다.

서양 세력의 출현

이러한 상황에서 18세기 말엽부터 한반도 연안에 서양 선박들의 출몰이 증가했다. 그러나 조선 정부는 안이한 정세 판단 속에서 국방 문제에 별다른 대책을 강구하지 않았다. 이양선의 출현에 직접적인 위협을 느끼고 대응에 나선 것은 흥선대원군 집권기에 들어와서다.

당시 청나라는 아편전쟁으로 위신이 크게 실추되었고, 일본에서는 미국 해군 페리 제독의 출현으로 인해 정국이 큰 혼란에 빠졌다. 결국 일본은 메이지유신으로 서양 문물을 수용하는 방향으로 나아갔다.

한편 조선에서는 고종이 12세의 나이로 왕위에 오르고, 아버지인 흥선대원군이 집권하게 되었다. 흥선대원군은 쇄국정책을 시행하면서 해안 성곽과 돈대를 보수하여 외세를 막으려 했다. 이로 인해 결국 프랑스 및 미국의 해군과 강화도에서 충돌하게 된다. 이것이 바로 병인양요丙寅洋擾와 신미양요辛未洋擾다.

제9장

염하수로 도하,
조선에 병인양요 승리를 선사하다

조선군의 염하수로 도하작전

정족산성전투, 서구 제국주의 세력에 거둔 최초의 승리
프랑스군은 왜 철수했는가
염하수로 도하를 감행하다
염하수로 도하, 어떻게 이루어졌나
도하작전, 어떻게 성공할 수 있었나
해병대 운용과 유사하다

구한말 조선은 쇄국정책을 강화했고, 결국 서양세력의 직접적인 공격을 받게 되었다. 프랑스 함대가 강화도를 공격한 것이 병인양요丙寅洋擾, 미국 함대가 강화도를 공격한 것이 신미양요辛未洋擾다. 병인양요에서 조선은 최초로 근대식 서양 군대와 충돌하게 된다.

1866년 흥선대원군은 프랑스 선교사 9명과 한국인 천주교도 8,000여 명을 학살하는 등 천주교를 철저히 탄압했다. 리델Ridel 신부는 조선을 탈출해 중국 톈진天津으로 가서 프랑스 인도차이나함대 사령관인 로즈Rose 제독에게 이러한 사실을 보고했다. 결국 로즈 제독은 프랑스 해군성의 명령을 받아 9월 18일 3척의 군함을 이끌고 조선에 대한 군사 행동을 단행했다.

로즈 제독은 리델 신부와 조선인 신도의 안내를 받으며, 인천 앞 바다를 거쳐 한강으로 들어와 서울 인근의 서강西江까지 진출했다. 로즈 제독의 프랑스 함대는 지형 정찰과 항로 탐측을 바탕으로 지도를 제작하고 일단 중국으로 물러났다. 이것이 바로 병인양요의 시작이었다. 10월 5일 로즈 제독은 한강수로의 봉쇄를 선언하고, 10월 11일에 제2차 조선 원정을 위해 다시 출항했다. 프랑스군은 함선 7척과 1,000명의 해병대를 거느리고 강화도에 나타나 포격을 시작했다. 10월 16일에는 강화부江華府를 공격하여 점령해버렸다.

이에 조선 정부는 강화도를 탈환하기 위해 금위영禁衛營에 순무영巡撫營을 설치하고, 대장大將에 이경하, 순무중군巡撫中軍에 이용희, 순무천총巡撫千摠에 양헌수梁憲洙를 임명했다. 《승정원일기承政院日記》에 따르면, 이때 출정한 조선군의 병력은 2,000여 명이었다(《승정원일기》 고종 3년 9월 8일). 조선군 주력은 통진부通津府에 주둔하며 강화도 수복계획을 수립하고자 했다. 10월 26일 조선군은 문수산성文殊山城에서 프랑스군과 충돌했으나 프랑스군의 화력에 압도당했다. 프랑스군 정찰대 70여 명이 문수산성을 공격하여 불을 지른 후 조선군을 추격했다. 문수산성에서 전투를 벌인 결과, 쌍방 모두 3명씩 사망하고 2명씩 부상을 당했다.

이 전투에서 조선군은 프랑스군의 화력을 실감할 수 있었다. 양헌수는 화력 면에서 열세인 조선군이 프랑스군을 제압하려면 기병작전奇兵作戰을 수행해야 한다고 판단했다. 기병작전에 적합한 장소로 강화도 남쪽의 정족산성鼎足山城을 주목하고, 11월 7일 야음을 틈타 덕포德浦 일대에서 염하수로塩河水路를 도하渡河했다.*

염하수로 도하에 성공한 500여 명의 양헌수 부대는 무사히 정족산성을 점거하고, 방어태세를 강화했다. 조선군의 정족산성 점거 소식을 전해들은 로즈 제독은 올리비에Ollivier 대령에게 150명을 거느리고 조선군을 공격케 했다. 11월 9일 정족산성의 동문과 남문을 중심으로 공격해

---

* 염하수로는 현재 인천광역시 강화군과 경기도 김포시 사이의 해협海峽으로, 마치 강과 같다 하여 염하鹽河라고 부르며 강화해협이라고도 한다. 폭이 좁은 곳은 200~300미터, 넓은 곳은 1킬로미터 정도이며, 길이는 약 20킬로미터다.

들어오던 프랑스군은 조선군의 매복과 일제 사격으로 인해 다수의 사상자를 내고 물러났다. 정족산성전투의 패배 후 프랑스군은 강화부의 수많은 문화재와 재물을 약탈하고 철수했다. 한편 흥선대원군은 병인양요를 계기로 쇄국정책을 더욱 강화하고 천주교 박해에도 박차를 가했다.

병인양요는 조선을 개국시키려는 서양제국과 조선 간 최초의 무력충돌이었다. 그 중요성 때문에 정치, 외교, 경제, 사회, 사상, 군사 등 다방면에서 많은 주목을 받아왔다(최석우 1966; 김원모 1983; 양교석 1985; 연갑수 1986; 임재찬 2004; 이주천 2007). 그러나 군사학적 관점에서는 아직 검토할 여지가 남아 있다. 특히 대부분의 연구가 정족산성전투를 중심으로 고찰되고 있기 때문에, 그에 앞서 실시된 염하수로 도하작전은 제대로 조명되지 못했다. 장비가 열악하고 구성원이 다양했던 조선군이 조류가 빠른 염하수로를, 그것도 야간에 도하하여 성공했다는 것은 상당히 중요한 의미를 갖는다. 만약 도하작전이 성공하지 못했다면 분명 정족산성전투도 이루어질 수 없었을 것이기 때문이다.

이런 점에서 이 장에서는 먼저 정족산성전투가 병인양요에서 어떠한 위상을 갖는지를 언급하고, 조선군이 어떠한 수단과 방법을 통해 염하수로를 도하할 수 있었는지를 파악한다. 다음으로 조선군의 염하수로 도하작전이 성공할 수 있었던 여러 요인과 그것이 갖는 의미에 대해 살펴본다. 이를 통해 당시 조선군의 운용 실태를 확인하고, 현대 도하작전에도 일정한 시사점을 얻고자 한다.

정족산성전투, 서구 제국주의 세력에 거둔 최초의 승리

병인양요에서 정족산성전투를 승리로 이끈 이는 양헌수다. 양헌수는 조선 초기 《눌재집訥齋集》을 남긴 양성지의 후손으로 명문 무반 가문의 후예였다. 증조부 양세현은 황해도 병마절도사(종2품)를, 조부 양완은 경상좌도 수군절도사(정3품)을 역임했다(백기인 2011, 173). 양헌수는 화서 이항로의 문하로 문무를 겸비한 군사이론가이자 실무 지휘관으로 평가되고 있다(서인한 1999).

병인양요의 전개 과정은 양헌수가 남긴 《병인일기丙寅日記》에 자세히 나와 있다(김원모 1983 참조). 《병인일기》는 프랑스군이 제2차 원정을 시작한 10월 11일부터 로즈 제독이 정족산성에서 패전하고 함대를 철수시킨 후 양헌수가 부대를 최종적으로 복귀시킨 12월 2일까지 50일 간의 일들을 기록한 진중일기陣中日記다. 즉 《병인일기》는 직접 전투를 진두지휘한 양헌수의 전쟁일기라는 점에서 사료적 가치가 상당히 높다(김원모 1983).

이 《병인일기》를 참고하여 정족산성전투를 살펴보자. 1866년 11월 7일, 549명의 양헌수 부대는 염하수로를 도하하여(《정족산성접전사실鼎足山城接戰事實》) 강화도 남부의 정족산성을 점거했다. 이에 11월 9일, 강화부에 주둔하고 있던 프랑스군은 올리비에 대령의 지휘 하에 해병대 150명으로 정족산성을 공격해왔다. 리델 신부의 서한에는 160명으로 되어 있으나(Charles Dallet 1980), 올리비에 보고서에는 150명으로 되어 있다(한국교회사연구회 1979).

정족산성은 북쪽과 서쪽이 높고 남쪽과 동쪽이 낮은 형태로 전형적인

<그림 9-1> 정족산성(삼랑성)

*출처: 인천광역시 강화군청 문화예술과.

포곡식 산성이다.* 양헌수는 정족산성 점거 후 산성의 주 접근로인 남문
에 포수砲手 161명, 동문에 150명을 배치하고, 북문과 서문에는 157명을
배치하여 방어 준비를 해두었다. 원래 프랑스군은 양헌수 부대가 정족산
성을 점거하기 전에 이미 정족산성을 정찰한 적이 있다. 11월 6일 프랑
스군 62명이 정족산성에 들어가 전등사傳燈寺의 기물을 파괴하고 주변의
지형을 정찰하고 돌아간 것이다. 프랑스군이 정찰할 당시에는 조선군이

* 현재 인천광역시 강화군 길상면 온수리 정족산에 위치하며, 자연석으로 축조된 석성이다. 삼국시대
  에 초축된 것으로 추정되며, 총 둘레는 2,944미터, 성내 면적은 72,000여 평이다.

전혀 주둔하고 있지 않았다. 프랑스군은 이미 정족산성을 정찰한 상태였기 때문에, 조선군의 잠입 정보를 듣고도 크게 경계하지 않은 듯하다. 프랑스군의 정족산성 정찰이 끝난 바로 다음날 양헌수 부대가 점거했다는 것은 조선군이 프랑스군의 움직임을 사전에 파악하고 있었음을 유추하게 한다.

11월 9일 프랑스군의 별동대 3명이 남문과 동문 사이의 산록으로 먼저 접근하고, 본대도 뒤따라 남문과 동문으로 전진했다. 별동대 3명이 성벽을 오르려 하자 조선군이 먼저 사격을 했고, 이를 신호로 남문과 동문에 배치된 모든 포수들이 일제히 사격을 개시했다. 당시 조선군은 화승총이었으며 사정거리가 100보 밖에 나가지 않았다. 반면 프랑스군의 총은 사정거리가 500보로 훨씬 길었고 재장전 시간도 짧았다. 그러나 조선군이 유리한 고지를 선점하고 있었기 때문에 프랑스군의 공격은 무력했다. 결국 프랑스군은 수십 명의 사상자를 낸 채 퇴각하고 말았다.

정족산성전투에서의 승리는 화력 면에서 열세인 조선군이 양헌수의 탁월한 지휘력과 전술을 바탕으로 근대식 병기로 무장한 프랑스군을 격퇴했다는 점(연갑수 2001, 108)과 우리나라 역사상 최초로 서구 제국주의 침략세력을 저지했다는 점에서 역사적으로 매우 큰 의미를 갖는 것으로 평가되고 있다(이주천 2007, 138~139).

병인양요에서 조선군은 프랑스군에게 연전연패를 하다가 정족산성에서 처음으로 승리를 거두었다. 프랑스군의 패배는 조선군을 얕보고 야포 없이 경무장한 병력을 투입시킨 점, 강화 주민이 조선군에 적극적으로 협력한 점, 양헌수가 뛰어난 전략전술을 발휘한 점이 복합적으로 작용한 결과였다(김원모 1983, 32; 양교석 1985, 31~32).

그런데 정족산성전투에서 인명피해는 조선 측 기록과 프랑스 측 기록이 서로 다르다. 프랑스군의 경우 전투에 직접 참가한 올리비에 대령의 보고서에는 전사자 없이 부상자만 29명으로, 통역으로 참가했던 리델 신부의 보고서에도 전사자는 없고 부상자만 32명으로 되어 있다(양교석 1985, 29). 반면 정족산성전투를 지휘한 양헌수의 《병인일기》에 따르면 프랑스군이 동문에서 2명, 남문에서 4명이 전사했고, 회군하다가 사망한 병사도 60~70명이었다고 한다. 조선군의 피해자는 전사자 1명, 부상자 4명에 불과했다고 기록되어 있다(《병인일기》 10월 3일(양력 11월 9일)).

프랑스 측 기록은 전사자가 없고 부상자 수가 거의 비슷하다. 그러나 조선 측 기록은 직접 사상자를 확인하고 파악한 것이 아니라 일반 백성이 전하는 말을 근거로 해서인지 문헌마다 상당한 차이가 난다. 이 때문에 조선 측 기록은 신빙성이 낮다는 견해가 있다(양교석 1985, 29~43). 이 견해에 따르면, 조선 측은 정족산성에서 프랑스군의 인명피해를 과장하고 프랑스군이 약탈해간 물품을 보고하지 않음으로써, 조선군의 피해를 축소 내지는 은폐했다고 한다. 당시 프랑스군은 도서 340여 권, 고지도 1장, 천체도 1장, 족자 7개, 은괴상자 19개 등을 약탈해갔다. 은괴만 하더라도 총량이 887킬로그램이 넘는 엄청난 양이었다.

또한 프랑스군이 정족산성전투 이전에 작성한 철수계획에 따라 물러난 것뿐이라는 해석도 있다. 조선과의 수교가 답보하는 가운데 조선군의 전쟁 준비는 지속되고 겨울까지 닥쳐와서 프랑스군이 이미 철수계획을 세워둔 상태였다는 것이다. 실제 프랑스군은 11월 9일 정족산성전투 패배 후에도 11월 13일 덕포 앞바다에서 수심을 측량했고, 11월 16일이 돼서야 수원 앞바다로 물러났다. 프랑스군이 강화도에서 철수한 후 인천 앞바다의 작약도에 주둔하면서 측량 활동을 한 점도 이 같은 해석에 힘을 실어준다. 그러나 이는 사실과 다르다. 이 부분에 대해서는 추후에 본격적으로 검토하기로 하자.

　여하튼 중요한 것은 프랑스군의 피해가 어느 정도였는지, 프랑스군이 패배의 여파로 철수했는지가 아니다. 프랑스군이 정족산성의 조선군을 제압하지 못했던 사실 그 자체다. 로즈 제독은 선교사 학살에 대한 보복이 성공적이었다고 주장했고, 프랑스 정부도 이 원정을 성공으로 여겼다. 하지만 프랑스 공사 벨로네Bellonett를 비롯한 북경의 모든 외교관들은 로즈의 원정을 실패로 간주했다(이주천 2007, 139). 만약 정족산성전투에서 프랑스군이 조선군을 제압했다면 이들의 강화도 점령은 한층 장기화되었을 가능성이 높다. 그러나 프랑스군은 조선 개항에 대한 협약을 맺지도 못했고, 정족산성에서 패하자마자 함대를 철수시켰으며, 선교사 학살에 대한 보복은커녕 홍선대원군의 쇄국정책을 더욱 강화시키고 말았던 것이다.

프랑스군은 왜 철수했는가

정족산성전투 패배 이후 로즈 제독은 강화도 철수 이유로 다음의 세 가지를 들었다(최석우 1966, 117 참조). 첫째, 조선 정부로부터 아무런 회답이 없을 뿐만 아니라 프랑스군과 무력적 대결을 하려는 조선 측의 움직임이 노골화되었다. 둘째, 겨울철이 임박했고 특히 조선군에 의한 염하 차단이 프랑스 함대의 근거지인 작약도와의 연락을 두절시킬 뿐만 아니라 프랑스군의 강화도 철수마저 곤란케 할 우려가 있다. 셋째, 조선군의 호전적이고 용감하며 숙련된 군사적 우월성을 무시할 수 없다. 이상에서 로즈 제독이 사전의 철수계획에 따라 물러난 것이 아니라 조선군의

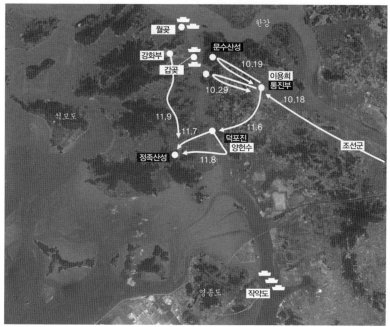

〈그림 9-2〉 프랑스 함대의 배치와 양헌수 부대

* 출처: 구글어스 위성지도.

무력 자체를 상당히 경계하고 있었음이 드러난다.

정족산성전투를 지휘한 올리비에 대령은 로즈 제독에게 조선군의 규모를 서울에서 파견된 정예군 2,000명이었다고 보고했고, 로즈 제독은 해군성 장관에게 3,000명이었다고 주장했다. 물론 로즈와 올리비에의 주장은 자신들의 패전에 대한 변명에 불과하다. 하지만 조선군에게 강한 인상을 받은 것만은 분명하다(연갑수 2001, 109).

로즈 제독의 강화도 철수 이유 중에서 첫 번째와 세 번째는 일반적인 조선군의 무력에 관한 내용이다. 반면 두 번째는 조선군의 염하 차단으로 인해 발생하는 구체적인 전술적 문제를 언급하고 있다. 이런 점에서 두 번째 이유를 주목할 필요가 있다.

프랑스 함선은 인천 앞 바다의 작약도에 3척, 갑곶과 월곶에 각각 2척 씩 정박해 있었다. 양헌수 부대는 덕포진에서 도하하여 강화도 남부의 정족산성으로 들어갔다. 정족산성은 염하수로 남부의 배후거점이 될 수 있는 위치였다. 즉 양헌수 부대가 정족산성전투에서 승리함으로써 강화도 남부에 새로운 거점을 마련하고, 염하수로의 남쪽을 어느 정도 통제하며 프랑스군을 압박했던 것이다.

한국전쟁 당시 인천상륙작전은 전쟁의 흐름을 수세에서 공세로 바꾸는 계기가 되었다. 또한 전략적 우회기동을 통해 적에게 정치심리적 압박을 가하여 전쟁의지를 약화시켰다. 한반도의 지형조건 하에서 가장 경제적이고 효율적인 작전이었다는 평가는 이런 점 때문에 나온 것이었다 (이갑진 2012, 89~90). 병인양요 당시 조선군의 염하수로 도하작전도 비슷한 평가가 가능하지 않을까? 비록 인천상륙작전과 비견될 만큼 큰 규모는 아니었지만, 교착상태에 빠져있던 조선군과 프랑스군의 대치 상황을 타개한 점에서 분명 시사하는 바가 크다.

염하수로 도하를 감행하다

도하작전은 특수장비와 병력이 소요되고, 지휘통제가 어려우며, 방책이 제한되고, 최초계획의 변경이 곤란하다. 따라서 도하작전을 위한 계획수립은 실제 작전보다 상당히 앞서서 시작되지 않으면 안 된다(김광석 1998, 194~195). 그렇다면 병인양요 당시 조선군의 염하수로 도하작전은 어떻게 이루어졌고 어떠한 의미를 갖는지 살펴보자.

프랑스군은 강화도를 점령한 후 관사와 무기고, 화약고 등을 파괴하고, 주변의 모든 선박을 불태워버렸다. 통진부에 주둔하고 있던 양헌수는 프랑스군의 감시를 피해 강화도로 잠입하여 그들을 격퇴시킬 계획을 수립했다. 염하수로를 도하하는 작전이었다. 그러나 염하수로를 도하하여 강화도로 건너갈 선박이 턱없이 부족한 실정이었다. 조선 정부에 전함을 요청했지만 프랑스군의 견제로 조선군의 주둔지까지 도착하지 못했다.

양헌수는 백의별군관白衣別軍官 이중윤에게 민간의 작은 선박 5척을 구해서 덕포 내항에 감춰두라고 지시했다. 처음에 민간 선박을 구한 것은 도하를 위한 것이 아니었다. 강화도 탈환 작전을 원활하게 하기 위한 일환으로 추진한 것이었다.

양헌수 부대가 보유한 선박은 5척이었지만, 그 중에 2척은 파손되어 3척만 사용할 수 있었다. 3척 가운데 1척은 승선인원이 60~70명이었고, 2척은 30명이었다. 조선 후기 전선戰船의 경우 150~200명가량이 승선할 수 있었던 점을 감안하면(김재근 1989, 99), 이중윤이 확보한 선박은 상당히 작은 규모였다. 이에 양헌수는 파손된 2척을 병사 10여 명에게 맡겨 수리하도록 했다(《병인일기》 10월 3일(양력 11월 9일)).

양헌수는 달빛이 없는 11월 6일(음력 9월 29일)에 도하작전을 감행하기로 결정했다. 549명의 양헌수 부대는 통진부에서 남하하여 덕포진으로 집결했다. 도하작전은 1차 전군前軍 170여 명, 2차 중군中軍 160여 명, 3차 후군後軍 160여 명으로 세 차례에 걸쳐 이루어졌다. 기존의 3척 중 큰 선박에 약 70명, 작은 선박 2척에 30명씩 승선할 수 있으므로, 130명이 한꺼번에 승선할 수 있다. 그런데 세 차례 도하 당시의 병력 모두 160명 이상이었다. 3척으로 도하하는 것은 곤란했다. 새로 수리된 선박이 추가

되어 운용되었다고 봐야 한다. 양헌수가 작성한 《정족산성접전사실》에 따르면, 양헌수 부대가 보유한 선박은 70인용 2척, 30인용 3척이었다고 한다. 새로 수리된 2척은 70인용 1척과 30인용 1척이었음을 알 수 있다.

양헌수는 5척 가운데 3척을 덕포진 바로 앞의 부래도浮來島에 정박시키고, 나머지 2척은 좀 더 남쪽인 적암포에 배치시켰다. 170명이 한꺼번에 승선하기 위해서는 70인용 2척과 30인용 1척이 필요하다. 따라서 양헌수는 70인용 2척과 30인용 1척을 부래도에 정박시키고, 나머지 30인용 2척은 적암포에 배치시켰던 것으로 볼 수 있다.

〈표 9-1〉 도하 병력과 선박 수

병력수		선박수		과부족	
549명	지휘부 23명	5척 (230명)	70인용 2척 (140명)	5척 (310명)	70인용 4척 (280명)
	향포수 367명				
	경초군 121명		30인용 3척 (90명)		30인용 1척 (30명)
	표하군 38명				

《정족산성접전사실》에 따르면, 양헌수 부대는 천총千總 1명, 별군관別軍官 2명, 향도관鄕導官 1명, 영군초관領軍哨官 1명, 권설초관權設哨官 2명, 집사執事 2명, 별무사別武士 3명, 서자지書字的 2명, 평양무사平壤武士 7명, 통진읍민通津邑民 1명, 대기수大旗手 1명으로 구성되었다. 지휘부 23명, 향포수鄕砲手 367명, 경초군京哨軍 121명, 표하군標下軍 38명으로 총 549명이었다. 1차 170여 명, 2차 160여 명, 3차 160여 명이 도하했으므로, 전체 549명 가운데 510명 내외가 이동했음을 알 수 있다. 나머지 30여 명은 포구 유지와 중간 연락을 위해 남겨졌던 것으로 보인다. 양헌수 부대가 프랑스군과 정족산성에서 전투를 벌인 이후, 포수 88명이 추가로 덕포진에서 도하하여 정족산성으로 들어왔던 점이 이를 방증한다(《병인

일기》 10월 3일(양력 11월 9일)).

　도하에 사용할 수 있는 선박은 5척으로 230명밖에 승선할 수 없었다. 두 차례 왕복을 하더라도 부족한 선박 수였다. 양헌수 부대는 세 차례에 걸쳐 도하를 실시했다. 기본적으로 기도 노출을 줄이고 빠르게 도하하기 위해서는 동일 지역에 선박을 모두 배치하여 일시에 도하하는 것이 효율적이다. 도하 지점을 분산하더라도 동일한 시간에 한꺼번에 상륙하는 것이 좀 더 안전하다. 그런데 양헌수는 도하를 할 선박이 턱없이 부족한 상태였음에도 불구하고, 적암포에 2척을 분산 배치했던 것이다.

염하수로 도하, 어떻게 이루어졌나

《병인일기》에 따르면, 양헌수는 전군을 부래도에서 승선시켜 광성진에 하선시키고, 중군을 손돌목에서 승선시켜 덕진진에 하선시켰으며, 후군을 덕암포에서 승선시켰다고 한다. 승선 시점도 전군, 중군, 후군 모두 달랐다(《병인일기》 10월 1일(양력 11월 7일)). 이처럼 양헌수는 병력과 선박을 분산 배치하고, 도하 지점을 세 곳으로 선정하여 아주 복잡하게 운용했다. 지휘통제를 곤란하게 하고, 프랑스군에게 도하 기도가 노출될 가능성을 높이는 위험한 작전이었다.

　그렇다면 양헌수는 도하작전을 왜 이런 식으로 감행했을까? 그 이유를 이해하기 위해서는 염하수로의 지형과 수로 조건을 파악할 필요가 있다. 강화도 연안은 해류는 약한 반면 조석의 흐름은 매우 강하다. 강화도의 조석은 만조滿潮와 간조干潮가 하루에 두 번씩 반복되는 반일형이다. 남쪽에서 밀려오는 조류潮流는 영종해협을 지나 염하수로와 갑곶을 거쳐 강화만에서 합쳐져 유속이 줄어들게 된다(범선규 2004, 5). 염하수로는 분산성이 작아 왕복성 조류의 특성이 강하며, 최대유속은 140.9cm/s으로서 모두 낙조落潮(썰물) 시에 나타나는데 창조漲潮(밀물)보다 낙조의 빈도가 높다고 한다.

염하수로의 주수심은 6미터이며, 최대조차는 6.7미터, 최소조차는 2.4미터다(송용식 2011, 396). 그리고 평상시 염하수로는 수심이 깊은 주수로에서는 저층부부터 표층부까지 창조하지만, 수심이 얕은 수로의 양 끝단에서는 낙조하는 등 상당히 복잡한 수로 흐름을 보여준다(이동환 2012, 24). 근대화된 군함을 가진 프랑스군도 항해에 지장을 받을 정도였다. 프랑스군으로 병인양요에 참전한 쥐베르Zuber는 "염하에는 강굽이가 여러 군데 있는데, 그 중 한 곳은 항해를 어렵게 할 정도로 굽이가 꽤나 급하다. 대체적으로 강굽이마다 물살이 매우 세다"라고 표현했다(H. 쥐베르 2010, 44).

양헌수 부대는 이처럼 까다로운 염하수로를 민간 선박을 이용하여 도하해야만 했다. 선박 수마저도 부족한 실정이었다. 그럼에도 성공했다. 어떻게 가능했을까? 《병인일기》에 따르면, 1866년 11월 7일(음력 10월 1일) 양헌수 부대는 일몰 후 저녁식사를 마치고 전군前軍의 도하를 감행했다. 부래도에서 출발한 선박은 광성진에 도착하여 병력을 하선한 후 해시亥時가 되어 손돌목으로 돌아왔다. 다시 중군中軍을 승선시켜 덕진진으로 상륙했고, 이후 후군後軍은 다음날 새벽 정족산성에 도착하여 점호를 마치니 동이 텄다(《병인일기》 10월 1일(양력 11월 7일)).

기존의 연구는 양헌수 부대의 도하 상황에 대해서는 자세히 언급하고 있으나, 양헌수 부대가 실제 어떠한 방식으로 도하했는지에 대해서는 구체적으로 논증하지 않았다. 기록만으로 보면 전군, 중군, 후군이 시간차를 두고 차례차례 도하하여, 무사히 정족산성으로 진입한 것으로 이해할 수도 있다. 그러나 도하할 선박 수가 턱없이 부족했고, 염하수로의 도하 조건이 까다로웠음을 상기할 필요가 있다.

양헌수의 부대가 어떠한 방법으로 도하를 성공할 수 있었는지 살펴보자. 첫째, 전군의 도하다. 전군은 선박 3척에 나누어 타고 부래도에서 광성진까지 수평으로 도하했다. 당시 덕포첨사德浦僉使가 "지금은 조수가 창일漲溢하고 이 다음에 건너면 조수가 줄어들 것입니다"라고 한 점(《병인일기》 10월 1일(양력 11월 7일))에서 전군은 만조 시에 도하한 것으로 추정된다. 이들은 일몰 후 저녁식사를 마친 후 승선한 것으로 되어 있다. 1866년 11월 7일(음력 10월 1일) 강화도 지역의 일몰시간은 오후 5시 30분이었으며, 11월 8일 일출시간은 오전 7시 무렵이었다.*

광성진에서 병력을 하선한 선박이 손돌목으로 되돌아온 시점은 해시亥時였다. 즉 오후 9시부터 11시 사이에 도착한 것이다. 전군이 도하할 때가 만조였으므로 회항할 때는 물이 빠지는 낙조가 진행되어 조류가 남쪽으로 흘렀을 것이다. 회항한 선박이 부래도가 아니라 보다 남쪽의 손돌목이었던 점이 이를 방증한다.

10시 무렵 회항이 이루어졌으므로, 전군이 도하한 만조는 9시 무렵이었던 것으로 추정된다. 오후 5시 30분 일몰 후에 500여 명이 저녁식사를 한 다음 승선했다. 식사를 완료하고 완전히 어두워진 상태에서 점호를 마친 후 승선하기까지는 최소 2~3시간은 소요되었을 것이다.

둘째, 중군의 도하다. 전군을 수송한 선박 3척이 오후 10시 무렵에 다시

---

* 천문우주지식정보 사이트(http://astro.kasi.re.kr)를 이용하여 1896년까지 인천 지역의 일몰과 일출시간을 확인해보면, 1896년 음력 10월 1일 일몰시간이 17시 31분이며, 10월 2일 일출시간은 07시 03분이다. 2012년 음력 10월 1일 일몰시간은 17시 23분, 10월 2일 일출시간은 07시 13분으로, 1896년과 크게 차이가 나지 않는다. 따라서 1866년의 일몰과 일출시간을 오후 5시 30분과 오전 7시 무렵으로 봐도 무방할 것이다.

손돌목으로 되돌아왔다. 인원을 점검하고 모두 승선시키는 데 약 1시간가량 소요되었다고 볼 경우, 이들의 도하 시점은 오후 11시였던 것으로 추정된다. 낙조 시간이라 조류는 남쪽으로 흐르고 있었다. 손돌목에서 승선한 중군이 광성진보다 남쪽의 덕진진으로 상륙했던 것은 이 때문이다.

전군과 중군은 주로 포수砲手로 구성되어 있었다. 정족산성에서 프랑스군을 상대할 핵심 전력이었다. 양헌수 부대 549명 가운데 지방의 포수는 367명으로 66.85퍼센트를 차지하고 있는데, 전군 170여 명과 중군 160여 명 대부분이 포수였던 것으로 추정된다. 양헌수가 중군을 이끌고 먼저 정족산성으로 이동한 것은 이런 이유에서였다.

셋째, 후군의 도하다. 후군은 적암포에서 출발하여 새벽녘에 정족산성으로 들어온 것으로 되어 있다. 후군이 어느 시점에 어느 지점으로 상륙했는지는 분명하지 않다. 그러나 후군이 정족산성에 도착하여 점호를 하자 날이 밝았다는 기록을 통해 이들의 이동시간과 상륙지점을 추정해볼 수 있다.

적암포의 대안에서 정족산성까지의 거리는 대략 5~6킬로미터 정도다. 현재 보병의 이동속도는 시간당 통상 4킬로미터다. 과거와 현재를 비교할 때 도로나 보급 사정에 따라 전체 이동거리는 차이가 날 수 있지만, 인간이 시간당 도보로 이동하는 거리 자체는 크게 차이가 나지 않을 것이다.

일반적인 주간 행군으로는 1시간 30분 정도 소요되겠지만, 야간 행군인데다가 은밀히 이동해야 했으므로 적어도 2시간 이상은 걸렸을 것으로 추정된다. 당시 일출시간이 오전 7시였으므로 이들은 늦어도 오전 4시 무렵에는 상륙을 완료하고 인원 점검을 완료한 상태에서 출발해야만 했다.

여기에서 앞서 전군이 1차 도하한 시점인 만조가 오후 9시 무렵이었음을 상기할 필요가 있다. 만조 후 대략 6시간 뒤에는 간조가 진행된다. 즉 다음날 오전 3시 무렵에는 간조가 되어 조류가 멈추는 것이다. 따라서 후군은 간조가 되기를 기다려 적암포에서 오전 3시 무렵 승선한 후 수평 이동하여 초지진 방향으로 상륙했던 것으로 추정할 수 있다.

그런데 적암포에 주둔하던 후군은 왜 전군과 중군의 도하에 이어 곧바로 상륙하지 않았을까? 후군이 바로 도하하지 않고 간조가 되기를 기다린 것은 조류가 남쪽으로 흘렀기 때문인 것으로 보인다. 만약 이때 그대로 도하를 시도했다면, 초지진이 아니라 남서쪽의 황산도 방향으로 이탈할 가능성이 높았다. 황산도는 염하수로의 남쪽 끝에 위치하고 있는데, 이곳부터 남쪽으로 수로가 갑자기 넓어져 조류의 흐름이 불안정하고 복잡했을 것으로 판단된다. 이에 후군은 간조가 되어 조류가 멈추기를 기다린 후, 초지진 방향으로 좀 더 안전하게 도하한 것이다.

〈표 9-2〉 염하수로 도하 타임테이블

시간	조류	도하	비고
17:30	창조 ↑	일몰	
18:00~20:00	창조 ↑		저녁 식사
20:00~21:00	창조 ↑		점호 / 승선
21:00~21:30	만조 -	광성진 ⬅ 부래도	전군: 170여 명
21:30~22:00	낙조 ↓	광성진 ⇨ 손돌목	선박 이동
22:00~23:00	낙조 ↓		점호 / 승선
23:00~23:30	낙조 ↓	덕진진 ⬅ 손돌목	중군: 160여 명
23:30~24:00	낙조 ↓	덕진진 ⇨ 적암포	선박 이동
02:00~03:00	낙조 ↓		점호 / 승선
03:00~03:30	간조 -	초지진 ⬅ 적암포	후군: 160여 명
07:00	창조 ↑	일출	

전군은 오후 9시 무렵 만조시간에 맞춰 부래도에서 광성진으로 수평 이동했다. 광성진에 도착한 선박은 낙조가 시작되어 조류가 남쪽으로 흐

〈그림 9-3〉 양헌수 부대의 도하 과정

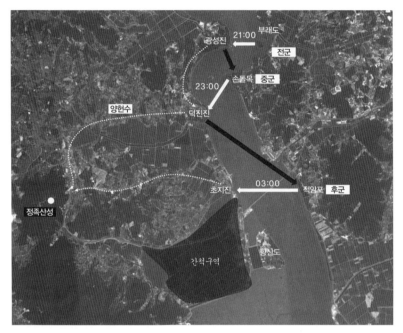

* 출처: 구글어스 위성지도.

르자 남남동쪽으로 이동하여 오후 10시 무렵 손돌목에 도착했다. 오후
11시 무렵 중군을 태운 선박은 조류가 남쪽으로 계속 흐르자 서남쪽으
로 이동하여 덕진진에 상륙했다. 덕진진에 병력을 하선시킨 선박은 조류
가 남쪽으로 흐르는 상황에서 다시 남동쪽으로 이동하여 적암포에 도착
했다. 이후 다음날 오전 3시 무렵 간조에 되어 조류가 멈추자 후군은 적
암포에서 초지진으로 수평 이동했다. 이렇듯 양헌수 부대는 부족한 선박
을 물길과 물때를 활용하여 극복했던 것이다. 이는 철저한 정보 수집과
염하수로에 대한 이해가 뒷받침되지 않으면 불가능한 일이었다.

도하작전, 어떻게 성공할 수 있었나

양헌수 부대의 병력은 강원도를 중심으로 경기도와 황해도 출신의 향포수鄕砲手가 중심이었다. 지역적 특성을 고려했을 때 이들은 대체로 꿩 사냥에 종사하던 민간인이었다. 제대로 훈련받지 못한 이들에게 프랑스군의 감시를 피해 달도 없는 한밤중에 염하수로를 건너 정족산성으로 이동하라는 명령은 죽으러 가라는 것과 비슷했을지도 모른다. 실제 《병인일기》에는 양헌수가 향포수는 오합지졸이라서 지휘통제가 곤란하다고 한 표현이 보인다. 전군과 중군이 도하한 후 도망한 자가 18명이라는 기록도 있다. 그런데도 결과적으로 도하는 성공했다. 죽음을 눈앞에 둔 향포수들이 지휘관의 통제에 잘 따랐던 것은 이들의 반침략 의지가 대단히 강했음을 보여준다(연갑수 2001, 108~109).

양헌수는 '오합지졸'인 군사들을 어떻게 지휘하고 통제하여 도하작전을 성공시킬 수 있었을까? 첫째, 치밀한 정찰 및 정보 수집이다. 양헌수는 양화진을 거쳐 10월 18일 김포에 도착한 후 통진으로 정찰을 보냈고, 19일에는 통진에서 갑곶진을 살펴본 후 근처를 직접 답사하면서 지형을 상세히 정찰했다. 10월 22일에는 월곶진으로 야간 정찰을 보냈고, 25일에는 직접 문수산성에서 지형을 정찰했으며, 11월 4일에는 덕포진으로 이동하여 적정을 살폈다. 11월 5일에는 덕포진의 포 설치를 확인하다가 염하수로 건너편 정족산성의 존재를 확인하게 되었다(《병인일기》 9월 10일~28일(양력 10월 18일~11월 5일)). 정족산성 진입계획은 이렇듯 양헌수의 끊임없는 정찰과 정보 수집 과정에서 이루어진 것이었다.

원래 양헌수는 잠도潛渡, 즉 몰래 도하하기 위해 11월 6일(음력 9월 29일) 그믐날을 작전개시일로 선정했다. 그러나 11월 6일 당일에는 바람이 강하게 불어 도하를 할 수 없었고, 다음날인 11월 7일 도하에 성공했다. 그 과정에서 양헌수는 기도 노출을 막기 위해 상당한 노력을 기울였다. 도하 시 횃불 사용을 금지하고, 포적등捕賊灯[*] 10개를 두 곳에 나누어 들고 가게 했다(《병인일기》 9월 29일~10월 1일(양력 11월 6~7일)). 이 또한 철저한 정보 수집을 바탕으로 적의 감시를 피하기 위한 준비된 행동이었다.

둘째, 지휘관의 솔선수범이다. 10월 25일 양헌수는 직접 변장을 하고 부하 2명을 거느리고 문수산성으로 가서 지형을 정찰했다. 10월 29일 주위의 만류에도 불구하고 호위병만 데리고 수유현水踰峴^{**}에 직접 올라가 초롱불·횃불 등을 나란히 세워놓아 프랑스군의 포격을 유도했다. 11월 7일에는 직접 중군을 거느리고 손돌목에서 도하하여 광성진에 도착했다. 이때 군사들이 앞쪽 수풀에 적이 매복한 것 같다며 두려워하자 가장 먼저 하선하여 적이 없음을 확인시켜주기도 했다.

도하 직전에 집안의 조카가 찾아와 양헌수에게 편지를 전하자, 양헌수는 "말에 오르니 집을 잊어버리고, 성城을 나오니 내 몸을 잊어버렸다. 내 한 몸 편히 지내고 있기에 편지하지 못했다. 이제 장차 바다를 건너려 하는데 맹세코 살아 돌아오지 않겠다"라고 답장을 보내고 배에 올랐다(《병인일기》 9월 17일~10월 1일(양력 10월 25일~11월 7일)). 이처럼 양헌수는 위험한 순간에 가장 먼저 행동함으로써 부하들의 신뢰를 얻었던 것이다.

셋째, 군기 확립과 사기 진작이다. 11월 3일 양헌수는 예하 부대를 순시하면서 군사들을 위로하는 한편, 군율을 엄격히 하여 해이한 마음을 수

---

* 포적등은 도둑을 잡을 때 사용하는 휴대용 등기구였는데, 조족등照足燈으로 불리기도 한다. 즉 발 아래만 비출 수 있고 바깥으로는 불빛이 새어나가는 것을 최소화하는 등이었다.
** 수유현은 현재 김포시 월곶면 포내리에 위치하는데, 당시 프랑스군이 주둔하고 있던 갑곶의 맞은편 이다.

습케 했다. 11월 7일 도하작전에 앞서 승선을 두려워하는 군사들에게 칼을 빼어들고 "비겁한 군사들은 비록 10만이 된다 하더라도 아무 소용이 없다. 겁이 나면 모두들 가거라. 장차 나 홀로 건너가겠다"고 독전했다. 도하가 시작되자 어떤 병사가 어둠 속에서 군심을 어지럽히기 위해 배를 돌리라고 외쳤다. 이때 양헌수는 "저놈을 즉시 잡아오라. 만약 배를 되돌린다면 내 손으로 칼을 빼어 모조리 베어버리겠다"라고 호통을 쳤다.

도하 성공 후 11월 9일 정족산성에서 프랑스군과의 전투 후 부상자 4명이 발생하자, 그 가운데 부상자 1명의 상처를 직접 입으로 빨아서 치료를 돕기도 했다(《병인일기》 9월 26일~10월 3일(양력 11월 3일~9일)). 이렇듯 양헌수는 부하들의 군율 엄수와 사기 진작에 상당한 노력을 기울였다.

넷째, 지휘관의 철저한 지휘감독이다. 양헌수는 10월 30일 프랑스군이 쏜 포탄을 찾아오게 해 직접 그 길이와 크기를 확인했다. 10월 31일 군사 물품들을 검열했으며, 11월 2일에는 포수들의 사격술을 시험하기도 했다. 11월 7일 도하작전 완료 후 전군과 중군의 인원과 장비를 점검했으며, 11월 8일 새벽까지 기다리다가 후군이 정족산성에 도착하자 또다시 인원 점검을 실시했다. 날이 밝자 직접 정족산성을 순시하며 방어 진영을 편성했다(《병인일기》 9월 22일~10월 2일(양력 10월 30일~11월 8일)). 양헌수는 도하작전 과정에서 수시로 인원과 장비를 점검했으며, 방어 진영이 제대로 편성될 때까지 한시도 잠을 청하지 않았던 것이다.

다섯째, 원활한 보급선 확보다. 양헌수 부대는 원래 통진부에서 덕포진으로 남하할 때 2일분의 식량과 절편 두어 조각을 휴대했다. 이들이 11월 5일에 행군하여 남하했으므로 도하작전이 있던 11월 7일에는 식량이 부족할 수밖에 없었다. 그러나 양헌수는 북쪽의 강화부가 프랑스군에게 점령당함으로써 수많은 백성들이 강화도 남쪽으로 피난해 있다는 사실을 정확히 파악하고 있었다. 《병인일기》에는 당시 상황을 "강화도의 주민 수만 명이 강화성 이남에 모여 있는데, 그것은 마치 고기가 말라가는 물에서 입을 오물거리는 것과 같으니 양헌수가 정족산성을 점거하면 수만 명의 생명이 다시 살아나는 것과 같다"라고 표현하고 있다.

양헌수는 정족산성을 점거한 다음 날인 11월 8일 인근 마을의 백성들이 가지고 온 식량과 땔감 등을 군수품으로 사용케 했다. 그리고 현지민을 담당자로 임명하여 식량과 땔감 조달을 원활히 하도록 지시하는 한편, 향토청鄉導廳을 설치하여 현지민들의 협조를 받는 데 주력했다(《병인일기》 9월 28일~10월 2일(양력 11월 5일~8일)). 양헌수는 치밀한 정보 수집을 바탕으로 보급선을 제때 확보함으로써 군사들의 사기가 저하되는 것을 사전에 막을 수 있었던 것이다.

여섯째, 지휘관의 과감한 결단력이다. 원래 도하작전이 계획된 11월 6일 양헌수 부대는 바람이 크게 불어 작전을 수행하지 못했다. 그런데 11월 7일에 상부로부터 회군하라는 전갈이 왔다. 아마 상부에서는 양헌수 홀로 군사를 이끌고 적진 깊숙이 들어가는 것은 확실한 방법이 아니고 교동부喬桐府와 송악부松岳府의 군사들이 강화도 서쪽으로 공격할 예정이므로 그들과 함께 협공하는 계획을 세운 것 같다.

어쩔 수 없이 통진부로 이동을 시작했는데, 10리도 못 간 시점에 다시 덕포진으로 돌아가라는 전갈이 내려왔다. 11월 6일 도하를 준비했다가 바람 때문에 연기되었고, 11월 7일 전갈을 받고 회군을 하다가 또다시 원상복귀하라는 명령을 받았던 것이다. 어떠한 사정이 있었는지는 모르지만, 군사들에게는 상당한 피로감을 주는 일이었다. 당연히 군사들은 발걸음이 느려지고 힘이 빠져 거의 모두가 지쳐 있었다. 이때 양헌수는 "몸을 되돌려 가면 더욱 추워서 입이 다물어지게 될 것이다. 그러나 나라의 신민臣民으로서 어찌 이 같은 수고로움을 사양하겠는가. 모름지기 걸음을 재촉하여 나를 따르라"며 군사들을 독려했다.

덕포진으로 다시 돌아온 양헌수가 도하 준비를 마치고 승선할 무렵 또 다시 이용희로부터 회군하라는 전갈을 받았다. 그러나 양헌수는 "군사들이 이미 승선했으므로 중지시킬 수 없습니다. 만약 다시 회군한다면 이로부터 앞으로는 다시 용병用兵할 수 없습니다"라고 답신한 뒤 도하를 강행했다.

11월 9일의 정족산성전투 후 11월 11일에 프랑스군이 강화도를 떠난 것이 확인되자, 상부로부터 정족산성에 한 명의 군사도 남기지 말라는 전갈이 왔다. 그러나 양헌수는 편의종사권을 행사하여 200여 명을 정족산성에 남겨두고, 나머지 군사를 인솔하여 강화부로 이동했다. 강화도에서 철수한 줄 알았던 프랑스군은 11월 13일 소형 선박으로 덕포진 앞으로 와서 수심을 측량했다. 이에 정족산성에서 병력의 증원을 요청하자 양헌수는 300여 명을 파견했다. 정족산성에서 전원 철수하라는 명령을 거부하고, 일부 군사를 남겨둔 양헌수의 판단이 옳았음을 알 수 있는 대목이다.

양헌수는 11월 16일 프랑스군이 수원 앞바다로 내려갔다는 보고를 받은 뒤에도 18일과 19일에 각각 군관을 보내 정족산성과 강화부를 먼저 확인케 했다. 프랑스군의 철수가 확인된 20일이 되어서야 결국 정족산성에서 병력을 철수시켰다(《병인일기》 9월 29일~10월 14일(양력 11월 6일~20일)). 양헌수의 지휘관으로서의 과감한 결단력과 철저한 자기 확신을 엿볼 수 있는 대목이다.

해병대 운용과 유사하다

병인양요가 발생한 동안 순무영의 보고와 대책을 기록한《순무영등록巡
撫營謄錄》에는 11월 7일(음력 10월 1일) 황해수영黃海水營에서 99명, 공충수
영公忠水營에서 11명의 잠수군潛水軍이 통진부의 본진에 도착한 것으로
되어 있다(《순무영등록》3, 고종 병인년 10월 1일). 이들은 아마도 프랑스군
의 눈에 띄지 않고 염하수로를 건너거나 프랑스 군함에 접근할 수 있는
훈련을 받은 병력으로 보인다(임재찬 2004, 136).

이런 훈련을 받은 병력이 당시에도 존재했던 것일까?《비변사등록備邊
司謄錄》에 이와 관련된 기록이 있다. 1711년 숙종대 예조판서 이돈토가
"잠수군과 어채군漁採軍을 모집하여 작은 배를 타고 바다 속에 잠수하여
유별난 기계를 써서 적선에 물이 스며들게 하여 침몰시킨 자가 있으면
높은 품계와 후한 상을 아끼지 않겠다고 한다면 만일의 경우 힘을 얻는
도리가 없지 않을 것입니다"라고 언급한 것이 그것이다(《비변사등록》6,
숙종 37년 2월 15일). 이 기록을 통해 소형 선박으로 적선 가까이 접근한
다음 잠수하여 적선을 침몰시키는 것이 잠수군의 주임무였음을 짐작할
수 있다.

물론 병인양요 시기 잠수군의 구체적인 활동이 기록상으로 확인되지
는 않는다. 그러나 이들 병력 수가 적지 않은 규모였고 잠수에 능했던 점
에서 모종의 작전에 활용되었을 가능성은 충분하다. 특히 11월 7일에
110명의 잠수군이 통진부의 본진에 도착하고, 이날 밤 양헌수의 도하작
전이 이루어졌던 점을 주목할 필요가 있다. 이것은 단지 우연에 불과할
까? 잠수군이 양헌수의 도하작전에서 투입되었는지, 어떠한 역할을 수
행했는지는 알 수 없다. 그렇지만 도하 선박이 상륙 지점에 닿기 전 잠수

에 능한 이들을 미리 물속으로 하선시켜 적정을 살피게 하는 것은 자연스러운 과정이다. 이들이 먼저 상륙하여 안전을 확인하고, 본대의 접안을 유도하며 선박의 정박도 도왔을 가능성이 높다. 그렇다면 이들은 현재 해병대의 수색대와 유사한 임무를 수행한 것으로 볼 수 있다.

한반도 서해안은 조수 간만의 차이가 심하고 연중 2~7노트knot의 조류가 흘러 도하 수단의 운용에 심대한 영향을 준다. 특히 정확한 상륙해안으로의 야간 침투를 곤란하게 만든다(김현기 2012, 122). 그리고 연안상륙작전은 다음과 같은 하나 또는 그 이상의 목적을 달성하기 위해 실시한다. ① 작전적·전술적 적의 중심을 파괴하여 유리한 여건을 조성한다. ② 적의 퇴로 및 병참선을 차단하고 증원을 거부한다. ③ 고착된 전선을 돌파한다. ④ 우회기동을 통해 작전적·전술적 포위를 달성한다. ⑤ 적의 주위를 전환하거나 기만을 달성한다(김대경 2006, 132). 요컨대 상륙작전은 선택된 시간과 장소에 균형된 힘과 강력한 타격력을 집중하고, 적의 약점을 이용하여 기습의 효과를 달성하는 해상 공격작전이자 우회기동작전이다(이연용 2008 참조).

양헌수 부대의 염하수로 도하작전을 이러한 상륙작전의 맥락에서 파악해보자. 양헌수 부대는 남쪽으로 우회 기동하여 염하수로를 도하한 후 정족산성을 점령했다. 이로써 정족산성과 덕포진을 연결하여 염하수로의 남쪽을 차단할 수 있게 되었으며, 강화도 남부에 새로운 전선을 형성할 수 있었다. 결국 강화도의 북쪽 강화부를 중심으로 주둔하던 프랑스군에게 심리적 충격을 주었고, 방어 병력의 분산을 강요하게 만들었다. 즉 고착된 전선을 돌파하여 강화도 남부에 제2전선을 형성함으로써, 염하수로를 사이에 두고 강화도의 프랑스군과 김포반도의 조선군이 서로 대치하던 상황을 결정적으로 무너뜨린 것이다.

이러한 맥락에서 양헌수 부대가 염하수로를 건넌 것은 기본적으로는 도하작전이지만, 이후 전개되는 전황에서 보면 연안 상륙작전의 일종이다. 기동전은 특정한 전술이나 기법이 아니고 사고 과정이기 때문에 전쟁의 전 과정에 영향을 미치는 응용술이다. 기동전은 능동적인 정찰에 의한 이동에 근거하며, 정찰을 통해 적의 취약 지역에 부대를 투입해야 한다. 기동전의 목표는 물리적 방법을 통한 소모전보다는 적의 전쟁 수행능력인 정신력과 물리적 응집력을 분쇄시켜 적의 저항능력을 상실케 하는 데 있다. 기만을 통해 적이 우리가 의도하는 바에 따라 행동하도록 유도한 다음, 적이 예상치 못한 시간과 장소에서 타격함으로써 혼란을 야기해야 하는 것이다(이병호 2001 참조).

양헌수는 병인양요 당시 지속적으로 정찰을 실시했고, 정찰을 바탕으로 작전계획을 수립했다. 염하수로 도하작전은 문수산성전투가 발생한 직후에 이루어졌다. 문수산성은 염하수로를 사이에 두고 강화부와 마주보고 있다. 당시 프랑스군은 문수산성 일대의 조선군에 대한 경계를 강화하고 있는 상태였다. 양헌수는 프랑스군의 이목이 문수산성 쪽으로 집중된 상황에서 빠르게 남하하여 덕포진에서 도하를 준비했다. 적이 예상치 못한 시간과 장소에서 도하작전을 성공시켰다. 결국 정족산성에서 프랑스군을 막아냄으로써 적의 공격의지를 상실케 만들었다.

이러한 점들에서 양헌수 부대는 해병대의 상륙전술과 유사한 행동을 취했던 것으로 여겨진다. 물론 현대의 해병대 운용과는 차이가 있을 수밖에 없다. 그렇지만 구한말 상황에서 철저한 정보 수집을 바탕으로 기동전을 계획하고, 미비한 장비에도 불구하고 물길과 물때를 이용하여 도하작전을 성공시켰으며, 효율적인 지휘통제를 통해 정족산성에서 제2전선을 형성했던 점은 주목할 만하다.

염하수로를 사이에 두고 대치 중이던 조선군과 프랑스군의 전선을 결정적으로 무너뜨린 것은 바로 양헌수 부대의 은밀한 우회침투작전이었다. 양헌수 부대의 성공적인 도하작전과 정족산성 장악이 프랑스군에게 철수를 강요했던 것이다.

러일전쟁

러일전쟁의 배경

러일전쟁은 1904년부터 1905년까지 러시아와 일본이 한반도와 만주의 지배권을 두고 벌인 무력충돌이다. 과연 러일전쟁은 어떤 배경에서 시작된 것일까?

청일전쟁(1894~1895)의 결과 일본은 한반도에서 청의 세력을 몰아내고 청의 랴오둥반도遼東半島를 할양받았다. 그러나 러시아는 프랑스와 독일과 함께 삼국간섭을 주도하여 일본으로 하여금 랴오둥반도를 반환케 했다. 나아가 러시아는 일본을 견제하기 위해 청나라와 러청동맹을 체결하고 동청철도東清鉄道 부설권을 확보했으며, 랴오둥반도의 뤼순旅順과 다롄大連을 조차하며 만주로 세력을 확장했다. 특히 동청철도는 랴오둥반도와 한반도 북서부의 부동항을 연결하는 지선의 부설을 염두에 두고 있었다. 장차 한국의 철도망을 시베리아철도에 연결시키고자 한 것이다. 이를 통해 러시아는 한반도의 통제권까지 장악할 수 있다고 보았던 것 같다(최덕규 2008, 10~11).

청일전쟁에서 승리했음에도 불구하고 아무런 보상이 없자, 일본 국민들의 불만이 팽배해졌다. 이에 일본 정부는 천황의 권력을 강화하면서 러시아를 가상 적국으로 상정하고 군비확장을 추진했다(김태준 2005, 3). 일본은 1902년에 러시아의 남진을 견제하려는 영국에게 접근하여 영일동맹을 체결했다. 이 동맹으로 영국은 한국에 대한 일본의 지배 욕구를 적당히 인정해주는 대가로 러시아의 남하정책을 저지시키는 역할을 일본에 떠맡길 수 있었다(조명철 2007, 148).

러시아는 중국에서 의화단義和團 사건이 발생하자 동청철도를 보호한다는 구실을 내세워 만주를 강제로 점령했다. 그리고 압록강의 삼림채벌권을 확보하기 위해 한국의 용암포竜巌浦를 조차하여 확보하고자 했다. 일본은 경의선을 만주철도와 연결시킬 것을 주장하며 만주에서의 권익을 요구했고, 러시아는 압록강 지역을 위협하며 한국의 중립화를 주장했다(최문형 2004, 201~209). 즉 러시아는 만주를 실질적으로 장악하고 한반도 북부를 중립화시키고자 한 반면, 일본은 한국을 보호국화한 후 만주로 세력을 확장하고자 했던 것이다.

러시아와 일본에게 서울과 의주를 연결하는 경의철도 부설권은 한국과 만주 지역을 장악할 수 있는 핵심 관건이었다. 경의철도 부설권을 획득하려는 일본의 기도가 러시아로 하여금 용암포 사건을 유발케 했던 것이다. 러시아의 용암포 진출과 조차 기도는 일본의 경의철도 종착점인 의주 진출을 막기 위한 배수진이었다. 따라서 러시아와 일본의 실질적인 최종 목표는 용암포가 아니라 의주였다고 할 수 있다(김원수 2004, 98~99).

동아시아의 러시아군은 1900년에 비해 1902년에는 2배 가까이 증가하여 15만 명에 이르렀다(조명철 2007, 139~142). 러일전쟁 직전인 1903년 일본 육군은 전 병력이 보병 156개 대대, 기병 54개 중대, 야전포병 106개 중대, 공병 38개 중대로 증강되었다. 일본은 15만 명 이상의 예비 병력과 684문의 대포를 보유하고 있었다(심헌용 2011, 51).

러시아는 일본군이 만주로 진입할 때까지는 상당한 시간이 걸릴 것이라 판단하고, 만주에 주둔한 러시아군으로 하여금 일본군을 견제하면서 증원군이 도착하면 즉시 수세에서 공세로 전환하는 전략을 세워 두었다(김태준 2005, 6). 러시아군은 본토에 월등한 육군 병력을 보유하고 있었지만, 시베리아 철도를 경유하여 이동시킬 수 있는 병력이 제한되어 있었다. 이에 일본 참모본부에서는 러시아군이 증원되기 이전에 만주 일대의 러시아군을 제압해야 한다는 조기개전론早期開戰論이 대두되었다. 러시아가 압록강 하구의 용암포를 점거하는 사건을 계기로 이러한 개전론은 급속히 부상되기 시작했다. 러시아 반대 여론과 만주와 한국의 국경에서 불온한 움직임을 보이고 있는 러시아군의 동향에 자극을 받은 결과였다(조명철 2006, 16~21).

러일전쟁의 전개

1904년 2월 8일 일본은 뤼순을 기습 공격했다. 9일에는 인천에 정박하고 있던 러시아 군함 2척을 격침시키고, 다음날인 10일 러시아에 선전포고를 했다. 6월 만주군 총사령부를 설치하여 본격적으로 만주를 공략할 준비했으며, 9월에는 랴오양遼陽을 점령했다. 1905년 1월 뤼순을 함락했으며, 3월 펑티엔奉天전투에서 러시아의 대군을 물리침으로써 육상전투는 거의 마무리되었다.

러시아는 전세를 만회하기 위해 유럽에 있던 발틱함대를 불러들였다.

발틱함대는 흑해함대·동양함대와 함께 러시아의 주력 함대였다. 1904년 10월 출항한 발틱함대는 9개월에 걸친 항해 끝에 1905년 5월에야 동아시아로 진입할 수 있었다. 영일동맹을 맺은 영국의 방해로 인해 항해는 순조롭지 못했고, 보급은 물론 훈련도 제대로 이루어지지 못했다.

1904년 러일전쟁 당시 일본 해군은 전함 6척, 장갑순양함 6척, 순양함 12척 등으로 구성되었다. 청일전쟁 당시와 비교하면 군함은 약 3배, 톤수는 약 4배가 증가했다. 한편 러시아 해군은 전함 7척, 1등 순양함 4척, 2등 순양함 10척 등으로 구성되었다. 여기에 전함 11척, 1등 순양함 12척, 2등 순양함 9척 등으로 구성된 발틱함대가 추가된다(김용욱 2008, 294).

러시아는 랴오둥반도－대한해협－블라디보스토크를 동서로 연결하여 일본－한반도－만주로 이어지는 일본의 남북 보급선을 차단하고자 했다. 결국 동서의 고리와 남북의 고리 중 어느 한 쪽이 끊어져야만 전쟁은 종결될 수 있었다(이민원 2013, 40). 러일전쟁의 승패를 결정지은 전투는 동해에서 발생한 해전이었다. 한국에서는 주로 동해해전東海海戰이라 하고, 일본에서는 일본해해전日本海海戰이라 하며, 러시아에서는 쓰시마해전對馬島海戰이라 부른다(엄현섭 2012, 221).

이 동해해전에서 일본은 압도적인 승리를 거두었다. 승리한 일본의 입장에서는 동해해전에 관한 전과를 신화화했고, 탁월한 전술을 선전했다(엄현섭 2012, 239). 가장 대표적인 인물이 바로 도고 헤이하치로東鄕平八郎(1848~1934)다. 도고 헤이하치로 해군 제독은 이순신 장군을 존경하는 것으로 우리에게도 잘 알려져 있다. 그는 생전에 이미 신神으로 추앙되었다. 사망하자 메이지시대 이래 10번째 국장國葬이 이루어졌다. 일본 각지는 물론 조선 등지에도 도고신사東鄕神社 건립이 계획되었으며, 동상, 기념관, 기념공원 등에 관한 논의가 쇄도했다(박규태 2005, 22).

러일전쟁을 마무리짓는 동해해전에서 도고 제독은 이순신의 학익진을 응용한 'T자 전술'을 사용했다. 함대를 편성할 때 동형함 위주로 편성하여 동일한 속력으로 작전할 수 있게 하여, 전투기동에서 그 성능을 충분히 발휘할 수 있게 했다. 러시아 해군은 최신예 전함도 보유하고 있었지만, 함형과 성능, 무장과 속력이 상이한 함대로 편성되어 있어 성능을 제대로 발휘할 수 없었다. 이러한 이유로 발틱함대는 저속함을 기준으로 10노트로 기동한 반면, 일본함대는 15노트의 우세한 기동을 바탕으로 T자 전술을 사용할 수 있었다(김태준 2005, 14). 1905년 5월 27일 도고 헤이하치로 사령관은 쓰시마(대마도) 인근에서 발틱함대를 격파하고 발틱함대의 사령관인 로제스트벤스키Rozhestvensky 제독을 포로로 삼았다. 이후 일본 연합함대가 발틱함대를 동해 일대에서 소탕하면서 러일전쟁은 끝이 났다.

러일전쟁에서 일본군은 사망 8만 4천 명, 부상 14만 3천 명이 발생했으며, 러시아군은 사망 5만 명, 사상 22만 명에 달했다(하라다 게이치 2012, 281). 막대한 사상자를 발생시킨 육상전투 이후 일본은 더 이상 전쟁을 수행할 전력이 없었다. 일본은 1년 8개월간의 전쟁 동안 약 20억 엔의 전비를 사용했는데, 청일전쟁과 비교하여 거의 10배에 달하는 금액이었다. 그리고 징병령의 시행으로 총 108만 명에 달하는 병력을 동원했다(박영선 2010, 1).

청일전쟁 이후 매년 군사비를 증대해온 일본의 최대 관건은 전비 충당이었다. 일본은 이 전비의 40퍼센트를 해외에서 차용했는데, 차용금의 대부분은 런던과 뉴욕 금융가의 지원을 받아 충당했다. 이때 미국의 유대계 금융가였던 제이콥 시프가 큰 활약을 하여, 종전 직후 일본천황으로부터 최고 훈장을 받기도 했다(이민원 2013, 32).

러시아는 마지막 희망을 걸었던 발틱함대의 패배와 1905년 국내에서 발생한 혁명으로 인해 더 이상 전쟁을 지속할 수 없게 되었다. 일본은 유리한 강화 조건을 이끌어내기 위해 마지막 작전으로서 러시아령의 사할린을 점령했다. 결국 9월 5일 포츠머스 강화조약이 맺어졌다. 이 조약을 통해 일본은 사할린 남부를 할양받고, 남만주에 대한 영향력을 확대했다. 또한 한반도에 대한 우월권을 공고히 함으로써 한국을 점령할 수 있는 토대를 확보했다.

러일전쟁과 한반도

일본은 1904년 5월 한국의 보호국화를 결정했고, 8월에는 제1차 한일협약을 강제로 체결했다. 러일전쟁 승리 후 1905년 11월 을사보호조약을 강제로 체결하여 한국의 외교권을 박탈했다. 결국 1910년에는 한국을 강제 병합하여 1945년까지 식민 통치를 시행했다.

도대체 일본의 한국 강제 병합은 어디에서 기인한 것일까? 국제적 차원에서 보면 러일전쟁은 국제체제의 균형을 유지하려는 영국의 대리전쟁이 된 셈이다(김태준 2005, 5). 넓게 보자면 이해관계가 서로 얽힌 서구 열강들이 참여한 '세계전쟁'이라고 할 수도 있다(최문형 2007, 327). 열강들이 한국의 '독립'을 운운한 것은 자국의 경쟁 상대가 세력을 확장할 경우 상대를 제약하기 위한 일종의 견제수단으로서 언급한 것에 불과하다.

근대 일본은 섬나라의 지리적 열세, 부족한 자원, 과잉 인구 문제를 해결하는 것이 선결과제였다. 이를 위해 대륙 진출에서 한 걸음 더 나아가 '대륙국가화'를 추구했다. 일본의 대륙 진출이 적극화되면서 '주권선'인 일본을 지키기 위해 한국은 '이익선'으로 설정되었다. 이익선인 한국을 '보호'함으로써 일본의 주권을 지킨다는 것이다(전상숙 2006, 121~122).

한국에 대한 일본의 인식은 국민적 합의가 이루어져 있었다는 점에서 정책적 기조의 차원을 넘어선, 매우 강력한 것이었다. 한국의 입장에서는 명백한 주권과 영토에 대한 침략정책이 정작 일본에서는 자국의 방어 정책으로 이해되고 있었던 것이다(조명철 2006, 26). 따라서 러일전쟁과 일본의 한국 강제 병합은 결코 따로 분리해서 다룰 수 없는 것이다(최문형 2007, 328~329).

일본은 러일전쟁 과정에서 진해, 인천, 진남포, 원산을 통해 각각 육해군을 진주시켰고, 평양에 집결한 후 압록강 방면으로 북진하고자 했다. 그 결과 1904년 2월 초 일본군은 서울에 2만 명, 평양에 1만 명, 원산에 5천 명을 비롯하여 기타 지역에 2만 명이 배치되었다. 한반도를 실질적으로 장악해버린 것이다(심헌용 2004a, 18).

일본은 1902년 러시아에 대한 군사전략을 검토하면서 실제로는 한국에 대한 군사 점령작전을 수립해놓고 있었다. 일본 육군 수뇌부는 한국을 군사적으로 점령만 할 수 있다면 러시아와 굳이 전쟁을 하지 않아도 좋다는 생각을 가지고 있었다. 1903년 일본 참모본부가 주관한 모의훈련에서 가장 중요하게 논의된 주제 또한 한국작전이었다(조명철 2007, 146).

일본 육군은 4군 편제로 구성되었다. 제1군은 인천으로 상륙한 후 북상하여 랴오양으로 향하고, 제2군은 랴오둥반도로 상륙한 후 새롭게 편성된 제4군과 함께 랴오양으로 진격했다. 제3군은 해군의 요청에 따라 러시아의 발틱함대가 도착하기 전에 뤼순 요새를 탈취하고 항내의 러시아 함대를 괴멸하는 작전을 따랐다(야마무로 신이치 2010, 149~150). 3개 사단으로 구성된 제1군은 한반도로 상륙하여 시간과 군수물자만 소비하면서 정작 러시아군에게는 아무런 영향을 미치지 못했다. 그럼에도 불구하고 육군의 한국작전을 비난하는 여론은 일어나지 않았다. 일본 정부와 육군의 최우선 과제가 한국 점령이었음을 알 수 있는 대목이다(조명철 2007, 150).

러일전쟁 이후 일본의 국제정치적 위상은 격상되었고, 한국 점령 이후 일본은 본격적인 대륙국가를 지향하기 시작했다. 러일전쟁은 일본의 외교정책, 군사정책, 국가전략에 중대한 영향을 미쳤다. 러일전쟁 이전의 수세적 전략이 전쟁 이후 공세적 대륙전략으로 전환되었던 것이다(박영준 2004, 289).

러일전쟁에서 일본을 적극 지원한 것은 영국과 미국이었다. 영국은 러시아에 대한 제3국의 지원을 저지하고 발틱함대의 항해를 방해하는 등 영일동맹을 충실히 수행했다. 미국의 루즈벨트 대통령은 독일과 프랑스가 삼국간섭 당시처럼 일본에 간섭할 경우 즉각 일본 편에 가담하겠다고 공언하기도 했다. 국제관계는 단적으로 얘기하면 결국 이익과 힘의 논리에 의해 좌우된다. 따라서 영원한 우방도 영원한 적국도 없다고 할 수 있다.

러일전쟁이 발발하자 일부 한인들은 상대적으로 우호적이었던 러시아를 지원하는 세력에 가담하기도 했다. 러시아는 한인의용군 부대를 편성하여 한러연합군을 형성하고자 하는 계획까지 고려했으나, 전쟁의 승패가 일본으로 기울면서 더 이상 공식적으로 제기되지는 못했다(심헌용 2005, 49~52).

전체적으로 볼 때 러일전쟁에서 한국은 철저히 소외되어 있었고 너무나 무력했다. 한국은 아무런 전략이나 전술을 구사하지 않았다. 아니 구사할 수 없었다. 한반도의 운명을 결정짓는 순간에 방관자로서 지켜볼 수밖에 없었던 것이다.

참고문헌

1장

벽골제, 저수지인가 방조제인가

《삼국사기三國史記》

《삼국유사三國遺事》

강봉룡, 〈벽골제의 축조 및 수축과 그 해양사적 의의〉, 《도서문화》 22, 2003.

고야마다 코우이치小山田宏一, 〈백제의 토목기술〉, 《고대 동아시아와 백제》, 충남대학교 백제연구소, 서경문화사, 2005.

곽종철, 〈청동기시대 — 초기철기시대의 수리시설〉, 《한국고대의 수전농업과 수리시설》, 서경문화사, 2010.

권혁재, 〈황해안의 간석지 발달과 그 퇴적물의 기원 — 금강·동진강 하구간의 간석지를 중심으로〉, 《지리학》 10, 1974.

권혁재, 《우리 자연 우리 삶 — 남기고 싶은 지리 이야기》, 법문사, 2005.

김석훈, 〈황해의 해수면 변동과 선사유적과의 관련성 — 황해중부지역을 중심으로〉, 《인하사학》 6, 1998.

김환기, 〈김제 벽골제의 토목공학적 고찰〉, 《대한토목학회지》 56-12, 2008.

남궁봉, 〈만경강유역의 개간과정과 취락형성발달에 관한 연구〉, 《한국지역지리학회지》

3-2, 1997.

노중국, 〈백제의 수리시설과 김제 벽골제〉, 《백제학보》 4, 2010.

류자오민劉昭民, 박기수·차경애 옮김, 《기후의 반역―기후를 통해 본 중국의 흥망사》, 성균관대학교출판부, 2005.

박상현 외 4인, 〈벽골제의 방조제 가능성에 대한 연구〉, 《한국관개배수》 10-1, 2003.

박수진, 〈한반도 평탄지의 유형 분류와 형성과정〉, 《대한지리학회지》 44-1, 2009.

박승필, 〈한반도 후빙기 해면변동에 관한 연구―황해안 일대를 중심으로〉, 《지리학논총》 8, 1981.

박용안, 〈한국 동남해역 대륙붕의 홀로세 퇴적작용〉, 《서울대 자연대논문집》 9-1, 1984.

박용안, 〈한국 황해(서해)의 제4기 후기 및 홀로세(현세)의 해수면과 기후〉, 《황해연안의 환경과 문화》, 한국학술진흥재단, 1994.

박진태, 〈김제 벽골제와 용설화 및 쌍룡놀이〉, 《고전문학과 교육》 9, 2005.

서승원, 〈만경강 감조구간 수질의 동적모의〉, 《대한환경공학회지》 13-4, 1991.

성정용, 〈김제벽골제의 성격과 축조시기 재론〉, 《한·중·일의 고대 수리시설 비교연구》, 계명대학교출판부, 2007.

성정용, 〈동아시아 고대 수리토목기술의 발달과 확산〉, 《한국고대의 수전농업과 수리시설》, 서경문화사, 2010.

손창배, 〈해수면 상승에 의한 해안선의 잠재적 후퇴거리 산정〉, 《한국해안·해양공학학회지》 11-1, 1999.

손창배·이승건, 〈해빈과정의 해안선 변화에 관한 실험적 연구〉, 《한국해양공학회지》 14-3, 2000.

신동혁, 〈한국 서해안 가로림만 조간대 퇴적환경과 홀로세 해수면 변동〉, 인하대 지리학 박사학위논문, 1998.

신숙정, 〈해수면변동과 고고학〉, 《고고학연구방법론》, 서울대학교출판부, 1998.

실베스트르 위에, 이창희 옮김, 《기후의 반란》, 궁리출판, 2002.

유필석, 〈원평천 하류 개수공사 건설사업〉, 《한국수자원학회지》 31-4, 1998.

윤무병, 〈김제 벽골제 발굴보고〉, 《백제연구》 7, 1976.

윤무병, 〈김제 벽골제 제방과 수문〉, 《김제 벽골제수리민속유물전시관 개관기념 국제학술토론회 발표논문집》, 1988.

윤선·이언재, 〈수가리패총의 연체동물화석군집과 해수면변동〉, 《한국 고생물 학회지》 1, 1985.

윤웅구·박병권·한상준, 〈한반도 후빙기 해면변화의 지형학적 증거〉, 《지질학회지》 13-1, 1977.

이경연·김동수 외 2인, 〈한국연안해역에서의 해면수위의 변동에 관한 연구〉, 《해양안전학회지》 5-1, 1999.

이금삼·조화룡, 〈DEM을 이용한 한반도 지형의 경사도 분석〉, 《한국지리정보학회지》 3-1, 2000.

이동영·김주용, 〈지질환경조사〉, 《자연과 옛 사람의 삶—자연환경조사 고고학발굴보고》, 한국선사문화연구소, 1992.

이상훈, 〈四世紀韓半島的気候変動与碧骨堤〉, 《東亜海文明形成的歴史与環境》(국제심포지엄), 2007.

이영훈, 〈혼란과 환상의 역사적 시공—허수열의 《일제초기 조선의 농업》에 답한다〉, 《경제사학》 53, 2012.

이장우, 〈벽골제의 수공학적 고찰〉, 《한국수자원학회논문집》 31-4, 1998.

이태규, 《군사용어사전》, 일월서각, 2012.

장진호, 〈한국 서해안 곰소만 조간대의 퇴적작용〉, 서울대 박사학위논문, 1995.

장호, 〈벽골제와 그 주변의 지형 및 지리적 변천에 관한 고찰〉, 《문화역사지리》 20-1, 2008.

전덕재, 〈삼국시기 영산강유역의 농경과 사회변동〉, 《지방사와 지방문화》 3-1, 2000.

조화룡, 〈만경강 연안 충적평야의 형성발달〉, 《교육연구지》 38, 1986.

조화룡, 《한국의 충적평야》, 교학사, 1987.

크리스티안 디트리히 쇤비제, 김종규 옮김, 《기후변동론》, 한울아카데미, 1998.

허수열, 〈상상과 사실—이영훈교수의 비평에 답한다〉, 《경제사학》 54, 2013.

허수열, 《일제초기 조선의 농업—식민지근대화론의 농업개발론을 비판한다》, 한길사, 2011.

홍금수, 《전라북도 연해지역의 간척과 경관변화》, 전라북도·국립민속박물관, 2008.

홍사준, 〈삼국시대의 관개용지에 대하여 — 벽골제(김제)와 벽지(합덕)〉, 《고고미술》
　　136·137, 1978.

황상일, 〈일산충적평야의 홀로세 퇴적환경변화와 해면변동〉, 《대한지리학회지》 33-2,
　　1998.

황상일·윤순옥·조화룡, 〈홀로세 중기에 있어서 도대천유역의 퇴적 환경 변화〉, 《대한지
　　리학회지》 32-4, 1997.

森浩一, 〈溝·堰·濠の技術〉 《古代日本の技術と知慧》, 大阪: 大阪書籍, 1993.

小山田宏一, 〈碧骨堤の太宗15年の改修とそれ以前〉, 《大阪府立狹山池博物館研究報告》 5,
　　2008.

竺可禎, 〈中国近五千年来気候変遷的初步研究〉, 《考古学報》 1972-1.

竺藕舫, 〈中国歴史上之旱災〉, 《史地学報》 3-6, 1925.

H. H. 램, 김종규 옮김, 《기후와 역사—기후·역사·현대 세계》, 한울, 2004.

Han Yousong·Meng Guanglan, "On the Sea Level Changes Along the Eastern Coast China
　　During the Past 12000 Years", *Late Quaternary Sea-level Changes*(Beijing: China Ocean
　　Press, 1987).

J. D. Milliman, "Sediment and sedimentary processes in the Yellow and China Seas",
　　Sedimenentary facies in the active plate margin(Tokyo: Terra Science Publishing Company, 1989).

P. A. Pirazzoli, *World Atlas of Holocene Sea-Level Changes*(New York: lsevier, 1991).

2장
보급의 성공은 전쟁을 승리로 이끈다

《구당서舊唐書》
《삼국사기三國史記》
《삼국유사三國遺事》
《신당서新唐書》
강헌규, 〈백제의 우술군(성)·옹산성 및 그 주변 지명과 고려 이후의 계족산(성)에 대하여〉,

《백제문화》 25, 1996.

김광석, 《용병술어연구》, 병학사, 1998.

김상보·나영아, 〈고대 한국의 도량형 고찰〉, 《동아시아식생활학회지》 4-1, 1994.

김영관, 〈나당연합군의 백제공격로와 금강〉, 《백제와 금강》, 서경문화사, 2007.

김영태·류우식, 〈육군 군수지원체제의 발전방안〉, 《경영연구》 28, 2007.

김주성, 〈7세기 삼국 고대 전투모습의 재현〉, 《군사》 81, 2011.

김희찬, 〈북한의 고구려 유적 발굴과 그 성과〉, 《고구려연구》 12, 2001.

나동욱, 〈6~7세기 고구려 지방군사운용체계〉, 《사학연구》 95, 2009.

노중국, 〈전근대 한국의 도량형과 그 운용〉, 《천하평균—도·량·형 600선》, 단국대학교출판부, 2011.

다나카 도시야키田中俊明, 김희찬 옮김, 〈성곽시설로 본 고구려의 방어체계—왕도 및 대중국 방어를 중심으로〉, 《고구려산성연구》 8, 1999.

도종칠, 〈3군통합 군수지원체제 고찰〉, 《해양전략》 53, 1988.

박경철, 〈고구려군사전략고찰을 위한 일시론—평양천도이후 고구려군사전략의 지향점을 중심으로〉, 《사학연구》 40, 1989.

반 크레펠트, 우보형 옮김, 《보급전의 역사》, 플래닛미디어, 2010.

서영일, 〈한성시대의 백제 북방교통로〉, 《문화사학》 21, 2004.

서영일, 《신라 육상 교통로 연구》, 학연문화사, 1999.

손영종, 《고구려사》, 평양: 과학백과사전종합출판사, 1990.

송영일·이원호, 〈시뮬레이션을 이용한 전시 군수지원체제 발전방향〉, 《국방연구》 50-2, 2007.

신광철, 〈황해도 일대의 고구려 관방체계와 남부전선의 변화〉, 《선사와 고대》 35, 2011.

안주섭, 《고려 거란 전쟁》, 경인문화사, 2003.

여호규, 〈고구려 후기의 군사방어체계와 군사전략〉, 《한국군사사연구》 3, 1999.

여호규, 《고구려 성》 I, 국방군사연구소, 1998.

오강석, 〈백제 한성기 관방체계 검토〉, 《선사와 고대》 26, 2007.

유규열, 〈21세기 미 국방부의 군수개혁을 통해 본 우리 군의 군수개혁 발전방향〉, 《국방연구》 44-1, 2001.

윤선태, 〈한국 고대의 척도제와 양제〉,《천하평균—도·량·형 600선》, 단국대학교출판부, 2011.

이문기, 〈7세기 고구려의 군사편제와 운용〉,《고구려발해연구》 27, 2007.

이문기, 〈신라 문무왕대의 군사정책에 대하여〉,《역사교육논집》 32, 2004.

이문기,《신라병제사연구》, 일조각, 1997.

이병도,《역주 삼국사기(하)》, 을유문화사, 2005.

이상훈, 〈나당전쟁의 군사적 원인과 신라의 전쟁준비〉,《역사와 경계》 79, 2011.

이상훈,《나당전쟁 연구》, 주류성출판사, 2012.

이인철, 〈7세기 고구려 군사활동의 주요 변수〉,《신라문화》 24, 2004.

이재영, 〈660년 신라군의 백제 공격로〉, 충북대학교 석사학위논문, 2003.

정영호, 〈김유신의 백제공격로 연구〉,《사학지》 6-1, 1972.

정요근, 〈고려·조선초의 역로망과 역제 연구〉, 서울대학교 박사학위논문, 2008.

주보돈, 〈김유신의 정치지향—연구의 활성화를 기대하며〉,《흥무대왕 김유신 연구》, 경인문화사, 2011.

최석철·신동주, 〈이라크전을 통해본 국방물류체계의 발전방안 연구—육군군수체계를 중심으로〉,《국방연구》 48-2, 2005.

허중권, 〈한국 고대 전쟁사 연구방법론〉,《군사》 42, 2001.

홍성표, 〈북한의 군수물자 보급 상황과 전쟁지속 능력 평가〉,《북한》 419, 2006.

홍장의·윤현철·변재정, 〈한국군 종합군수지원 관리정보체계(LAMIS) 구축방안〉,《한국국방경영분석학회지》 18-2, 1992.

孫継民,《唐代行軍制度研究》, 北京: 文津出版社, 1995.

王小甫,《盛唐時代与東北亜政局》, 上海: 上海辞書出版社, 2003.

張鉄牛·高暁星,《中国古代海軍史》, 北京: 解放軍出版社, 2006.

池内宏, 〈唐の高宗の高句麗討滅の役と卑列道·多谷道·海谷道の称〉,《東洋学報》 17-1, 東京: 東洋文庫, 1928.

징검다리 1_신라의 무기 개량과 삼국통일

《삼국사기三國史記》

《통전通典》

김종수, 〈신라 중대 군제의 구조〉《한국사연구》 126, 2004.

김주성, 〈7세기 삼국 고대 전투모습의 재현〉《군사》 81, 2011.

신형식, 《한국고대사의 신연구》, 일조각, 1984.

이문기, 《신라병제사연구》, 일조각, 1997.

이상훈, 《나당전쟁 연구》, 주류성, 2012.

이인철, 《신라정치제도사연구》, 일지사, 1993.

이재옥, 〈신라 노 운용과 그 의미〉, 경북대학교 석사학위논문, 2011.

한준수, 《신라중대 율령정치사 연구》, 서경문화사, 2012.

王兆春, 《中國古代軍事工程技術史》, 太原: 山西敎育出版社, 2007.

劉秋霖 外, 《中国古代兵器図説》, 天津: 天津古籍出版社, 2003.

3장
작전지휘권을 통해 고려군의 위상 변화를 살피다

《고려사高麗史》

《고려사절요高麗史節要》

《원사元史》

강봉룡, 〈몽골의 침략과 고려 무인정권 및 삼별초의 '도서해양전략'〉, 《동양사학연구》
    115, 2011.

구산우, 〈일본 원정, 왜구 침략과 경상도 지역의 동향〉, 《한국중세사연구》 22, 2007.

권영국, 〈고려 초기 장군직의 기능과 성격〉, 《숭실사학》 27, 2011.

권영국, 〈고려말 중앙군제의 변화〉, 《사학연구》 48, 1994.

권영국, 〈무신집권기 중앙군제〉, 《숭실사학》 10, 1997.

김윤곤, 〈삼별초정부의 대몽항전과 국내외 정세 변화〉, 《한국중세사연구》 17, 2004.

김윤곤, 《한국 중세의 역사상》, 영남대학교출판부, 2001.

김일우, 《고려시대 탐라사 연구》, 신서원, 2000.

김일우·이정란, 〈삼별초 대몽항쟁의 주도층과 그 의미〉, 《제주도사연구》 11, 2002.

김철민, 〈원의 일본원정과 여·원관계〉, 《건대사학》 3, 1973.

김호동, 《몽골제국과 고려》, 서울대학교출판부, 2007.

남기학, 〈중세 고려, 일본 관계의 쟁점─몽골의 일본 침략과 왜구〉, 《일본역사연구》 17, 2003.

도현철, 〈종법의 관점에서 본 고려말 왕권의 변동〉, 《한국사학보》 35, 2009.

민현구, 〈몽고군·김방경·삼별초〉, 《한국사 시민강좌》 8, 1991.

박형표, 〈여몽연합군의 동정과 그 전말〉, 《사학연구》 21, 1969.

배상현, 〈삼별초의 남해 항쟁〉, 《역사와 경계》 57, 2005.

신소연, 〈고려 원종말·충렬왕초 원의 둔전 치폐와 여원관계〉, 《역사교육》 115, 2010.

유병기, 〈고려초 호족의 동향과 왕권강화책─광종의 왕권강화책을 중심으로〉, 《전주사학》 1, 1984.

유선영, 〈고려후기 김방경의 정치활동과 그 성격〉, 전남대학교 석사학위논문, 1993.

유영옥, 〈禘의 의미와 고려 종묘의 체제禘祭〉, 《인문과학》 95, 2012.

유재성, 《대몽항쟁사》, 국방부전사편찬위원회, 1988.

윤용혁, 〈몽고 침입에 대한 항쟁〉, 《한국사》 20, 국사편찬위원회, 2003.

윤용혁, 《고려 삼별초의 대몽항쟁》, 일지사, 2000.

이명미, 〈고려─몽골 관계와 고려국왕 위상의 변화〉, 서울대학교 박사학위논문, 2012.

이문기, 《신라병제사 연구》, 일조각, 1997.

이영, 〈여몽연합군의 일본침공과 여일관계〉, 《일본역사연구》 9, 1999.

이익주, 〈고려 충렬왕대의 정치상황과 정치세력의 성격〉, 《한국사론》 18, 1988.

이정신, 〈원 간섭기 원종·충렬왕의 정치적 행적─김방경의 삼별초 정벌 일본원정을 중심으로〉, 《한국인물사연구》 10, 2008.

장덕삼, 〈고려초 학교의 설립과 교육이념에 관한 고찰〉, 《미래교육연구》 12-1, 2005.

장동익, 〈김방경의 생애와 행적〉, 《퇴계학과 유교문화》 40, 2007.

장동익, 〈몽고에 투항한 홍복원·다구 부자〉, 《역사비평》 48, 1999.

장동익, 〈원의 정치적 간섭과 고려정부의 대응〉, 《역사교육논집》, 1992.

정기철, 〈고려시대 종묘의 건축형식 연구〉, 《대한건축학회논문집》 17-11, 2001.

鳥云高娃, 〈元世祖忽必烈両次征日本及高麗的態度〉, 《역사와 세계》 36, 2009.

최재진, 〈고려말 군제의 운용에 관하여—원 간섭기를 중심으로〉, 《동서사학》 1-1, 1995.

4장
왜 고려군은 왜구와 내륙에서 전투를 벌였을까

《고려사高麗史》

《고려사절요高麗史節要》

《신증동국여지승람新增東國輿地勝覽》

강수정, 〈1362년 이성계와 납합출의 전투〉, 경북대학교 석사학위논문, 2011.

권영국, 〈고려말 지방군제의 변화〉, 《한국중세사연구》 1, 1994.

김광석, 《용병술어연구》, 병학사, 1988.

김귀영·송인, 〈황산대첩비〉, 《전라북도금석문대계(남원시편)》 2, 2008.

김양자, 〈우리나라의 고개에 관한 지리적 고찰〉, 이화여자대학교 석사학위논문, 1989.

나종우, 〈홍건적과 왜구〉, 《한국사》 20, 2003.

나종우, 《한국중세대일교섭사연구》, 원광대학교출판부, 1996.

노영구, 〈임진왜란 이후 전법의 추이와 무예서의 간행〉, 《한국문화》 27, 2001.

박완기, 〈고려 말 왜구와 지방사회〉, 《한국중세사연구》 24, 2008.

박원길, 〈몽골비사 195절의 표현방식을 통해본 13~14세기 몽골군의 전술〉, 《몽골학》 14, 2003.

박종진, 〈고려시기 '상주목 지역'의 구조와 지리적 특징〉, 《한국중세사연구》 29, 2010.

오기승, 〈공민왕대 동녕부정벌의 성격〉, 중앙대학교 석사학위논문, 2010.

오종록, 〈고려말의 도순문사〉, 《진단학보》 62, 1986.

오종록, 〈고려후기의 군사지휘체계〉, 《국사관논총》 24, 1991.

왕영일, 〈이지란에 대한 연구—조선건국과 여진세력〉, 고려대학교 박사학위논문, 2003.

유완상·강석민, 〈여말선초 동아세아의 정세와 왜구대책〉, 《인문사회과학연구》 12, 2003.

윤은숙, 〈몽골제국시대 몽골군의 유목 전법〉, 《몽골학》 28, 2010.

이강언 외 4인, 《최신 군사용어사전》, 양서각, 2009.

이영, 〈고려 말 왜구와 남조—경신년(1380)의 왜구를 중심으로〉, 《한일관계사연구》 31, 2008a.

이영, 〈고려 말 왜구의 허상과 실상〉, 《대구사학》 91, 2008b.

이영, 〈왜구의 단계별 침구 양상과 고려의 대응〉, 《동북아문화연구》 31, 2012.

이영, 〈홍산·진포·황산 대첩의 역사지리학적 고찰〉, 《일본역사연구》 15, 2002.

이영, 《왜구와 고려·일본 관계사》, 혜안, 2011.

이영, 《잊혀진 전쟁 왜구》, 에피스테메, 2007.

이홍두, 〈임진왜란초기 조선군의 기병전술〉, 《백산학보》 74, 2006.

정영현, 〈고려 우왕대 왜구의 동향과 성격 변화〉, 《역사와 세계》 33, 2008.

진석우, 〈고려말 무장세력의 군사적 배경〉, 《인문사회과학연구》 8, 2001.

차용걸, 〈고려말 왜구방수책으로서의 진수와 축성〉, 《사학연구》 38, 1984.

최병옥, 《왜구토벌사》, 국방군사연구소, 1993.

田中健夫, 〈倭冠と東アジア通交圈〉, 《日本の社会史》 1, 東京: 岩波書店, 1987.

디지털남원문화대전(http://namwon.grandculture.net).

징검다리 2 _ 전근대 군율의 시행

구덕회, 〈대명률과 조선 중기 형률상의 신분 차별〉, 《역사와 현실》 65, 2007.

국방부전사편찬위원회, 《조선시대군사관계법》, 국방부전사편찬위원회, 1986.

김옥근, 《조선시대의 군역과 균역법》, 한국정신문화연구원, 1991.

김주홍, 《조선시대 봉수연구》, 서경문화사, 2011.

문형진, 〈조선초기 《대명율》의 운용실태〉, 《외대사학》 12, 2000.

민현구, 《조선초기의 군사제도와 정치》, 한국연구원, 1983.

신호웅, 《고려법제사연구》, 국학자료원, 1995.

오종록, 〈조선 초기 정병의 군역〉, 《한국사학보》 창간호, 1996.

위은숙, 〈고려시대 송률 수용의 제 양상〉, 《한국사학보》 41, 2010.

윤훈표, 〈고려시대 군율의 구조와 그 성격〉, 《사학연구》 69, 2003.

윤훈표, 〈여말선초 군법의 운영체계와 개편안〉, 《한국사상사학》 21, 2003.

채웅석, 《고려사형법지역주》, 신서원, 2009.

5장
빠른 속도의 전격전, 회군을 성공으로 이끌다

《고려사高麗史》

《고려사절요高麗史節要》

《손자병법孫子兵法》

강지언, 〈고려 우왕대(1374년~88년) 정치세력의 연구〉, 이화여자대학교 박사학위논문, 1995.

강지언, 〈위화도 회군과 그 추진세력에 대한 검토〉, 《이화사학연구》 20·21, 1993.

김당택, 〈고려 우왕대 이성계와 정몽주·정도전의 정치적 결합〉, 《역사학보》 158, 1998.

김당택, 〈이성계의 위화도회군과 제도개혁〉, 《전남사학》 24, 2005.

김당택, 《이성계와 조준 정도전의 조선왕조 개창》, 전남대학교출판부, 2012.

김상기, 〈요동정벌과 위화도회군〉, 《고려시대사》, 동국문화사, 1961.

김상보·나영아, 〈고대 한국의 도량형 고찰〉, 《동아시아식생활학회지》 4-1, 1994.

김영수, 〈위화도회군의 정치〉, 《한국정치학회보》 33-1, 1999.

김영숙, 〈조선왕조성립의 배경에 관한 고찰〉, 《서강대 논문집》 5, 1985.

김용덕, 〈철령위고〉, 《중앙대논문집》 6, 1961.

김창현, 〈고려시대 개경 황성의 구조〉, 《사학연구》 67, 2002.

김창현, 〈고려시대 서해도 지역의 위상과 사원〉, 《한국사학보》 33, 2008.

김창현, 〈고려의 수도 개경〉, 《국제고려학회 서울지회 논문집》 9, 2007.

도현철, 〈위화도 회군, 역사의 순리인가 반역인가〉, 《역사비평》 34, 1996.

문재윤, 〈조선 건국과 이성계 설화의 정치적 함의〉, 《동양정치사상사》 10-1, 2011.

민현구, 〈고려후기의 군제〉, 《고려군제사》 6, 육군본부, 1983.

민현구, 〈조선초기의 사병〉, 《동양학》 14, 1984.

박기현, 〈이성계 설화의 서술 특징과 화자 인식〉, 《국어국문학》 23, 2004.

박용운, 〈고려시대 개경의 부방리제部坊里制〉, 《한국사학보》1, 1996.

박원호, 〈철령위 설치에 대한 새로운 관점〉, 《한국사연구》136, 2007.

박윤진, 〈고려시대 개경 일대 사원의 군사적·정치적 성격〉, 《한국사학보》3·4, 1998.

박천식, 〈고려 우왕대의 정치세력의 성격과 그 추이〉, 《전북사학》4, 1980.

박천식, 〈무진회군공신戊辰回軍功臣의 책봉전말과 그 성격〉, 《전북사학》3, 1979.

변희룡, 〈위화도의 장마〉, 《대기大気》8-2, 1998.

복기대, 〈철령위 위치에 대한 재검토〉, 《선도문화仙道文化》9, 2010.

서인범, 〈압록강하구 연안도서를 둘러싼 조·명 영토분쟁〉, 《명청사연구》26, 2006.

신안식, 〈고려시기 개경 도성의 범위와 이용〉, 《한국중세사연구》28, 2010.

신안식, 〈고려시대 개경의 나성〉, 《명지사론》11·12, 2000.

안천, 〈조선초기 집권층의 북방의식 추적〉, 《한국북방학회논집》9, 2002.

오영선, 〈고려전기 군인층의 구성과 위숙군의 성격〉, 《한국사론》28, 1992.

오종록, 〈고려후기의 군사 지휘체계〉, 《국사관논총》24, 1991.

오종록, 〈이성계, 변방 출신 장수로서 새 왕조를 세운 인물〉, 《내일을 여는 역사》15, 2004.

유창규, 〈고려말 최영세력의 형성과 요동공략〉, 《역사학보》143, 1994.

유창규, 〈이성계의 군사적 기반─동북면을 중심으로〉, 《진단학보》58, 1984.

윤훈표, 《여말선초 군제개혁연구》, 혜안, 2000.

이상백, 〈이성계와 고려말기의 정쟁〉, 《이조건국의 연구》, 을유문화사, 1984.

이상백, 〈이조 건국의 연구〉, 《진단학보》5, 1936.

이성무, 《조선왕조사》, 수막새, 2011.

이형우, 〈이성계의 경제적 기반에 대한 연구〉, 《한국사학보》16, 2004.

전경숙, 〈고려시기 개경의 군사시설과 방위구역〉, 《한국중세사연구》28, 2010.

정학수, 〈고려 개경의 범위와 공간구조〉, 《역사와 현실》59, 2005.

조희웅, 〈이성계의 회군〉, 《한국구비문학대계》1-4, 한국정신문화연구원, 1981.

최재진, 〈고려말 동북면의 통치와 이성계 세력 성장〉, 《사학지》26, 1993.

王頲, 〈"威化島回軍"事件新考〉, 《사총》50, 1999.

袁庭棟, 《解秘中国古代戦争》, 済南: 山東画報出版社, 2008.

6장
신립은 탄금대전투에서 왜 배수진을 고집했는가

《다산시문집茶山詩文集》

《대동야승大東野乘》

《상촌선생집象村先生集》

《서애선생문집西厓先生文集》

《선조실록宣祖實錄》

《선조수정실록宣祖修正實錄》

《연려실기술練藜室記述》

《오위진법五衛陣法》

《인조실록仁祖實錄》

《징비록懲毖錄》

강성문, 〈행주대첩에서의 권율의 전략과 전술〉, 《임진왜란과 권율장군》, 전쟁기념관, 1999.

강신엽, 《조선의 무기》I·II, 봉명, 2004.

국립진주박물관, 《프로이스의 『일본사』를 통해 다시 보는 임진왜란과 토요토미 히데요시》, 부키, 2003.

김구진, 〈조선 시대 6진 방어 전략─『제승방략』 체제의 연구〉, 《백산학보》71, 2005.

김시덕, 《교감 해설 징비록》, 아카넷, 2013.

김시덕, 《그들이 본 임진왜란》, 학고재, 2012.

김양수, 〈임진왜란 시기의 화기연구〉, 청주대학교 석사학위논문, 2003.

노성환, 〈조총을 통해서 본 한일관계〉, 《동북아문화연구》20, 2009.

노영구, 〈16~17세기 근세 일본의 전술과 조선과의 비교〉, 《군사》84, 2012.

노영구, 〈16~17세기 조총의 도입과 조선의 군사적 변화〉, 《한국문화》58, 2012.

노영구, 〈조선후기 병서와 전법의 연구〉, 서울대학교 박사학위논문, 2002.

류성룡, 《징비록》, 서해문집, 2003.

민승기, 《조선의 무기와 갑옷》, 가람기획, 2004.

박동량, 〈寄齋史草 下〉, 《국역 대동야승》13권, 민족문화추진회, 1974.

박재광, 〈임란 초기전투에서 관군의 활동과 권율〉, 《임진왜란과 권율장군》, 전쟁기념관, 1999.

박재광, 〈전쟁사를 다시 쓰게 한 조총〉, 《과학과 기술》 12, 2006.

서인한, 《임진왜란사》, 국방부전사편찬위원회, 1987.

서태원, 〈임진왜란에서의 지방군 지휘체계〉, 《실학사상연구》 19·20, 2001.

신명호, 〈임진왜란 중 선조 직계가족의 피난과 항전〉, 《군사》 81, 2011.

윤재옥, 〈해안도시와 내륙도시의 계절별 바람특성 연구〉, 《한국풍공학회》 5-2, 2001.

이헌종, 〈신립에 대한 수정적 비판—탄금대 전투를 중심으로〉, 《동의사학》 9·10, 1996.

이호준, 〈임진왜란 초기 경상도 지역 전투와 군사체제〉, 《군사》 77, 2010.

이홍두, 〈임진왜란초기 조선군의 기병전술〉, 《백산학보》 74, 2006.

이홍두, 〈조선초기 야인정벌과 기마전〉, 《군사》 41, 2000.

임철호, 〈신립설화의 역사적 의미와 기능〉, 《구비문학연구》 12, 2001.

장학근, 〈임진왜란기 관군의 활약〉, 《한국사론》 22, 1992.

정약용, 민족문화추진회 엮음, 〈탄금대를 지나며過彈琴台〉, 《국역 다산시문집》 2, 솔출판사, 1994.

정출헌, 〈탄금대 전투에 대한 기억과 두 편의 〈달천몽유록〉〉, 《고소설연구》 29, 2010.

제장명, 〈임진왜란 시기 항왜의 유치와 활용〉, 《역사와 세계》 32, 2007.

조선총독부, 《1:50000 지형도》, 경성: 조선총독부, 1918.

조정기, 〈서애 류성룡의 국방정책 연구〉, 단국대학교 박사학위논문, 1990.

최형국, 〈조선시대 기병의 전술적 운용과 마상무예의 변화—임진왜란기를 중심으로〉, 《역사와 실학》 38, 2009.

하차대, 〈조선초기 군사정책과 병법서의 발전〉, 《군사》 21, 1990.

한명기, 〈정묘호란 무렵, 조선의 대일정책과 그 역사적 의미〉, 《대동문화연구》 54, 2006.

황규석·길용식·정석원, 〈8풍향에 대한 지역별 풍향계수 추정〉, 《한국풍공학회논문집》 15-4, 2011.

中村栄孝, 《日鮮関係史の研究(中)》, 東京: 吉川弘文館, 1969.

징검다리 3_정여립의 군사 전략

《당의통략黨議通略》

《대동야승大東野乘》

《선조실록宣祖實錄》

《선조수정실록宣祖修正實錄》

《연려실기술練藜室記述》

고승제, 《한국사회경제사론》, 일지사, 1988.

김성우, 〈임진왜란 시기 관군은 왜 약했는가〉, 《역사와 현실》 87, 2013.

김용덕, 〈정여립 연구〉, 《한국학보》 4, 1976.

배상현, 〈구봉 송익필과 그 사상에 대한 연구〉, 《동국대학교 경주캠퍼스 논문집》 1, 1982.

우인수, 〈정여립 모역 사건의 진상과 기축옥의 성격〉, 《역사교육논집》 12, 1988.

이상혁, 〈조선조 기축옥사와 선조의 대응〉, 《역사교육논집》 43, 2009.

이태진, 《조선유교사회사론》, 지식산업사, 1989.

이희권, 《정여립이여, 그대 정말 모반자였나》, 신아출판사, 2006.

7장
조명연합군, 울산왜성 함락에 실패하다

《간양록看羊錄》

《강한집江漢集》

《난중일기亂中日記》

《명사明史》

《상촌집象村集》

《선조실록宣祖實錄》

《손자병법孫子兵法》

《울산농성각서蔚山籠城覺書》

《재조번방지再造藩邦志》

《조선물어朝鮮物語》

《조선일일기朝鮮日日記》

《징비록懲毖錄》

《학성지鶴城誌》

강항, 김찬순 옮김,《간양록 조선 선비 왜국 포로가 되다》, 보리, 2006.

기타지마 만지, 김유성·이민웅 옮김,《도요토미 히데요시의 조선 침략》, 경인문화사, 2008.

김문길,〈구포왜성과 전투에 관한 연구〉,《아시아지역연구》7, 2004.

김시덕,〈근세 초기 일본의 임진왜란 담론 형성과정〉,《일본학연구》32, 2011.

김시덕,〈임진왜란의 기억〉,《한국학연구》28, 2012.

김시덕,《교감 해설 징비록》, 아카넷, 2013.

노성환,〈일본에 있어서 가토 기요마사의 임란전설과 신앙에 관한 연구〉,《동아시아고대학》19, 2009.

노성환,《일본에 남은 임진왜란》, 제이앤씨, 2011.

노승석,《교감 완역 난중일기》, 민음사, 2010.

박창기,〈임진왜란 관련 가등청정 군기 연구〉,《일어일문학연구》35, 1999.

서인한,《임진왜란사》, 국방부전사편찬위원회, 1987.

손종성,〈강화회담의 결렬과 일본의 재침〉,《한국사》29, 국사편찬위원회, 2003.

우인수,〈울산지역 임란의병의 활동과 그 성격〉,《역사교육논집》31, 2003.

우인수,〈정유재란과 울산왜성 전투〉,《울산왜성의 역사적 의미와 보전 및 활용》, 울산왜성 정비계획 수립에 따른 국제 학술심포지엄, 울산광역시 중구, 2013.

우인수,《조선시대 울산지역사 연구》, 국학자료원, 2009.

이창업·한삼건,〈울산 학성의 재고찰〉,《대한건축학회논문집》22-3, 2006.

이철영,〈울산왜성의 구조와 성격〉,《울산왜성의 역사적 의미와 보전 및 활용》, 울산왜성 정비계획 수립에 따른 국제 학술심포지엄, 울산광역시 중구, 2013.

이철영·김성철,〈서생포왜성의 공간구조와 축조기법 연구〉,《한국건축역사학회 학술발표대회논문집》2010.

이형석,《임진전란사(하)》, 임진전란사간행위원회, 1974.

채현희, 〈가토 기요마사와 울산성 전투에 관한 고찰〉, 단국대학교 석사학위논문, 2010.

천득염·조준익·정철성, 〈순천왜성에 관한 연구〉, 《호남문화연구》 28, 2001.

최효식, 《임진왜란기 영남의병연구》, 국학자료원, 2003.

케이넨, 신용태 옮김, 《임진왜란 종군기—조선 일일기》, 경서원, 1997.

한명기, 〈임진왜란과 명나라 군대〉, 《역사비평》 54, 2001.

황호현·이건하, 〈조선시대 임진왜란기에 축성된 왜성의 배치법에 관한 고찰〉, 《대한건축학회지연합회 학술발표대회논문집》 2008.

KBS 역사스페셜, 《역사스페셜》 6, 효형출판, 2003.

8장
이괄, 관군의 기만술에 당하다

《경국대전經國大典》

《국조인물고國朝人物考》

《낙서집洛西集》

《서정록西征錄》

《선조실록宣祖實錄》

《승정원일기承政院日記》

《연려실기술練藜室記述》

《인조실록仁祖實錄》

《호남모의록湖南募義錄》

김경숙, 〈이괄의 난과 《호남모의록》〉, 《숭실사학》 28, 2012.

김무진, 〈조선전기 도성 사산四山의 관리에 관한 연구〉, 《남명학》 40, 2010.

김용흠, 《조선후기 정치사 연구》 1, 혜안, 2006.

김웅호, 〈우리 부자를 역적으로 몰다니〉, 《모반의 역사》, 세종서적, 2001.

김웅호, 〈조선 초 도성의 축조와 수도 경계 기능〉, 《서울학연구》 47, 2012.

김웅호, 〈조선초기 경군 재편과 '수도방위'〉, 《서울학연구》 23, 2004.

김웅호, 〈조선후기 도성중심 방위전략의 정착과 한강변 관리〉, 《서울학연구》 24, 2005.

김정호, 《대동여지도》, 1861.

노영구, 〈인조초~병자호란 시기 조선의 전술 전개〉, 《한국사학보》 41, 2010.

노영구, 〈조선후기 함경도 간선방어체계〉, 《한국문화》 36, 2005.

노재민, 〈인조대仁祖代 수도방위체제의 성립〉, 《한국군사학논집》 67-1, 2011.

신병주, 〈1623년 인조반정의 경과와 현재적 의미〉, 《인문과학논총》 46, 2008.

신병주, 〈1624년 '이괄의 변變'의 경과와 그 성격〉, 《고성이씨 가문의 인물과 활동》, 일지사, 2010.

신병주, 〈남명학파의 정치적 동향과 인조반정〉, 《남명학연구논총》 16, 2011.

신병주, 〈이긍익의 《연려실기술》〉, 《선비문화》 22, 2012.

신병주, 《조선을 움직인 사건들》, 새문사, 2009.

오수창, 〈인조대 정치세력의 동향〉, 《한국사론》 13, 1985.

오종록, 〈조선 초엽 한양 정도定都 과정과 수도 방위〉, 《한국사연구》 127, 2004.

오종록, 〈조선후기 수도방위체제에 대한 일고찰〉, 《사총》 33, 1988.

우인수, 〈조선 인조대 정국의 동향과 산림山林의 역할〉, 《대구사학》 41, 1991.

유재성, 《한민족전쟁통사》 3, 국방군사연구소, 1996.

윤재옥, 〈한국 29개 주요 도시의 풍향, 풍속 및 바람특성 비교 연구〉, 《대한건축학회논문집》 19-11, 2003.

이기순, 〈인조대의 반정공신세력에 관한 연구〉, 홍익대학교 박사학위논문, 1989.

이기순, 《인조, 효종대 정치사연구》, 국학자료원, 1998.

이성무, 《조선왕조사》, 수막새, 2011.

이성진, 〈조선후기 호위제도의 고찰〉, 《한국경호경비학회지》 16, 2008.

장지연, 〈개경과 한양의 도성구성 비교〉, 《서울학연구》 15, 2000.

제장명, 〈임진왜란 시기 항왜의 유치와 활용〉, 《역사와 세계》 32, 2007.

최기성, 〈인조반정정책과 군사제도에 관한 연구〉, 《전북의대부속간호전문대학논문집》 8, 1982.

최종규, 〈서울 한양도성 축성시기별 성벽 형태 및 구조 고찰〉, 《서울학연구》 47, 2012.

한명기, 〈정묘호란 무렵, 조선의 대일정책과 그 역사적 의미〉, 《대동문화연구》 54, 2006.

한명기, 〈조중관계의 관점에서 본 인조반정의 역사적 의미〉, 《남명학연구논총》 16, 2011.

한명기, 《역사평설 병자호란》 1, 푸른역사, 2013.

한명기, 《임진왜란과 한중관계》, 역사비평사, 1999.

한문종, 〈임진왜란시의 항왜장 김충선과 《모하당문집》〉, 《한일관계사연구》 24, 2006.

한문종, 《조선전기 향화 수직왜인 연구》, 국학자료원, 2001.

허태구, 〈인조대 대후금(대청) 방어책의 추진과 한계〉, 《조선시대사학보》 61, 2012.

징검다리 4_조선 후기 군사 실태

《경제야언經濟野言》

《목민심서牧民心書》

《북학의北學議》

《성호사설星湖僿說》

김재철, 〈조선시대 군사사상과 군사전략의 평가 및 시사점〉, 《서석사회과학논총》 2-2,
　　2009.

노영구, 〈'군사혁명론'과 17~18세기 조선의 군사적 변화〉, 《서양사연구》 36, 2007.

백기인, 〈조선 말기의 군사 근대화와 근대 군사사상〉, 《군사논단》 66, 2011.

신대진, 〈조선후기 실학자의 무기 및 군사시설 개선론〉, 《동국사학》 29, 1995.

이태진, 〈한국 군사사 연구의 성과와 과제〉, 《한국군사사―개설》, 육군본부, 2012.

최병옥, 〈조선후기 군사정책의 허와 실〉, 《동양학》 27-1, 1997.

9장
염하수로 도하, 조선에 병인양요 승리를 선사하다

《병인일기丙寅日記》

《비변사등록備邊司謄錄》

《순무영등록巡撫營謄錄》

《승정원일기承政院日記》

《정족산성접전사실鼎足山城接戰事實》

김광석, 《용병술어연구》, 병학사, 1998.

김대경·김정운·안운호, 〈상륙작전교리 측면에서 본 통영상륙작전의 의의—연안상륙작전 교리를 중심으로〉, 《전략논단》 4, 2006.

김원모, 〈로즈 함대의 내침과 양헌수의 항전(1866)〉, 《동양학》 13, 1983.

김원모, 〈병인일기의 연구〉, 《사학지》 17, 1983.

김재근, 《우리 배의 역사》, 서울대학교출판부, 1989.

김현기, 〈한국 해병대의 사단급 상륙작전 능력 제고를 위한 발전과제〉, 《전략논단》 16, 2012.

백기인, 〈조선 말기의 군사 근대화와 근대 군사사상(1860~1894)〉, 《군사논단》 66, 2011.

범선규, 〈강화도의 해안선과 해안지형〉, 《인천학 연구》 3, 2004.

샤를 달레Charles Dallet, 안응렬·최범우 옮김, 《한국천주교회사(하)》, 가톨릭출판사, 1980.

서인한, 〈양헌수의 저술과 그의 군사활동〉, 《한국군사사연구》 3, 1999.

송용식·우승범, 〈염하수로 인근에서 조석 변형과 장주기 조류성분의 변동 특성〉, 《한국해안·해양공학회논문집》 23–5, 2011.

앙리 쥐베르·CH. 마르탱, 유소연 옮김, 《프랑스 군인 쥐베르가 기록한 병인양요》, 살림출판사, 2010.

양교석, 〈병인양요의 일고찰〉, 《사총》 29, 1985.

연갑수, 〈병인양요와 흥선 대원군 정권의 대응〉, 《군사》 33, 1986.

연갑수, 《대원군집권기 부국강병정책 연구》, 서울대학교출판부, 2001.

이갑진, 〈한미연합사 해체 이후의 한미 연합 상륙작전〉, 《전략논단》 16, 2012.

이동환 외, 〈단면 관측을 통한 경기만 염하수로의 대조시 평수시와 홍수시 유출입량 변화 특성 조사〉, 《한국해안·해양공학회논문집》 24–1, 2012.

이병호, 〈한국 해병대 상륙작전 발전방향〉, 《해양전략》 112, 2001.

이연용·신승원, 〈작전적 수준의 합동 상륙작전 발전방안 연구〉, 《전략논단》 8, 2008.

이주천·김진환, 〈병인양요의 재조명—조선과 프랑스의 대격돌〉, 《열린정신 인문학연구》 8, 2007.

임재찬, 〈병인양요와 조선정부의 강화도 수비전략과 전술〉, 《신라학연구》 8, 2004.

최석우, 〈병인양요 소고〉, 《역사학보》 30, 1966.

한국교회사연구회 옮김, 〈한불관계자료(1866~1867) 2〉, 《교회사연구》 2, 1979.

징검다리 5_러일전쟁

김용욱, 〈청일전쟁(1894-1895)·노일전쟁(1904-1905)과 조선해양에 대한 제해권〉, 《법학연구》 49-1, 2008.

김원수, 〈한국의 러일전쟁연구와 역사교육의 과제〉, 《역사교육》 90, 2004.

김태준, 〈러일전쟁 성격과 전쟁수행 방식〉, 《동아시아 문화와 예술》 2, 2005.

김화경, 〈동해 해전과 독도의 전략적 가치〉, 《대구사학》 103, 2011.

로스뚜노프 외, 김종헌 옮김, 《러일전쟁사》, 건국대학교출판부, 2004.

박규태, 〈도고신사와 근대에 있어 군신의 창안〉, 《동아시아 문화와 예술》 2, 2005.

박영선, 〈군의의 종군일기를 통해 본 러일전쟁〉, 이화여자대학교 석사학위논문, 2010.

박영준, 〈러일전쟁 직후 일본 해군의 국가구상과 군사전략론〉, 《한국정치외교사논총》 26-1, 2004.

서영희, 《대한제국 정치사 연구》, 서울대학교출판부, 2003.

심헌용, 〈러일전쟁 시기 러·일 양국군의 한반도 내 군사활동〉, 《아시아문화》 21, 2004a.

심헌용, 《러일전쟁과 한반도》, 국방부 군사편찬연구소, 2004b.

심헌용, 〈러일전쟁기 러시아군의 한러연합작전〉, 《러일전쟁과 동북아의 변화》, 명지대학교 국제한국학연구소 학술대회, 2005.

심헌용, 《한반도에서 전개된 러일전쟁 연구》, 국방부 군사편찬연구소, 2011.

야마무라 신이치, 정재정 옮김, 《러일전쟁의 세기》, 소화, 2010.

엄현섭, 〈역사기술과 인식의 다층성—러일 전쟁과 동해해전을 중심으로〉, 《일본사상》 22, 2012.

이민원, 〈러일전쟁과 대마도〉, 《동북아문화연구》 34, 2013.

전상숙, 〈러일전쟁 전후 일본의 대륙정책과 테라우치〉, 《사회와 역사》 71, 2006.

조명철, 〈러일전쟁과 동아시아〉, 《일본역사연구》 26, 2007.

조명철, 〈러일전쟁기 군사전략과 국가의사의 결정과정〉, 《일본역사연구》 2, 1995.

조명철, 〈러일전쟁에 대한 재조명—개전론을 중심으로〉, 《한일군사문화연구》 4, 2006.

최덕규, 《제정러시아의 한반도 정책, 1891~1907》, 경인문화사, 2008.

최문형, 《러시아의 남하와 일본의 한국 침략》, 지식산업사, 2007.

최문형, 《한국을 둘러싼 제국주의 열강의 각축》, 지식산업사, 2001.

하라다 게이치, 최석완 옮김, 《청일·러일전쟁》, 어문학사, 2012.

橫手愼二, 《日露戰爭史》, 東京: 中央公論新社, 2011.

찾아보기

국가전략에서 도하전까지

전략전술의 한국사

⊙ 2014년 5월 3일 초판 1쇄 발행
⊙ 2019년 6월 25일 초판 4쇄 발행
⊙ 글쓴이   이상훈
⊙ 펴낸이   박혜숙
⊙ 책임편집   정호영
⊙ 디자인   이보용
⊙ 펴낸곳   도서출판 푸른역사
　　　우) 03044 서울시 종로구 자하문로8길 13
　　　전화: 02)720-8921(편집부) 02)720-8920(영업부)
　　　팩스: 02)720-9887
　　　전자우편: 2013history@naver.com
　　　등록: 1997년 2월 14일 제13-483호

ⓒ 이상훈, 2019

ISBN   979-11-5612-012-4 93900